U0740570

《首都公共文化》
2021 年理论专集

王维波　主编

中国广播影视出版社

图书在版编目（CIP）数据

《首都公共文化》2021 年理论专集／王维波主编
. -- 北京：中国广播影视出版社，2022. 12
ISBN 978-7-5043-8954-1

Ⅰ. ①首… Ⅱ. ①王… Ⅲ. ①群众文化 - 文化理论 -
北京 - 文集 Ⅳ. ①G249. 271-53

中国版本图书馆 CIP 数据核字（2023）第 016451 号

《首都公共文化》2021 年理论专集

王维波　主　编

责任编辑　许珊珊
责任校对　张　哲
封面设计　贝壳学术

出版发行　中国广播影视出版社
电　　话　010 - 86093580　010 - 86093583
社　　址　北京市西城区真武庙二条 9 号
邮　　编　100045
网　　址　www. crtp. com. cn
电子信箱　crtp8@ sina. com

经　　销　全国各地新华书店
印　　刷　天津和萱印刷有限公司

开　　本　710 毫米×1000 毫米　1/16
字　　数　235（千）字
印　　张　14
版　　次　2022 年 12 月第 1 版　2022 年 12 月第 1 次印刷

书　　号　ISBN 978-7-5043-8954-1
定　　价　68. 00 元

（版权所有　翻印必究·印装有误　负责调换）

本书编委会

主　　　编：王维波

副　主　编：许　博　张　巍　明子琪

执 行 编 辑：张　巍

常务副主编：徐　玲

编　　　辑：马朝霞

编　　　务：李卫蓉　张　朋

前　言

　　为了推动北京市文化馆系统理论体系建设，北京市文化馆（原北京群众艺术馆、北京文化艺术活动中心）连续多年组织全市群文系统论文征集评选活动，并依托《首都公共文化》将优秀论文集结成册，供行业内交流学习。在此基础上，为了更好地调动起文化馆工作人员理论研究的积极性，有效地提升文化馆行业理论水平，北京市文化馆正式出版《〈首都公共文化〉2021年理论专集》。

　　入选的论文来自2021年北京市文化馆理论调研部组织全市文化馆系统参加的，由文化和旅游部全国公共文化发展中心、中国文化馆协会联合主办的"2021中国文化馆年会和第三届全国文化馆理论体系构建学术研讨会征文"活动中的获奖文章，包括在全国评选中获奖的4篇论文，以及在北京市评选中获奖的32篇论文。

　　本次征文活动得到了全市各区文化馆的大力支持和积极参与，共收到14个文化馆报送的70余篇论文。北京市文化馆严格把关，将符合报送要求的论文经学术不端检测后，聘请相关专家进行匿名评选，将排名前30的论文报送参加全国评选，最终荣获1个一等奖、1个二等奖、2个三等奖。北京市文化馆同时组织了全市的论文评选工作，评选出8个一等奖、12个二等奖、16个三等奖。

　　以新姿态踏入新征程，以新奋斗取得新成绩。希望这本论文集的出版能够鼓励更多的文化馆人拿起笔，把工作中所思所想付诸文字，形成理论成果，同时把理论与实践有机结合，为进一步完善现代公共文化服务体系，加强文化馆理论体系建设，有效推进文化馆事业的高质量发展而不懈努力！

北京市文化馆《首都公共文化》编辑部

2022年9月

目 录

2021 年中国文化馆年会征文全国评选获奖论文

2021 年中国文化馆年会征文北京市评选获奖论文

2021 年中国文化馆年会征文
全国评选获奖论文

一等奖

群众艺术学及其马克思主义美学向度

杜 染

"群众艺术"现象古已有之，但群众艺术作为一个现代概念，是在马克思主义诞生之后才产生的。以马克思主义的历史唯物主义和辩证唯物主义的统一作为哲学基础，在群众文化学的视域下，群众艺术作为人民群众的艺术实践①，不仅体现了群众的文化主体性和艺术的自主性，也在社会主义文化和意识形态以及民族、国家的建构中发挥着重要的功能。群众艺术在中国新民主主义革命以及社会主义革命、建设和改革中不断发展，日益走向成熟，尤其是新中国成立后，群众艺术的体制、机制建设日益健全，所辖各艺术样式的研究成果丰厚，但还没有形成科学的群众艺术学理论，因此，有必要将群众艺术学设立在艺术学门类下，作为艺术学理论研究的新视域，从一门学科的高度来研究群众艺术、发展群众艺术，重构艺术学理论，展现马克思主义美学的整体性和学术张力。

一、什么是"群众艺术学"

群众艺术学②，顾名思义，就是以群众艺术为研究对象的学科。关于群

---

① 群众艺术实践包括创作、欣赏、研究（艺术批评）。群众艺术实践不同于传统的艺术实践，是一种蕴含着社会主义现代性的理性和进步原则的社会的、政治的和审美的实践，在这种艺术实践中，群众的创造性和主体性得到了前所未有的解放，这种艺术实践所呈现的"日常生活的审美化"或曰"人类的审美生存"，不仅实现了艺术的重构，也借助艺术实现了日常生活的重构，折射出马克思主义美学的锋芒，为人类社会提供了前进的动力和意义。因此，群众艺术实践以及群众艺术学作为一个现代性问题，所面对的不仅是艺术问题，也是现实问题和哲学问题，更是一个重要的美学命题。

② 群众艺术在艺术类别上包括文学和艺术，也被统称为群众文艺。之所以确定将"群众艺术学"作为学科名称，是因为 2011 年艺术学由文学门类下的一级学科升格为门类学科，获得独立的学科地位，这也使群众艺术学在学科归属上就有了体系性。另外，文艺学作为外来词，由于翻译上的约定俗成，Literature 被译为文学的同时，也被译为文艺。

3

众艺术①的定义，可以参照群众文化的定义，是人们职业外自我参与、自我娱乐、自我开发的社会性艺术。其在学科上称为群众艺术学，所辖的各艺术样式在整体上统称群众文艺，包括群众文学、群众舞蹈、群众音乐、群众戏剧、群众曲艺、群众美术、群众书法、群众摄影等艺术样式类别。群众艺术、群众文艺不是一个新名词，在党的报告中已经提到过，但"群众艺术学"这个术语还没有被提出，群众艺术学更没有被作为一门学科进行探讨。② 在现有文献中出现的"群众文艺学"③概念是与"群众艺术学"最为接近的概念。

为什么提出建立群众艺术学呢？因为群众艺术学作为一门新学科产生的可能性和必要性已经具备。从可能性上看，建构群众艺术学的理论依据以及所辖各艺术样式的群众艺术的存在，为群众艺术学这门新学科的诞生提供了可能。群众艺术学是一门将群众文化学研究与艺术学研究相结合的学科，同时也是一种学术视野和研究方法。基于群众文化学、艺术学研究成果之上的群众艺术是属于群众文化和艺术范畴的特定概念，但概念的重心落在"艺术"上，因此是自成体系的艺术类型，是艺术领域内与专业艺术相对应的特殊类型。群众艺术学所研究的群众艺术已经具有与专业艺术相区别的特定的概念、价值、功能等，具备独立的艺术样式族群。从学科建设基础上看，其所依托的群众文化学的学科建立条件已经成熟，而另一依托艺术学也已于2011 年升为学科门类，与群众艺术学关联密切的有关学科在学科建设上也已取得新进展。④ 从实践上看，一种理论升华，理论概念的提出，必须有丰

---

① "群众艺术"概念，既是社会的、文化的、政治的，又是艺术的、美学的，是社会学、文化学、政治学和美学的"视界融合"，构成了一个多重视角、独具解放效力和审美旨趣的现代性艺术形态。其审美价值，是一种文化政治，一种群众创造历史过程中的艺术创造。其话语体系，包括文化现代性、审美现代性、社会主义文化、群众文化、群众艺术、群众文艺等。其理论体系包括群众文化学、艺术学、马克思主义美学、公共文化服务理论、文化馆学等。

② 在知网期刊检索渠道上，检索不到以"群众艺术学""群众文艺学"为论题的文章。虽说有一些是关于"群众艺术""群众文艺"的论文，但基本属于业内人员的工作经验性的总结和探讨，尚未上升到学理层面，从学术规范上看，大多缺乏作为学术意义的参考价值。还存在理论自主意识、现代性问题意识缺失问题，群众艺术学理论建构尚待开拓。在群众艺术理论和实践的发展中，对群众艺术学概念还未进行系统的阐释和建构。

③ 牟光义：《群众文艺学概论》，西南师范大学出版社，1996。

④ 非物质文化遗产研究已经在多年前被中国艺术研究院、中山大学等高校列为硕士、博士的专业，2021 年非物质文化遗产保护专业被教育部列入普通高校本科专业，民间文艺学的学科建设也已提议。在2021 年两会期间，全国政协委员、中国民间文艺家协会主席潘鲁生建议，在新文科建设的背景下，增设"民间文艺学"学科。在现有学科体系架构中，增设了非物质文化遗产保护专业，以及建议增设民间文艺学、群众艺术学等学科，反映出我国文化文艺学科的研究、教育和文化实践蓬勃发展的态势。

富的实践基础，群众艺术学的实践已经走在前面了。从五四新文化运动开始，至今百余年，中国共产党成立后，群众艺术作为党和人民的事业，在党领导的新民主主义革命以及社会主义革命、建设和改革中发挥了重要作用，并随着新中国成立后文化馆、群众艺术馆的普遍建立而实现了体制化。但理论的匮乏不利于人们提高对群众艺术价值的认识，直接影响了群众艺术在实践中的创新发展，学科建构有助于从原理层面厘清群众艺术相关知识谱系，促进学术发展。因此，已经到了提出"群众艺术学"，建构群众艺术自己的理论和学科的时候了。而笔者提出的"群众艺术学"就是在这些群众艺术百年实践的基础上和艺术学成为独立学科的前提下提出的。

群众艺术及群众艺术学有哪些特性呢？群众艺术学理论是具有主体性、原创性、世界性的理论，具有鲜明的政治方向、学术导向和价值取向。群众艺术学具备独特的视野与视角，从艺术学的整体来看，民间艺术、群众艺术、专业艺术都是艺术学理论的有机组成部分。群众艺术与专业艺术相对应，与民间艺术相关联。群众艺术与专业艺术的联系，从艺术特性上看，都具有倾向性、形象性、情感性、审美性。从社会特性上看，都具有人民性、社会性和历史性。与专业艺术相比，群众艺术具有非职业性、审美意识形态性、群众性三个显著特征。从三个显著特征又生发出群众艺术的本质规定性：直接人民性与文化建构性、群众主体性与艺术自主性。群众文化、群众艺术，二者是内在统一的，群众处于主体地位，是体现群众参与文化、创造文化、享受文化的文化权利的文化、艺术。而在专业文化、专业艺术中，群众则处于接受的被动的地位。在社会功能上，专业艺术与群众艺术都有文化建构功能。群众艺术与专业艺术的区别，从主体上看，群众艺术是群众主体；专业艺术是艺术家主体。从目的上看，群众艺术侧重娱己，这里的"己"指作为整体的群众自己；专业艺术娱人，以此谋生。从内涵上看，虽然专业艺术的所有门类，全部是群众艺术的门类范围，但群众艺术是艺术普及与提高、创作与鉴赏的综合；专业艺术侧重创作与提高。群众艺术学与民间文艺学、非物质文化遗产学也有着密切的学术联系，有些领域也存在重叠，但群众艺术学所包含的并不是民间文艺学、非物质文化遗产学的全部，而是人们职业外的日常生活世界中自我创造的具有进步性的美与艺术，包括民间艺术、非物质文化遗产中人们职业外代表进步性、推动历史发展的文化创造和艺术自主性。民间文艺学关注的是民俗中的文艺事项，

非物质文化遗产学关注的是保护与传承，群众艺术学关注的则是处于群众
文化、艺术和马克思主义美学三重视域下的社会主义文化、政治和美学辩
证统一体的艺术。

如何进行群众艺术学的学科建设呢？群众艺术学产生于群众文化艺术实
践，又指导群众文化艺术实践，体现的是社会主义文化的内在逻辑。群众艺
术学科概念的主要来源，一是艺术学，二是群众文化学。所以，群众艺术学
是群众文化学和艺术学的交叉学科。群众艺术学是群众文化学的分支学科，
也是艺术学的分支学科，是正在建构的新兴学科，也是马克思主义美学的一
个分支，具有马克思主义美学的价值取向和评价尺度。群众艺术学以马克思
主义美学、群众文化学、艺术学为学理基础，对群众艺术学的思考必须要置
于马克思主义美学、群众文化学和艺术学的三重语境之中。在艺术学的学科
体系、学术体系、话语体系建设中，群众艺术学成为艺术学架构的一部分，
在艺术学体系中具有重构作用。这门学科以群众艺术的特点和客观规律为研
究对象，目的是使群众艺术在艺术事业和群众文化事业中协调发展。群众艺
术学研究对象就是群众艺术，研究内容包括群众艺术原理、群众艺术史、群
众艺术批评、群众艺术辅导、群众艺术管理等。在学科整体上的研究内容包
括基础理论研究、应用理论研究以及群众艺术发展史的研究。具体内容为：
群众艺术学与群众文化学、艺术学、马克思主义美学的关系，群众艺术的特
点和特殊规律，群众艺术学的历史发展及其规律性，群众艺术学自身的学科
建设，国外群众艺术学理论及研究动向等。群众艺术学哲学基础是历史唯物
主义和辩证唯物主义的统一，以及马克思主义美学，理论核心构成是群众艺
术理论、群众艺术史、群众艺术批评。学科建设的主要难点是构建群众艺术
学的学科体系、学术体系和话语体系。学科构建原则应采取综合性、整体性
研究的方式。群众艺术学的基本范畴可以包括审美共同体与共同美，群众文
艺与审美现代性、审美体验与艺术活动、文化主体性与艺术自主性、文化权
利与艺术民主、群众艺术体制与管理、艺术普及与提高等。群众艺术学的主
题是"政治—文化—审美"三位一体的综合性主题，主要解决"群众艺术
审美"问题。研究方法上，以马克思主义为指导，哲学的方法论是基础，
应注重本体论层面的研究以及相关研究对群众艺术学研究的借鉴价值，具体
方法主要采取"跨学科"的综合研究（比较研究）、跨文化理论研究，以及
民俗学、民间文艺学、人类学、文化学、艺术学、休闲学、非物质文化遗产
学等多学科的交叉研究。

二、建立"群众艺术学"的意义

谈到群众艺术学这一学科产生的必要性，就必然谈到群众艺术学的意义。群众艺术学有学科发展的前提，更有现实需要的前提。从历史和现实看，群众艺术在中国新民主主义革命以及社会主义革命、建设和改革的不同历史时期立下了功绩，显示了活力。① 当前，随着群众艺术实践日益深入，需要注重研究群众艺术，提升群众艺术理论。从艺术学理论上谈群众艺术学的意义，至少有这样几方面的意义。

第一，民主与建构意义。更好地体现文化民主、艺术民主以及文化建构功能。通俗地讲，体现文化权利和文化民主、艺术民主，激发人民群众的创造力，"人人都是艺术家"，最终通向人的解放，群众艺术是一个重要途径。艺术创造的是一个全面完整的属人世界，从审美人类学和艺术人类学视角看，艺术和审美是一种精神实践，可以将群众艺术纳入人类整体的精神世界之中，建立群众艺术与人类存在（主体生命存在的体验）之间的整体性关系，在审美实践主体的艺术审美中认识和建构世界和自我，为人的生命存在提供价值和意义。从文化人类学的文化和人类社会历史发展的整体观来看，群众艺术与群众文化一样，伴随人类社会的始终，但在马克思主义诞生以后才进入自觉发展阶段，在社会主义社会得到规范发展。从人的解放的审美意识形态话语上看，群众艺术是实现人的本质力量之一，是人的具体性与生成性的本质的、历史的艺术展现，是"人的解放"的重要力量，不仅仅是群众在艺术审美中的自娱自乐，也是一种对国家、民族、社会以及人类自身的"文化建构"。

第二，艺术学重构意义。建设中国特色的艺术学理论，使艺术学理论更加全面。从学科归属上看，群众艺术学属于艺术学的范畴，群众艺术的研究是属于艺术学的研究，构成艺术学建设的一个重要部分。群众艺术学所指的艺术种类概括为群众文艺，重构艺术理论，是把专业艺术与群众艺术一起纳

---

① 早在 20 世纪 20 年代末至 30 年代中国共产党领导的中央苏区，群众艺术就以其群众性和革命性，起到了组织群众、武装群众、宣传群众的作用。1942 年毛泽东《在延安文艺座谈会上的讲话》发表之后，在党的文艺方针指引下，陕甘宁边区掀起了群众性的"新秧歌运动"，解放初期，翻身秧歌和胜利腰鼓传遍全国城乡。新中国成立后，作为政府设立的群众文化事业机构的文化馆、群众艺术馆对群众艺术发展起到重要推动作用。如今，中国特色社会主义道路自信、理论自信、制度自信、文化自信，坚持"以人民为中心"的工作导向，群众主体地位得到极大保障，人民群众的文化创新创造活力得到充分激发，以群众艺术为学科研究对象的群众艺术学，正可谓应运而生。

入艺术研究的整体视野，群众艺术学作为艺术学理论的一个组成部分①，群众艺术之美为美学和艺术学的研究做了新的拓展。群众艺术和专业艺术是两个相对应的概念，以往的国内外艺术学理论大多是建立在专业艺术之上的，虽然我国在群众艺术体制建设上较为规范，但群众艺术理论还没有纳入艺术学体系。当然，群众艺术在审美上是参照专业艺术水准的，但群众艺术和专业艺术也有着不同的艺术特征和规律，因此，将群众艺术纳入艺术学理论研究范畴，对艺术学理论具有重构的意义，从而使艺术学真正成为一个完整的整体。②

第三，学科自身发展意义。更好地促进群众艺术自身发展和世界群众文化事业的发展。虽然历史上的群众文化现象以及具有"民主主义和社会主义的即使是不发达的文化成分"③ 在每一个民族和国家都存在，但中国是群众文化学的原生地，群众艺术学也是这样的，具有全人类性。在群众艺术实践中，群众艺术学可以更好地发挥理论指导作用：包括群众艺术及各艺术样式自身的发展，群众艺术审美活动。也包括群众艺术体制：群众艺术管理、设施、机构、队伍建设等。从群众文化事业发展来看，群众艺术是群众审美意识的集中体现，也是群众文化最精粹的部分，群众文化体现的是群众的文化主体性，"主体性的核心内涵就是自主意识"④。这种文化主体性在社会主义社会得以实现，并在人类命运共同体和全球化的历史背景下具有全球性、普遍性。⑤

三、"群众艺术学"的马克思主义美学向度

从美学上看，以唯物史观为基础的、具有鲜明的社会主义意识形态的群众艺术学，在美学属性上属于马克思主义美学范畴。"在马克思主义美学看来，审美活动，艺术并不是一种生活的附属品，不是为了娱乐而存在的，而是蕴含着真理的内容。"⑥ 群众艺术学是处于共产主义运动、群众运动以至群众文化运动、群众文艺运动之中的学问，群众艺术的审美之于人的全面发

---

① 群众文化与专业文化、群众艺术与专业艺术如车之两轮、鸟之双翼，共同构成社会主义文化艺术之"体"。艺术学理论需要在艺术形态上实现艺术整体的融合发展，当前，除了群众艺术之外，专业艺术、民间艺术等均已纳入了艺术学理论研究视野。

② 可以说，群众艺术学科的建构，是对艺术学的拓展和丰富。

③ 列宁：《关于民族问题的批评意见》，载《列宁全集》（第 24 卷），人民出版社，1990，第 125 页。

④ 徐碧辉：《文艺主体创价论》，东北师范大学出版社，1997，第 212 页。

⑤ 正如英国马克思主义美学家威廉斯所言："一个好的共同体、一个有生命力的文化，不仅会容纳而且会积极鼓励所有的、任何能够对人们共同需要的意识的进步作出贡献的人。"参见雷蒙德·威廉斯：《文化与社会》，吴松江、张文定译，北京大学出版社，1991，第 412 页。

⑥ 张良丛：《批判与治理——马克思主义美学建构的两条路径》，《思想战线》2019 年第 4 期。

展，既是手段，也是目标，具有一种改造世界和人类解放的美学内涵和旨趣，是使人成为"有血有肉的人"① "全面发展的个人"② 的一种方式。因此，群众艺术学所具有的美学价值及其对马克思主义美学话语体系的建构意义是深厚而巨大的。③

首先，以马克思主义艺术学的视角，从艺术的社会功能上看，群众艺术的立足点是人的全面发展。"马克思主义一开始就是把文艺活动作为无产阶级解放事业的一部分来考察的。"④ 苏联著名美学家卡冈主编的《马克思主义美学史》中指出："马克思主义美学的形成与发展可以有充分理由地称作全部世界美学思想史的最高阶段。"⑤ 马克思指出："人也按照美的规律来构造。"⑥ 哈贝马斯从审美现代性的基本意义上认为："现代艺术史上，人们发现在艺术界定和实践中，有一个越来越趋向于自主性的趋势。"⑦ 从审美和艺术自主性发展来看，群众艺术学的内在发展逻辑可以视为人类解放历史进程中"政治—文化—审美"的辩证统一体，在马克思主义美学的逻辑起点上实现对艺术的社会性考量，以"人的本质的实现"为根本旨归，最终目的是解放全人类，实现人的自由和全面发展。

其次，以艺术美学和审美现代性的视角，从艺术的审美价值上看，群众艺术在一般艺术的规律性和审美价值基础上，不仅具有本真美、自由美，而且具有审美主体在向着共产主义共同的目标追求中建立在"共同需要""共同生活""共同文化"⑧ 和情感共同体上的"共同美"，以及在人类解放历

---

① 马克思、恩格斯：《德意志意识形态》，载《马克思恩格斯文集》（第 1 卷），人民出版社，2009，第 525 页。

② 马克思：《资本论》，人民出版社，2009，第 561 页。

③ 群众艺术包括群众文艺的论题大都不是"经院美学"的传统问题，并没有出现在"经院美学"的研究视野中，对群众艺术学的美学探绎就具有了重要的学术意义以及促进社会文化进一步发展的实践意义。

④ 徐碧辉：《文艺主体创价论》，东北师范大学出版社，1997，第 213 页。

⑤ M. C. 卡冈：《马克思主义美学史》，北京大学出版社，1987，第 1 页。

⑥ 马克思：《1844 年经济学哲学手稿》，载《马克思恩格斯文集》（第 1 卷），人民出版社，2009，第 163 页。

⑦ 周宪：《审美现代性批判》，商务印书馆，2005，第 69 页。

⑧ 雷蒙德·威廉斯：《文化与社会》，吴松江、张文定译，北京大学出版社，1991，第 413、414、416 页。威廉斯指出："共同文化的观念以一种特殊的社会关系形式，使自然成长的观念与扶持自然成长的观念结合在一起。"（同上书，第 415 页）"任何文化在整体过程中都是一种选择、一种强调、一种特殊的扶持。一个共同文化的特征在于这种选择是自由的、共同的，或者是自由的、共同的重新选择。"（同上书，第 415—416 页）

史进程中群众艺术自身的"文化—政治—审美"辩证统一体的"崇高美"①，这种本真美、自由美、共同美、崇高美凝结成群众艺术所特有的一种"自足的美"和自主性的"意味""韵味""灵韵""境界"，体现出马克思主义美学的价值取向。群众艺术源于娱己，但并非单纯的娱乐和审美愉悦，而是蕴含着社会主义文化建构、宣传教化等文化政治、政治美学意味。群众艺术中对人的自由精神的对象化表现所蕴含的审美精神是群众主体、文化政治、艺术审美的合一，是政治美学（人的解放）、文化美学（社会—文化）、艺术美学（艺术—审美）的聚合。群众通过艺术形式发出自己的声音，实现自己的文化权利，群众艺术学自身蕴含着群众文化学、政治美学和艺术美学"三位一体"的特质，群众艺术彰显的是马克思主义美学追求，具有文化现代性和审美现代性。

最后，以政治美学的视角，从艺术的意识形态上看，群众艺术的现代发展承担着新的现代性功能，不仅体现出群众的审美理想，也体现出其作为马克思主义美学的文化政治美学特质。群众艺术学研究应有跨学科的视野和鲜明的价值论态度，群众艺术在现代社会中的独特性质体现在社会主义文化现代性建构功能。在人的自由和全面发展上，现代审美与现代政治实现贯通和接榫，"在哲学上，马克思最重要的思想是：以往的哲学都是解释世界，问题在于改变世界。在美学上，马克思的这一命题仍然是一个最重要的观念：用艺术和审美来改变世界。"② 在社会主义意识形态领域，群众文化、群众艺术是表征文化现代性、审美现代性③的重要概念，彰显了人民立场，拓展了美学的领域。群众文化、群众主体、文化政治、政治美学、大众审美、日常生活审美化，等等，每一个概念都和文化现代性、审美现代性关系密切，应让美学和艺术在现代性审美发展中发挥出文化批判与建构的建设性功能。

（作者单位：北京市文化馆）

———————

① 这种崇高美是人类社会实践中产生的一种融合了自然美、社会美、艺术美的综合美，展现了马克思所说的"全面发展的个人"和毛泽东所说的"无产阶级的革命的功利主义者"的政治理想、文化品位和审美旨趣。

② 王杰：《艺术和审美如何改变世界：为纪念〈共产党宣言〉发表 170 周年而作》，《中国美术报》2018 年 5 月 28 日，第 17 版。

③ 现代性是一个总体性概念，文化现代性是总体现代性的一部分，审美现代性是文化现代性的一部分。

文创如何在文化馆破题

——以东城区第一文化馆《文化馆员画节气》为例

刘　璇

导语

"文创"是指文化创意，是以文化为元素、融合多元文化、整理相关学科、利用不同载体而构建的再造与创新的文化现象。文创的核心价值是文化、创意、创新。文化创意在当今时代已不是新鲜话题，其主要体现是在创意的活动中发现并创造新的审美趣味和审美价值，从而促进经济和社会变革。而依靠创意人的智慧、技能和天赋，借助于高科技对文化资源进行创造与提升，通过知识产权的开发和运用，产生出高附加值产品，就是文化创意产业。文创说起来很简单，做起来却不容易，尤其是在公共文化服务领域中的运用还很不够。在 2015 年中办、国办印发的《关于加快构建现代公共文化服务体系的意见》，2017 年《中华人民共和国公共文化服务保障法》，以及 2021 年 3 月文化和旅游部、国家发展改革委、财政部三部委联合印发了《关于推动公共文化服务高质量发展的意见》都提到了要弘扬中华优秀传统文化，坚定文化自信，推进社会主义文化强国建设。而文化馆在新时代更要结合行业特点，不断更新观念，创新创造自己独有的文化产品，提升社会影响力。笔者通过实践思考，充分发挥文化馆人的艺术特长和业务能力，在东城区第一文化馆微信公众号上策划推出《文化馆员画节气》原创栏目，以文创为主线，数字化手段作为支撑，对优秀的传统文化进行活化赋能做出了新的尝试和探索。

一、实践概况

（一）项目背景

经过千百年的传承和发展，二十四节气作为中华民族传统文化中的瑰宝，代表着中国古代劳动人民经验的积累和智慧的结晶，蕴含着丰富的中国美学，2016 年 11 月 30 日，联合国教科文组织正式将我国的二十四节气列入人类非物质文化遗产代表作名录。在中国社会日新月异发展的今天，二十四节气对农时、农事的科学指导意义，已被现代化的农业科学技术逐步替代。但节气文化中所蕴含的天人合一的自然哲学，富有生命力的人生哲理，依然有着很强的现实意义。弘扬节气文化对于增强中华民族的文化自信，增强国人的身份认同、民族文化认同，增大中国文化的创造力和国际影响力具有非常重要的作用。

文化馆是由政府设立的公益性文化事业机构，是向群众开放、为群众提供文化服务的公共文化场所和广大群众终身教育的课堂，利用网络媒体对节气文化进行传播是弘扬传统文化的有力途径，也是文化馆借助数字化手段普及传统文化的重要抓手。

（二）项目确立

东城区第一文化馆充分发挥业务干部的特长，在 2019 年 2 月 3 日立春前夕在微信公众号推出《文化馆员画节气》原创单元 1.0 版本。栏目的主人公是一只可爱的流浪猫"文文"，它每天与我们朝夕相处，已经成为文化馆大家庭的一员。我们多才多艺的馆员尝试以"文文"的视角，带领大家感受孕育着中华民族悠久文化的二十四节气所带来的自然的美好。栏目主要元素以水彩画、节气文化图标和节气美文三部分组成，在标题设计上，突出行业属性和职业特征，就像警察、医生、教师一样，"文化馆员"的设定，能够增强行业认同感。创意小组成员分工明确，为了体现"文文"在画面中与节气文化的贴切，让用户一目了然，会提前查阅相关资料，了解节气特征，精巧构思，原创图文兼美，增强受众的喜爱程度，吸引更多年轻人关注文化馆公众号。推送时间也保持在微信信息阅读频率较高的时段之一——中午 11：00 至 13：00，在美好的午休时光，忙碌了一个上午的人们就会稍做休息，吃个饭、聊聊天、看看手机。栏目一经推出，后台留言热烈："每次都很期待小编如何让'文文'来演绎节气的变化，构图简单，风格清新明快，期待下一期的芒种！""文化馆推出的文化馆员画节气，无论是配画还是配文，都十分妥帖，赞一个。"用户的鼓励极大激发了创意小组成员的创作热情，大家用画笔以及多媒体辅助制作、传播等手段，如同编排一部精彩的歌剧那样，"大导演、舞台监督、演员"之间和谐默契，将"文文"在一年里的二十四番变化展现给大家。年终盘点之际，我们推出了回顾串烧动画版, 24 版节气图画依次呈现, 随着 "文文" 一起走过 365 天, 感知四季的美好。自然轮换生命流动, 它们就像文文对节气的 "探索" 一样并未停止。

（三）项目发展

时光飞逝, 2020 年 2 月 4 日恰逢立春, 节气创意小组又创造性地推出了 2.0 版本的《文化馆员画节气——诗情花语》节气文化原创单元。小组成员们用画笔在不到 25 厘米的空间内, 将汉字书法、水墨插图、篆刻钤印等画面元素进行编排。"二十四节气" 作品追求墨分五色、水彩设色的艺术风格, 通过书写、绘画、裁剪等制作手段, 以多种材质来塑造多彩的视觉形象, 形成制作工艺的多元化结合。以唐诗宋词、二十四番花信风为主题在庚子鼠年里的二十四番变化, 各尽其态, 以小品的形式走进百姓生活。用户在岁末年终观看《春夏秋冬又一春——馆员原创二十四节气合集》视频时, 如同观赏一个微型书画展, 陶醉在令人流连的诗情画意中, 让人在忙碌的生活中关注节气文化, 捡拾起那些曾经被遗忘和忽视的小美好, 照亮我们前行的路。

2021 年创意小组结合用户对新媒体时代传播需求, 策划 3.0 版本《文化馆员话物候》栏目。小组成员尝试手绘原创节气的代表动物形象, 突破静态表现手法, 结合书法、朗诵等艺术表现形式, 广泛运用图片、音频、动画等多种方式, 注重个性化表达和可视化传播, 最终将二十四节气中的物候特征以微视频的形式呈现, 让用户在音视听中提升体验感受, 一起品味中国传统节气文化带来的精神享受和文化滋养。

（四）项目拓展

2020 年 2 月, 结合新冠疫情特殊时期之下的文化需求, 精准有效地对接群众要求, 我馆整合优质特色数字资源供给, 在微信公众号策划开展了一系列防疫宣传、资源服务、互动活动、远程培训及主题创作等工作。《文化馆员画节气》中的主角 "文文" 重新登场, 我馆创新策划了《馆猫 "文文" 讲故事系列》, 包括 3 月推出的《文文教洗手》绘本短视频, 指导大小朋友们学习六步洗手法, 防范疫情; 5 月, 为宣传《北京市生活垃圾管理条例》制作了《文文教您垃圾分类》漫画短视频, 普及垃圾分类常识; 6 月, 北京市部分学生复课, 我们制作了《复课安全注意啥? 文文来示范》漫画短视频, 有趣有益; 8 月, 结合传统七夕节日, 推出了《文文七夕的故事》短片, 向小朋友普及星座知识。其中《喵星人文文》和《文文教您如何垃圾分类》视频触网北京东城官方微博、抖音、快手、微视、今日头条、凤凰网等，阅读量超百万。还有很多机构在后台给小编留言，咨询能否合作推出"文文"形象的二十四节气文创产品进行市场推广。其实笔者在栏目创办之初就有开发文创衍生品的想法，所以在图样设计、原图比例上都有所考虑，待条件成熟后，无论是文文表情包还是节气文化书签、笔袋、扇子等都可以在线上线下尝试推出。

二、实践体会

（一）存在的问题

第一，文化馆虽然承担着弘扬优秀传统文化的职责使命，但是由于各种条件制约，在策划活动时，缺乏文创思维，存在着挖掘传统文化内涵不够，创新创意水平有限的问题。比如在宣传节气文化方面，内容上特别偏重于食俗和养生文化，同质化现象严重，千篇一律，缺少独特性和差异性，可读性不强。

第二，文化馆文创人才队伍短缺，没有独立部门或团队专门从事文创开发。虽然文化馆馆员普遍是具有艺术特长、业务能力突出的骨干，善于开展和指导群众文艺创作，长于策划和组织群众文化活动，但他们面对受众的宣传手段还比较单一，掌握先进的数字服务手段能力不强，多数只在自己的艺术业务领域下功夫，对数字化、信息化方面知识匮乏，主动学习意识不强。

第三，文化馆是全额拨款的公益一类事业单位，实行的是收支两条线，其经营所得必须全部上交。同时还要承担经营活动的全部风险，包括经济风险、安全风险、政治风险等。权利和责任不对等，导致众多全额拨款文化单位除了提供基本公共文化服务，其他经营活动宁愿少做，甚至不做。没有专门的经费投入和奖励机制，导致大家工作积极性不高，单位自我发展意识和能力不强。

（二）对策与建议

第一，文化馆人应该树立创新思维，科学认识网络传播的规律，充分利用好新媒体力量，更新公共文化传播渠道，拓展传播公共文化方式。运用"文创"力量活化传统文化，将传统文化融入大众生活，打开传承传统文化新世界的大门。在这个娱乐化的信息时代，具有科技含量的传播方式可以提高群众的审美水平，发挥文化馆的美育功能，提高文化自信。在策划群众文化活动时，要注意掌握与时代潮流、大众审美、意识形态等方面的结合度，要有敢于尝试的勇气拓宽思路。要按照时代特点和要求，对那些至今仍有借鉴价值的内涵和陈旧的表现形式加以改造，赋予其新的时代内涵和现代表达形式，激活其生命力。

第二，文化馆应采取"内引外提"的方式，设立专门从事文创开发的部门，与人事部门协商引进专门人才，调动馆内现有业务人员的主观能动性，充分发挥他们的业务特长和才干，鼓励他们参加文创大赛，努力搭建展示作品的平台，使复合型人才树立自信心，增强成就感。顺应新时代公共文化服务方式的发展趋势，通过课程培训、专家讲堂、互动交流等多种方式对政策进行解读，还可以借助社会力量，与高校、专业社会组织开展项目合作，助推人才梯队培养和文创产业发展，引导带动文化馆业务、人才的全面发展，提升公共文化服务效能和活力。

第三，文化馆应推进体制机制创新，建立收入分配激励机制。2016 年 5 月，文化部、国家发展改革委、财政部、国家文物局等部门《关于推动文化文物单位文化创意产品开发的若干意见》中明确指出要有好的激励机制，国家文物局也明确表示可以拿出创造性效益的 50% 作为奖励和激励。希望上级主管部门尽快制定相关政策意见，对于文化创意产品开发最关键的创造性劳动，给予创造者相应的奖励或激励。将文化文物单位文创产品开发项目纳入中央和地方文化产业专项基金（资金）、国家艺术基金、各级文化文物专项资金支持范围。让文化创意产品，成为具有公益特征的精神文化产品，成为具有非营利特性的精神文化产品，成为具有文化产业性质的、为社会大众服务的精神文化产品。

三、结语

2019—2021 年，东城区第一文化馆通过文创的方式策划以萌猫"文文"视角推出《文化馆员画节气》插画小品，进行非遗节气文化推广尝试，获得了百姓广泛认可，微信平台关注用户实现成倍增长，更激发了馆员参与文创的热情。"文文"以憨态可掬的卡通形象，被赋予拟人化特征，贴近自然和生活，以代言人身份活跃在公共文化空间内，引起用户的关注，提升了点击率、阅读量、转发率，让有思想、有温度、有品质的内容得到有效传播，打动人心，提升了文化馆的社会影响力。也为文化馆在未来以打造"文文"特有 IP 为目标，不断进行可行性创新，依托"文文"开展传统节日、政策法规等内容宣传普及，发挥文化馆艺术普及、弘扬优秀传统文化、教育引导的职能作用奠定了基础。

2021 年是"十四五"规划开局之年，1 月 13 日，文化和旅游部全国公共文化发展中心与深圳文化产权交易所签署战略合作协议，组建"全民艺术普及文创中心"。中心成立后将依托全国文化馆行业及人才队伍优势，深入发掘整合文化资源，开发全民艺术普及文化创意产品，提升文化馆（站）服务效能，深化公共文化服务供给侧改革，推动文化事业与文化产业融合发展。这也将作为我们文化馆下一步开展文创工作的行动指南。

按照时代的新进步、新进展，对中国优秀传统文化的内涵加以补充、拓展、完善，增强其影响力和感召力，利用"互联网＋"科技手段，将传统文化中蕴含的文化精髓和内核与现代人的生活方式、行为方式、思维习惯相结合，融入人民生活中产生内心感知，活化了的传统文化服务于当下和未来，才是文化自信的真正体现。只有跟公众建立起共生共长的关系，适应现代消费需求，提供多样化的文创产品和服务，文化传承才能薪火绵延。在新发展阶段，如何进一步提升公共文化服务水平，为人民群众提供更高质量、更有效率、更加公平、更可持续的公共文化服务，是摆在我们面前的重要任务。文创如何在文化馆破题，需要文化馆从业人员不断地探索和实践。

参考文献：

[1]《中办国办印发〈关于实施中华优秀传统文化传承发展工程的意见〉》，《中国德育》2017 年第 4 期。

[2] 杨萍、王邦中、邓京勉：《二十四节气内涵的当代解读》，《气象科技进展》2019 年第 2 期。

[3] 祁述裕、赵一萌、杨传张：《文化文物单位发掘文化资源、开发文化创意产品的理念与思路》，《浙江工业大学学报（社会科学版)》2016 年第 2 期。

[4]《文化和旅游部、国家发展改革委、财政部三部委联合发文〈关于推动公共文化服务高质量发展的意见〉》，https：//baijiahao. baidu. com/s？id = 1695006342441402032&wfr = spider&for = pc，访问日期：2021 年 3 月 23 日。

（作者单位：东城区第一文化馆）

三等奖

简论文化馆应注重打造"软价值"

杨志宏

一、打造"软价值"是当今世界的发展方向

著名学者滕泰在《量子时代的财富创造新范式》一书中,将"软价值"定义为:"主要以人类创造性思维活动为财富源泉的知识价值、文化价值、信息价值、服务价值等。"

(一)"软价值"的成功案例和失败教训

众所周知,如今全球经济的新样式是:向软价值转型。人称世界变"软"了。例如,文化产业、知识产业、信息产业、金融产业、社会服务业五大"软"产业如今已占美国 GDP 的八成以上。又如,美国的硅谷逐渐"软化":从 20 世纪 50 年代硅谷诞生,主导产业是半导体工业,是"硬硅谷";到 20 世纪末,硅谷的主导产业是软件和互联网,为"半硬半软"阶段;现在硅谷全部"软化",其创新业务覆盖了信息科技、生物、医药等。在我国,阿里巴巴的马云等一批互联网领军人物也成为"软价值"创造的财富人物。

再如,与文化馆相关的文化、旅游、娱乐等行业。"软价值"不仅取决于创作者的投入,还取决于创作者本身的天赋、前期的培训、创作时的灵感等。例如,2021 年春节档,笑星贾玲执导的电影《你好,李焕英》成为影视界的一匹黑马,票房金额高达数十亿元。笔者认为,这是因为越是富含科技含量、能带给消费者更多基本功能以外的良好文化消费体验的产品,其硬价值占比越小,"软价值"占比越大,利润就会越高。

不注重打造"软价值"的失败教训。如,没有及时"软化"的美国底特律市如今随着汽车业下行而衰败,匹兹堡也随着钢铁业衰落而衰落;我国黑龙江省鹤岗市因煤炭资源的枯竭而经济每况愈下。我国有的基层文化馆因馆舍等硬件条件不佳,且数字化等"线上"业务开展不力,而逐

渐被老百姓"抛弃"。

(二) 网络经济时代需要"软价值"

从某种意义上讲，软价值社会是网络社会（或平台社会），每个人（或单位）都要依托平台、创建平台、成为若干平台上的一个环节，生产要素如信息、文化、创意、产权等主要靠网络传输；形成了多种新的社会经济和生活形态，如随时交流全球的信息、直播带货、在线上播出文艺节目或开展培训等，都摆脱了空间的约束。否则，就无法创造软价值，或无法让其创造的软价值进入社会。正如专家所言：软价值的实现路径是立体的、多元的、共享的。

总之，软价值时代，软要素、软资源等已成为新的财富职业。那些拥有策划、创意、创作、技术和管理能力的人，可以轻而易举地获得资本、知识、文化、信息、技术等软资源。同理，认知群体对软价值的获得感越大，软价值就越高。

(三) 文化馆打造"软价值"是大势所趋

有专家指出，在工业社会后期，文化娱乐产业消耗的地球资源不多，产出主要靠主创人员的创造性思维——如艺术家的创作、活动策划者的思维、有效实用的线上线下培训等，都是"软价值"。就文化馆而言，笔者认为，其软价值主要包括群文活动中的创意、策划、版权、著作权、艺术品、各种线上线下的融合利用等。

如今，各级文化馆都开展了形式多样的线上演出、线上培训、云课堂等，甚至评估定级、职称报考、各种会议等都能通过实时视频等现代通信方式来完成。通过"软"化，文化馆越来越像一个开放的优质群众文化平台，通过品牌化的平台作为载体，把各文化馆（站）的活动组织起来，多方位、专业化地向广大群众提供积极向上、生动形象、具有正能量的文化产品，从而真正实现公共文化产品的有效配置。

"互联网＋文化馆"模式，相对减轻和降低了广大群众对实体文化馆的依赖度，有效地缓解了制约文化馆公共文化服务均等化的硬件不足、资金短缺、人员缺少等问题。例如，有的文化馆因位于繁华地段，馆舍面积较小，便将大型排练和演出场地等"硬件"搬迁到交通便利的郊区，便于广大群众自驾车参加各种文体活动；留在繁华地段的是文化馆具有"软价值"的创意、策划、文化资源调配、馆员艺术和信息交流等部室。

二、文化馆打造"软价值"过程中，存在的主要问题

（一）品牌优势发挥不足，造成"硬""软"不分

长期以来，文化馆的自我定位一直局限在线下文艺创作、培训等方面，对于新时期如何充分利用网络、履行全民艺术普及的职责与使命有些茫然。同时，文化馆的管理理念、方式、机制等因素，也不同程度地制约了群众文化事业向"软价值"发展。

目前，一些文化馆的团队及演出存在形式单一、简单模仿、重复老套等问题。因缺乏特色和品牌，逐渐失去了吸引力、观众和市场。同时，有些地区财政较为困难，致使当地文化馆馆舍简陋、设施陈旧，网络数字化建设捉襟见肘，甚至馆员的工资、福利等都得不到有效保障，使馆员工作热情下降，产生得过且过等惰性心理，造成了文化馆工作"硬""软"不分的尴尬局面。

（二）硬件太硬，"软价值"太软

如今，全国各级政府都在不遗余力地加大公共文化方面的财政投入，各地建起了地标性的文化中心或文化馆大楼，购置了大量高质量、豪华型的文化硬件设施。但是，一方面，有的先进设备因操作难度大、可利用率不高，造成高水准的公共文化设施使用效率低下，甚至被闲置浪费，群众满意度不高；另一方面，文化馆领导层管理不到位、互联网思维落后、部分职工的进取和创新精神缺失等，最终造成了文化馆硬件太硬，"软价值"太软。

（三）过度管理，不易打造文化馆"软价值"

诺贝尔经济学奖获得者埃德蒙·费尔普斯曾提出过警惕"过度管理"的问题。各级文化馆的过度管理，会让文化馆背上沉重的"包袱"。开展线上线下群众文化活动时，过度安排，造成馆员自主精神的流失、自我创造力和价值得不到有效发挥；过度施压，让馆员在唯唯诺诺中无法产生工作自主性和积极性；过度精细化管理，使馆员成为被动执行的工具。例如，谷歌公司的工作环境自由、轻松、活泼，其"创新休息时间"，就是允许员工拿出20%的时间来研究自己喜欢的项目，其中语音服务、邮箱服务等都是员工"休息时间"创作出的软价值。总之，与相对宽容式管理相比，过度管理显得更为可怕，会把文化馆内部的效率与职工的创造力扼杀掉。

另外，在文化馆工作中，理事会及非政府组织机构的作用发挥不充分、软环境不佳等，都会影响"软价值"的打造，在此不再赘述。

三、文化馆打造"软价值"的做法和建议

（一）加强数字化建设，促进文化馆由"硬"到"软"的变化

文化馆要积极向"软价值"转型，首先要致力于满足广大人民群众的精神需求。如今随着人们生活水平的日益提高，文化馆被服务对象认知的"软价值"的含量高低，决定了文化馆服务水平的高低和发展空间的大小，因为附加在"软价值"后的文化服务更会得到老百姓高度的赞誉。

软价值时代，文化馆实现自身价值的路径也发生了由"硬"到"软"的变化。文化馆不能再用硬价值的"台阶式增长"去衡量软价值的"爆发式增长"，而要从固定岗位、固定任务的硬工作，向有多种技能、多种身份、多种任务的"互联网＋文化馆"转变。第一，在边学习、边交流、边创造的快乐过程中提供服务，从而提高老百姓的快乐感受。第二，扩大服务半径，惠及更多更广人群，并满足其个性化的文化需求，增强文化馆的"软价值"。

例如：石景山区文化馆加强文化馆数字化建设，实现了公共文化服务供给与群众文化需求的对接。2020 年，在做好防疫的情况下，石景山区文化馆为打造高质量的文化供给产品，注重发挥"软价值"共享性的特点，先后与中央芭蕾舞团、国家京剧院、国家评剧院等十余家高端专业院团合作，引进高质量的惠民演出，开展高水准的各项文化讲座，大力开展线上线下活动，受益群众达上百万之多。

（二）充分发挥自有品牌优势，打造"软价值"

1. 树立品牌意识

文化馆要因地制宜加大资源共享，构建领先的资源整合平台开展服务，打造自己特有的品牌。只有其品牌具备了稀缺性、难以替代性、维护成本低等特点，其社会"软价值"才能得以实现。例如，河北省唐山市某社区文化站的老年业余舞蹈队结合当地非遗特色的皮影艺术，用舞蹈形式编排表演了《俏夕阳》，力挫群雄，荣登央视春晚，形成了独特品牌，赢得全国人民的喜爱，再通过后期的网络传播，打造出了唐山市社区群众文化的"软价值"。

2. "二度开发"，打造新的"软价值"

多年来，各级文化馆曾做过的一些颇具特色的群文工作，当时因种种原因，特色显得不尽如人意。在如今的网络时代，文化馆可对以往的特色节

目、特色培训、特色工作等进行二度开发，使隐含其中的新特色被及时发现，挖掘出深藏其中的新内涵和具有时代价值的新特色，使其在网络世界"梅开二度"，从而推动文化馆业务水平迈上新台阶，打造出新品牌，实现其"软价值"。

（三）注重发挥理事会及非政府组织机构的作用

在实施法人治理结构中，理事会作为文化馆的最高决策机构，要从文化馆的发展规划、公共文化服务需求出发，制定出切实有效的措施，鼓励馆员积极创新，线上线下多措并举，打造文化馆的"软价值"。

文化馆应加强与不同领域的交流合作，打造"软价值"。软环境下，文化馆应加强与社会力量深度合作，提升文化资源的利用度，开发适合服务对象的群众文化创意产品，并加强线上线下的宣传推广。如北京市海淀区北部文化馆实行"外包机制"是较好的范例。某文化公司中标后入驻，经营期三年，同时引入第三方考核机制。该馆从事的线上线下的各项群文活动丰富多彩，百姓叫好连连。可见，非政府组织的加入，对打造文化馆的"软价值"不可小觑。

（四）"软价值"需要文化馆工作的软环境

在互联网高度发达的今天，文化馆的管理层和全体馆员都是"软价值"打造者。笔者认为，在条件允许的情况下，文化馆可柔性管理，让管理充满人情味，从而营造出舒适、宽松并鼓励创新的工作环境，能够极大地激发全体馆员的创造性思维，丰富"软价值"的创造方式。

另外，打造"软价值"，文化馆要敢于利用试错法。文化馆要允许馆员中有多种新观念和新做法出现，因为成功者常常从多种的创新中脱颖而出。

参考文献：

［1］蒂姆·哈福德：《试错力》，冷迪译，浙江人民出版社，2018。

［2］伊查克·爱迪思：《企业生命周期》，王玥译，中国人民大学出版社，2017。

［3］戴维斯：《过度管理：正在悄悄毁掉你的公司》，中国华侨出版社，2019。

［4］孟建勇：《隐形管理：无为管理的最高境界》，经济管理出版社，2017。

［5］滕泰：《软价值：量子时代的财富创造新范式》，中信出版社，2017。

［6］杨雪冬：《制度运行的逻辑》，社会科学文献出版社，2017。

（作者单位：石景山区文化馆）

浅谈数字媒体在全民艺术普及中的应用

吴向天

艺术包含着戏剧、影视、音乐、美术、曲艺、舞蹈、工艺美术、摄影、书法、杂技乃至文艺评论等多个门类，是国家文化的重要组成部分。群众不仅是艺术产品的消费者，同时也在积极参与艺术创作，他们的创作活动，构成了群众文化活动的重要组成部分。群众对于艺术的理解，不仅决定着群众文化的面貌，也通过消费影响着专业艺术家的创作。艺术普及活动目的在于提高群众的艺术素养，推进文化艺术事业的可持续发展，不断提高人民的生活质量与精神文化素质，从而实现人的全面发展。

2015 年 1 月，中办、国办印发了《关于加快构建现代公共文化服务体系的意见》，《意见》要求"积极开展全民艺术普及"。随着流媒体与数字技术的发展，艺术普及工作借助科技的进步取得了长足的发展。在新媒体平台上，不少艺术从业者借助自媒体进行相关艺术门类的推广，与此同时，各种各样的数字公共文化资源库也在不断建设与发展中。国家大剧院、中国美术馆、故宫博物院以及国家博物馆等大型文化机构先后上线了自己的数据库，供爱好者浏览查阅相关资料；同时文化部开设了国家公共文化云，有条件的各级文化馆也在近几年纷纷开设公众号与云平台，为群众提供线上文化服务。

一、数字文化资源的现状

目前，网络上的数字文化资源有如下几类：

（一）大型文化机构自有数据库

21 世纪以来，随着互联网技术的发展以及国家政策鼓励，不少大型文化机构完善了自己的官方网站，在原有线下服务的基础上，尝试开展藏品数字化、流媒体等线上业务。这其中以国家大剧院古典音乐频道、中国美术馆线上展览及故宫博物院数字文物库为代表。

国家大剧院古典音乐频道包含网页版和 App，设有 ncpa 音乐厅、精彩瞬间、ncpa 记录、古典音乐赏析以及增值服务音乐商店等栏目，整个频道共有 1100 多个演出录像、近千张唱片、300 多部纪录片，涵盖了声乐、器乐、舞蹈、戏剧等多种艺术门类。除了国家大剧院自己的演出录像，还有相当比例来自海外知名剧院的演出录像、知名艺术家与作品的介绍以及知名唱片公司的录音。值得一提的是，古典音乐频道中的资源大部分是高清高码资源，制作质量良好，部分唱片甚至属于难得一见的佳品，在专业群体与资深爱好者中享有口碑。

故宫数字文物库有故宫最全藏品信息，涵盖 25 大类文物，超过 186 万件/套文物的基础信息以及 5 万多张精选文物影像，并且还在不断增加。在藏品信息页面，网站提供了简单的藏品信息，包含名称、编号、藏品类别及年代等，附带的藏品图片清晰度也不错，例如尺寸较小的书画作品可以清晰地看清墨迹的浓厚及非白、皴笔等一些特殊笔触，可以满足书画爱好者学习之用。除此之外，故宫博物院的网站还设有线上展览，以主题的形式供观众浏览藏品。

中国美术馆则选择将自己近万件藏品数字化，并对外提供只能在线欣赏的高清大图。同时，美术馆还将部分线下的艺术讲座录像放到了网站上以扩大受众群体。

总体来说，这些大型文化机构自有数据库以提供专业水平高的资源为特点，附带有一些普及性质的讲座，更受业内人士与资深爱好者的关注与喜爱，相对而言，对普通群众的吸引力要小得多。

（二）公共平台上的自媒体

大型公共平台（如微博、微信、B 站、抖音等）是近年来随着互联网应用发展而产生的一类新的艺术资源聚集地，其中产生了很多专注于某个单一艺术门类的自媒体。按照其提供的内容又可以分为两类：一类以搬运外网艺术资源为主，这些自媒体会转载国外最新的直播录像、艺术课程录像以及关于艺术的纪录片等；还有一类自媒体更专注于面向自己的观众进行艺术知识的讲解乃至教学，致力于让普通人能欣赏相应的艺术乃至进行一定程度的创作。笔者曾经关注过几个水彩画相关的微信公众号，在公众号中，不仅会定期推送不同的水彩画家，不同的画风，还会推送一些简单的水彩画技法乃至一些绘画工具的介绍。笔者还关注过一位 B 站的 up 主，这位 up 主专注于向大家介绍如何欣赏芭蕾舞，他会在节目中用风趣、幽默的解说详细介绍芭蕾的技术规范以及欣赏角度，让对芭蕾不熟悉的观众在热闹之外也能看门道。

从事这类自媒体运营的人员以艺术从业者与资深爱好者为主,大多数人都对艺术有极大的热情,互联网平台开放自由的环境吸引了他们在其上与同好及感兴趣的群众交流,部分自媒体运营者甚至乐意倒贴成本将花钱购得的资源无偿分享给其他同好,希望能吸引更多人关注自己的艺术。因此,平台上的资源与专业机构的数据库相比更加丰富多彩,比如笔者可以轻易地在 B 站上找到冷门歌剧的录像,有时候一个冷门歌剧还会有多个演出版本。

但同时,平台开放的特点也使得其上的资源良莠不齐,例如抖音与 B 站之类的流媒体平台上有大量的舞蹈教程,里面既有业余舞蹈爱好者的广场舞教学,也有搬运自国外的专业舞蹈教学,如何选择全凭观众的艺术素养。自由的环境也让一些原本属于圈内的争论(如不同学术流派间的纷争)暴露于圈外公众之中。例如笔者在 B 站一些知名歌剧演员的录像下面经常能看到业内人士就不同的声乐流派进行有关对错、科学与否的争论,其间罗列的观点有对有错,有经典理论也有非主流的说法,给缺乏分辨力的普通观众带来了困惑。

此外,相比于专业文化机构的数据库,自媒体更受普通爱好者的欢迎,尤其在平台信息分发机制的作用下,一位爱好者如果对某一艺术门类信息浏览频繁的话,平台往往会为其推送同类自媒体,这使得自媒体更容易引起艺术入门者的关注。

(三) 政府搭建的文化云

自 2010 年起,发达地区的文化机构开始陆续搭建自己的云服务平台,整合地区公共文化资源,展开线上服务,提升公共文化服务效率。2017 年,文化和旅游部公共服务司指导、文化和旅游部全国公共文化发展中心上线了国家公共文化云,将文化云的建设推升至新的高潮,此后全国大部分地区的公共文化机构都开设了相应的文化云,向辖区居民提供线上延伸服务。

目前相当数量的文化云主要业务还是为观众提供活动通告与预约服务,但笔者认为艺术普及工作尤其是云上讲座与云上课堂业务是文化云未来发展的重要方向。例如,2021 年新改版的国家公共文化云就突出了全民艺术普及工作:其中看直播版块重点推送群众文化活动、专题讲座、艺术普及分享、展览带看、馆藏讲解展示、非遗讲解展示等资源,计划每年推出直播不少于 500 场,发布各类资源不少于 7500 小时;享活动版块汇聚全国性、区域性、地方性的全民艺术普及品牌活动;学才艺版块推出八大基础门类课程，提供在线培训、课程点播、在线直播、作品上传、互动社区等服务，每年将为 800 万用户提供艺术普及培训服务；读好书版块将逐步建成全国最大的全民艺术普及图书数据库。除了国家公共文化云外，国家数字图书馆云上服务也着重建设了视频版块，其中收录了各种文化艺术普及讲座的录像上千集，有面向儿童的也有面向成人的，供使用者点播。

但是笔者也看到，国家公共文化云虽然有意识地突出全民艺术普及服务，但目前其在资源收录上依然偏重于各地群众文化活动间的交流，带有自娱自乐性质，并且相当一部分资源录制效果差，让线上观看体验大打折扣。

二、未来发展

笔者认为，除了当下常规的交流展示平台外，各级公共文化云应该充分发挥文化门户的作用，尤其应善于利用各种第三方互联网资源。这些资源利用好了会让全民艺术普及工作事半功倍。

全民艺术普及的目标是提高群众的艺术素养与欣赏水平，促进文化事业的发展。当前，网上丰富的艺术资源降低了群众欣赏艺术的成本，但同时，网络信息碎片化的特点又容易让群众在海量资源面前无所适从，浅尝辄止。这时候需要合适的人去引导这些潜在的爱好者入门，教会他们如何辨别信息，选择合适的资源欣赏，除了机构举办的线下讲座外，各级公共文化云平台也应该积极推送转载优质的艺术普及文章与专题，选择优秀的第三方合作，扩大平台的资源。

各级公共文化云依托相应的公共文化机构，也受到所在地群众艺术骨干的关注，群众艺术骨干又往往联系着许多同好，他们经常分享资源、互通有无。同时，群众艺术骨干平时忙于工作或家庭，未必有足够的空闲时间上网扫资源，多数人更愿意关注自己已经关注的几个自媒体。因此在公共文化云中推送优秀的艺术资源能精准地让目标人群看到信息，同时能拓宽他们的资源获取渠道，引导他们多欣赏高质量的艺术资源，以此来提升群众的艺术素养。

例如，基层的云平台可以与大型文化机构合作，定期在公众号中转载他们发布的一些普及性质的专题，比如一个公共文化云可以在公众号中推送中国美术馆的某项重要艺术展览，将关注者导入美术馆的平台，或者转载其他第三方资源，也可以选择优秀的自媒体作品在公众号中进行推送。

除了直接引用与推介优秀的第三方资源外，公共文化云还可以制作相应的艺术普及专题，选取不同来源的资源放入同一个专题中，向群众进行艺术普及，还可以邀请优秀的自媒体在平台上开设专栏，发表自己的作品。

此外，为了应对网络信息碎片化的缺陷，笔者认为公共文化云在推介艺术普及资源时也应当注意向观众系统地介绍艺术知识。比如在介绍美术作品的时候，最好兼顾美术史与作者创作背景，这样能使观众对艺术的发展形成正确的认知，从而理解各个流派间的关系，有助于爱好者厘清各种争论。

总之，数字媒体的发展为全民艺术普及提供了助力，使得群众能低成本获得丰富的艺术资源，促进了文化的公平发展，部分消除了因经济差异带来的壁垒。互联网开放自由的特点也吸引了一大批专业与资深爱好者投身自媒体，为艺术普及作出贡献。但同时其碎片化、多元化的特点也为艺术普及工作带来了负面影响。笔者认为新形势下，文化馆的艺术普及工作不仅要善加利用丰富的互联网资源，同时也应着眼于为群众提供系统的艺术知识体系，以提高群众的审美与对相应艺术门类的认识，抵消碎片化信息带来的负面影响。

（作者单位：西城区第一文化馆）

2021 年中国文化馆年会征文
北京市评选获奖论文

一等奖

对线上线下相结合的文化馆服务的思考

胡良薇

《中华人民共和国国民经济和社会发展第十四个五年规划和2035 年远景目标纲要》提出，要推进公共图书馆、文化馆、美术馆、博物馆等公共文化场馆免费开放和数字化发展，推进线上线下公共服务共同发展、深度融合。文化和旅游部、国家发展改革委、财政部2021 年发布的《关于推动公共文化服务高质量发展的意见》也要求，加快推进公共文化服务数字化，提升数字文化馆网络化、智能化服务水平。这给新时代的文化馆公共文化服务提出了新的、更高的要求。

一、文化馆开展线上线下相结合公共文化服务的重要意义

（一）线上发展是时代发展的必然趋势

当前，随着世界范围内信息科学和数字技术快速发展，互联网和人工智能等新技术逐渐普及，互联网的应用已渗透到人们生活的方方面面，由早期的信息浏览、电子邮件发展为生活购物、网络娱乐、信息获取、交流沟通、商务交易、政务服务等多元化应用。我国已经拥有全球第一的互联网用户数和移动互联网用户数。中国互联网络信息中心（CNNIC）第 46 次《中国互联网络发展状况统计报告》显示，截至 2020 年 6 月，我国网民规模达 9.40 亿，其中手机网民 9.32 亿，即时通信用户 9.31 亿，网络视频用户 8.88 亿，网络直播用户 5.62 亿。习近平总书记 2019 年 1 月 25 日在党的十九届中央政治局第十二次集体学习时指出，人在哪儿，宣传思想工作的重点就在哪儿，网络空间已经成为人们生产生活的新空间，那就也应该成为我们党凝聚共识的新空间。国人中绝大部分人都在网上，拥抱互联网，积极数字化已经成为各行各业都必须认真面对的事情。

（二）线上线下相结合是促进公共文化服务发展的必然趋势

近年来，公共文化服务因应我国加快数字化发展、建设数字中国的形

势，大力开展公共文化服务设施网络建设，取得了长足进步。2016 年初，文化部提出推进文化领域大数据建设与"互联网＋文化"行动计划，不断从顶层设计上传递出公共文化服务与互联网并轨，推进公共文化服务与信息科技融合发展，将公共文化设施、资源和大众需求有效对接，充分利用现代信息技术打造全方位的公共文化服务平台这一迫切任务要求。公共文化服务的线上线下结合发展，立足于近年来我国大力推动公共数字文化建设的坚实基础，体现了公共文化服务从内容到业态的深刻变革，展示了老百姓享用公共文化服务途径、方式的重大变化，是因应数字中国建设的重要趋势。

（三）新冠肺炎疫情强化了线上线下相结合的发展趋势

新冠肺炎疫情的暴发，经过中外的强烈对比，彰显了这些年中国大力发展数字化基础设施和相关技术应用的优势，也将进一步坚定我国加快发展数字化建设的决心。新冠肺炎疫情期间，从国家级图书馆、博物馆到基层的文化馆、乡镇社区文化站室，呈现了"线下关门、线上开花"的繁荣景象。公共图书馆增加了数字书刊在网上的投放数量，同时针对居家生活的特点，精心策划设计了吸引公众参与的阅读活动，催生了图书馆新的"无接触借还书"服务方式。文化馆把艺术普及资源、群众文化活动搬上了网络，艺术普及培训课程、群众联欢会等活动通过手机、电脑等方寸屏幕在"云上"流行传播。博物馆推出"在家云游博物馆"活动，出现了博物馆关门、展览却看不完的现象。可以说，此次新冠肺炎疫情，进一步提高了全社会对发展线上公共文化服务重要性的认识。

（四）线上线下相结合是提升文化馆公共服务能力的有效手段

过去传统的文化馆，在服务对象、服务内容和服务方式上都存在一些需要改进的地方。在服务对象上，比较局限于志趣相投、志同道合的"文艺爱好者"，而对广大普通人民群众的文化需求研究得不够、针对性不强；在服务内容上，比较注重开展上级单位部署的、带有较强意识形态传播意图的文化活动，而真正贴近老百姓生活的文化活动开展得不够多；在服务方式上，过于驻守自有的阵地，待字闺中，导致"养在深闺人未识"，参与度和知名度都不高。开展线上服务，正好可以弥补文化馆的不少短板，有利于打破信息不对称难题，帮助人民群众和文化馆两者共同享受数字化带来的便利；有利于扭转目前公共文化服务受众流失、参与率不高的现状；有利于激发优质公共文化服务产品的创作并高效、精准地进行投放；有利于通过引入新技术推动文化馆业务干部的业务能力、服务水平的进一步提升；有利于提升文化馆实体场馆开放的效益，进一步发挥文化馆的育人功能。

二、文化馆开展线上线下相结合服务的实践

事实上，自互联网一兴起，文化馆就逐步开始"触网"，开展线上服务。最初的服务途径主要是通过门户网站，近年来，逐渐丰富了服务方式。以笔者所在的北京市西城区第一文化馆为例，目前，主要的服务平台有门户网站、微信公众号、视频号、西城文化云，已经初步形成规模。特别是2020 年，因为新冠肺炎疫情，线上服务呈现井喷式发展，服务总人次是2019 年的 11 倍（具体见表1）。

表1　北京市西城区第一文化馆线上服务平台访问量对比表

序号	线上服务平台	2019 年访问量（万人次）	2020 年访问量（万人次）
1	门户网站	1	1
2	文化馆微信公众号	11.8	10.6
3	文化馆音乐汇公众号	1.92	0.6
4	西城文化云		2250
5	网络直播	260	758.5
	合计	274.92	3021

主要的服务内容有活动信息、线上课堂、线上演出、线上展览、工作动态等（具体见表2）。

表2　北京市西城区第一文化馆疫情期间线上服务表

序号	服务类别	服务项目	开展次数	参与人次
1	线上课堂	周末课堂	144 次课	3000 余人
2	线上展览	公益展览	4 场	4000 余人次
3	线上演出	"音乐汇"	7 场	700 万人次
		彩虹剧场	2 场	80 万人次
		看大戏到西城	2 场	20 万人次
		"FOLLOWME"	4 场	30 万人次
		轻松戏剧俱乐部线上汇报演出	1 场	5 万余人次
4	线上辅导	北京 PVPC 童声合唱团	12 次	600 余人次
		缤纷青春舞蹈队	14 次	350 余人次
		缤纷芳华舞蹈队	14 次	350 余人次
		轻松戏剧俱乐部	44 次	1320 人次
		缤纷青少年打击乐团	48 次	2880 人次

序号	服务类别	服务项目	开展次数	参与人次
5	线上文艺赏析	舞蹈赏析	20 条	3000 余人次
6	原创剧精彩回顾	原创剧全剧精彩回顾	9 部	10 万余人次
7	西城讲坛	线上征集关于疫情防治的征文和手绘图片	共征集征文 10 篇手绘图片 16 篇	
8	作品创作	以防疫抗疫为主题的作品创作	共征集有诗歌、歌曲、视频等作品 11 篇	

与之相应的，线下服务则大幅萎缩，活动次数缩减至 2019 年的 27%，参与人数缩减至 2019 年的 11%（具体见表 3）。

表 3　北京市西城区第一文化馆线下服务对比表

序号	服务内容	2019 年开展场次及参与人次	2020 年开展场次及参与人次
1	文艺演出	226/80450	39/9120
2	公益展览	36/49600	18/5000
3	公益培训	736/14556	60/2996
4	公益电影	24/7200	7/900
5	公益讲座	39/5070	5/250
6	团队排练、辅导	1076/51740	402/14770
7	文化体验	4/1000	
8	录音服务	30/50	18/50
9	服装提供	78/774	30/100
10	大厅主题展示	365/730000	145/74500
11	各类比赛	19/6170	
12	会议及其他	122/44720	19/2000
	合计	2755/991330	743/109686

目前，北京市西城区第一文化馆在开展线上线下相结合服务上已取得了一定成效，在很大程度上扩大了服务范围、提高了服务质量。然而在具体实践过程中，也不可避免地存在影响效果充分发挥的问题，有着较大的应用潜力和开发空间。

一是线上服务关注度仍有待提高。从近些年来的线上服务关注度可以看出，西城区第一文化馆的人气在不断增加，形象在不断提升。但总体而言，群众对西城区第一文化馆的关注度和黏度，与博物馆、图书馆这样的同类公共文化服务机构相比，仍有不小差距，甚至与别的地区文化馆相比也存有差距。例如，浙江嘉兴市文化馆 2020 年微信访问量为 25 万人次，而西城区第一文化馆 2020 年的微信访问量为 11.2 万人次。

二是线上服务载体仍有待丰富。作为地处北京中心城区的文化馆，在资源和人才等方面具备先天优势，但与一些具备较强科技运用理念的文化馆相比，还有一些需要提高的地方。例如，北京海淀区北部文化馆建立了公共文化服务数字平台，综合 VR、AR、智能感知等技术整合文化资源；浙江嘉兴文化馆在物理空间中建立了视听阅读休闲、全息投影舞蹈体验等七大功能数字文化自助体验空间，吸引众多年轻人来馆。西城区第一文化馆已经意识到载体的不足，并开通了抖音视频号，以此增加活动信息发布的渠道。

三是线上服务整合集聚不足。目前西城区第一文化馆官方网站 1 个、抖音视频号 1 个，微信公众号按艺术门类和品牌项目开设若干，都过于分散，而作为集聚整合载体的官方网站信息更新迟滞。对外宣传的视频号和公众号，如西城文化云、音乐汇、艺术培训、馆展览、戏剧社等一众链接都没有在网站平台上统一显示、互相关联。

四是线上宣传引流与线下服务脱节。西城区第一文化馆线下工作人员缺乏对线上线下相结合的充分认知以及专业信息化系统的培训，比如某部门通过线上平台发布某活动的招募观众的通知，当闻讯而来的群众进行咨询和报名时，常出现前台物业和其他部门的工作人员对该活动详情不清楚甚至一问三不知的情况，引起部分群众的不满。这暴露了线下线上有时处于"各自为政"的状态，馆各部门项目没有进行整合，各部门之间信息不畅通，造成了线下服务与线上脱节。

当然，2020 年线上服务的大发展大繁荣，是因为新冠肺炎疫情放大了这一效应，但这一影响无疑是深远的。进入后疫情时代，文化馆的线上和线下服务也不可能再完全回到 2019 年之前的状态。因此，新常态下如何促进文化馆线上线下服务相结合发展是摆在我们面前的重大课题。

三、对文化馆服务线上线下相结合发展的思考

（一）线上线下相结合发展是协同发展

文化馆发展线上服务，能通过线上的宣传推广，把群众吸引到线下的文化馆服务中来；同时，随着形势的发展，线上也成为文化馆的另一块阵地、另一片天地。文化馆的线上服务和传统的线下服务不是取代关系，而是迭代关系；不是谁主谁次，而是此长彼长；不是谁强谁弱，而是优势互补。因

此，发展文化馆的线上服务，既是促进文化馆线下发展的手段，也是文化馆发展的目的。我们要立足形势发展，立足各馆的实际，稳步拓展线上服务的领域和手段，坚定不移推进线上线下服务的协同发展，把相结合发展的整体优势充分发挥出来，实现"线上＋线下＞2"。

（二）线上线下相结合发展重在线下练好"内功"

很多文化馆在开展线上线下相结合服务时，较为关注加强线上部分的构建，却忽视了对线下服务质量的提升。对于线上线下服务相结合来说，线下的服务直接关系到群众整体的服务体验，是线上线下相结合发展关键的一环。需要引起重视的是，通过线上吸引客流、精化服务的方式将观众引入线下的演出场馆，如果观众在线下得不到期待已久的高品质服务，不但会使线上的努力付之东流，长此以往也将流失更多的受众。因此，公共文化产品的提供需要文化馆人在线下精心准备和打磨，通过持续投放优质文化产品和服务把一部分观众长久留在线上。与此同时，必须树立品牌意识，积极开展新颖富有特色、并与线上相协调的活动，才能真正提高群众的参与兴趣，不断提高场馆的服务质量。例如西城区第一文化馆品牌项目"音乐汇"，这些年持续"请进来"，利用演出市场和艺术高校的优质资源，线下演出与线上直播同步，为群众奉献了数百场高标准的音乐会，这些音乐会也作为文化馆线上的文化产品资料库的重要资源，在疫情期间不断投放，丰富了线上文化活动。

（三）要着力构建线上线下相结合发展的有效闭环

文化馆通过提供线上服务，可以收集到活动参与者的大量数据，比如偏好数据、行为数据、身份数据等。在受众通过线上引流到线下场馆或享受文化馆线上服务之后，如果注意通过建立及时的受众反馈机制，就能获取受众对文化产品的满意度及意见建议等数据。通过对这些大数据的收集整理和分析，一是能够形成更加完整的公共文化产品服务信息库，吸引更多的潜在受众使用公共文化服务平台；二是能够实现产品信息的精准推送和投放，提高公共文化服务的效率；三是能够增强用户的黏性，锁定一部分受众成为"忠实粉丝""铁粉"。这样就形成了线下或线上体验后，通过用户反馈机制将数据等再返回到线上去，之后又推动线上或线下发展的闭环。也就是说，既要从线上到线下，又要从线下回到线上，最终实现"引流—体验—反馈—再次引流"的良性循环。

（四）要谨防掉入"流量"和"数字"陷阱

近些年，"粉丝经济""流量为王"观念不仅在互联网领域蔚然成风，也深刻影响到公共文化服务领域。有的沉醉于用户数已经达到多少、产品数量提供了多少，不去思考这些流量数字后面的含金量到底如何、庞大的数字背后是否是认真看过学过、用户的体验到底如何，从而不断去追求数字和流量的攀升，导致提供的产品重复、创新性严重不足。李子柒走红给我们的一个启示就是，不需要每天霸屏，但作品出来后流量却节节攀高。因此，文化馆线上线下相结合发展要秉持"内容为王""质量为王"的理念，破除唯"流量""数字"的观念，提供最优质的平台与产品，满足新时代人民群众对美好精神生活的不断追求。

参考文献：

［1］李志慧、徐顺利：《破解文化馆发展困境：找准公共文化服务的实质——以北京市朝阳区文化馆"文化治理"之路为例》，《行政管理与改革》2013 年第 1 期。

［2］张涛：《线上线下顾客体验对行为意愿影响的比较研究——基于关系质量的中介作用》，硕士学位论文，陕西师范大学，2018。

［3］杨斯嘉：《中美公共文化服务供给比较研究》，硕士学位论文，电子科技大学，2019。

［4］付睿宁：《公共文化服务运用 O2O 模式的困境与对策——以苏州美术馆为例》，硕士学位论文，苏州大学，2018。

［5］金栋昌、王琳慧：《文化互动视角下城市公共文化空间与新媒体融合策略》，《长安大学学报（社会科学版）》2019 年第 3 期。

［6］高慧军、王莹、吴竞妍：《国外新媒体公共文化服务供给模式研究》，《行政管理与改革》2018 年第 5 期。

［7］秦瑄：《平台型文化企业参与公共文化服务路径研究——以喜马拉雅 FM 为例》，硕士学位论文，华东政法大学，2019。

［8］蒋素东：《基于用户体验的移动 B2C 线上线下融合研究与实现》，硕士学位论文，西南大学，2014。

［9］赵晓璐：《"互联网＋"视角下的公共文化资源数据库建设模式研究》，硕士学位论文，山东大学，2018。

（作者单位：西城区第一文化馆）

传统戏曲振兴应重视票房的管理与建设

——以北京地区京剧票房发展现状为例

耿 超

中国戏曲是中华优秀传统文化的代表之一。2017 年，中办、国办联合下发了《关于实施中华优秀传统文化传承发展工程的意见》，指出要充分发挥图书馆、文化馆、博物馆、群艺馆、美术馆等公共文化机构在传承发展中华优秀传统文化中的作用。结合笔者 20 多年来组织北京地区的京剧票房活动的经验来看，专业院团、艺术院校在人才培养、剧目创作方面固然有优势，但文化馆站作为密切联系基层的公益性文化事业机构，在戏曲艺术的普及方面也发挥着不可替代的基础性作用。因此，加强对于票房的管理和建设十分重要。

一、"票房""票友"在京剧发展中的作用

振兴京剧艺术，是响应中央号召，弘扬民族传统文化的重要工作。京剧有着 230 余年历史，是融合了南北地域特色的戏剧表演形式，被视为中国国粹。2010 年 11 月 16 日，京剧被列入"人类非物质文化遗产代表作名录"。

"票房"是戏迷票友活动组织的俗称。"票友"即非职业的戏曲艺术爱好者。票房历史悠久，据说诞生于清朝初期，皇族的子弟喜欢演唱"子弟书"，朝廷颁发"龙票"作为"演出许可证"，供这些业余爱好者进行合法活动，这便是票友、票房、"玩儿票"的由来。"票友"与"票房"，在京剧发展的历史上起到了重要的推动作用，有着广泛的社会影响。

改革开放以来，"票友"与"票房"的称呼逐渐为社会所认可，广大京剧爱好者学唱京剧，不仅作为一种爱好和娱乐，更是深深植根在爱国主义情怀里，自觉地和中华民族文化振兴联系起来。在"弘扬民族传统文化，振兴中国京剧艺术"的认知下，各地的京剧票房作出了重要贡献。

（一）票友与票房是京剧发展的推动力之一

京剧经历了几个鼎盛时期：18 世纪末是京剧发展的第一个鼎盛时期，

每天戏曲演出繁盛，宫廷为京剧表演提供了有力的帮助，宫廷与民间的戏曲相互影响，使京剧获得空前发展。20 世纪 20 年代至 40 年代是京剧的第二个鼎盛时期，这一时期，京剧繁荣的标志是诸多流派的产生，流派纷呈，人才济济。这两个发展时期出现了一道风景，就是票友"下海"推动了京剧的发展，例如票友张二奎，与程长庚、余三胜并立老三鼎甲；票友孙菊仙与谭鑫培、汪桂芬并立后三鼎甲；票友言菊朋与马连良、谭富英、高庆奎为前四大须生；票友奚啸伯与马连良、谭富英、杨宝森并列后四大须生。

京剧繁荣培养了票友，同时票友也促进了京剧的发展，二者相互促进、相互依存，才使得京剧薪火不断、代代相传。培养与提高，应该成为振兴京剧艺术的重要环节。票友票房的活动越多，影响面越广，生命力越强，京剧艺术的传播与普及就越红火。

（二）票友与票房推动京剧艺术不断创新

历史上，最初的票友"玩儿票"是不允许卖票的，反而他们的演出需要收费。经济基础决定上层建筑，票友在历史上形成的这种"经济独立"，反映到艺术上的相对自由，"门户之见"较少。这也是前文所说，票友中"一代宗师"较多的缘由。

在现代来看，要发挥票友的传统优势，在戏曲艺术复兴中发挥作用，要发挥"超脱于各门派之外"的优点，破除门户之见。要敢于学唱那些所谓的"冷门戏"，为改变当前京剧演出中"流派多、剧目少"的现状出一把力。流派是需要剧目才能形成与发展甚至兴盛的。而推出新剧目需要大批资金，票友在这方面具有"科班界"较少具有的优势。历史上，很多新剧目的出现和流行都借助于社会力量的支持。

当前京剧的发展也有这样的困局出现，所不同的不是新剧目少，而是新剧目往往只演一次或者"一番儿"就偃旗息鼓了。既然我们看到了"新戏多，演出少"的不足，作为票友与其怨天尤人，不如带头学唱新戏，让《曹操与杨修》《于成龙》《郑和》《华子良》这样的优秀剧目不断传承，像《四郎探母》《失空斩》《群借华》那样流传千古。

二、北京地区京剧票房、票友活动的现状概况

进入新时期以来，随着民族优秀文化的普及与提高，包括京剧在内的戏曲票房已经成为提高文化自信、弘扬民族优秀传统文化的重要力量。

（一）数量和分布

以北京市为例，戏曲票房在各个区，直至乡镇、街道、村落、社区纷纷成立。根据笔者统计，目前北京市共有 57 个京剧票房，其中设在文化馆的有 7 个。全市票友人数估算达到 8000 人之多。这些票房大多依托于文化馆、少年宫、文化站、俱乐部或者街道、社区开展活动，基本上已经形成网络。他们遍布于全市各个区，包括一些大学和部队，组织机构健全，有固定活动时间和地点。多数有自己的文武场，其中还有齐备的衣箱。

（二）赛事与演出

这些票房每年组织下基层，进校园，下农村部队、疗养院等演出达千次以上，在活跃广大群众文化生活中发挥着重要作用。为实现中华民族伟大复兴的中国梦作出新的更大贡献，已经成为广大票友的共同理想和愿景。在赛事活动方面，形成品牌的有"戏聚北京"戏曲票友大赛、"晓月杯"京剧票友大赛（丰台区）、"椿树杯"北京市社区京剧票友大赛（西城区），以及选拔北京地区票友参加"和平杯"中国京剧票友邀请赛（天津市）等。除了由政府层面主办的，还有各种民间举办的京剧票友活动，给北京的京剧票友票房提供了许多展示学习的舞台。这对于京剧整体的发展都起到了很重要的基础作用。

三、团队建设是"票房"健康发展的基础

公共文化服务体系中，提供服务的主力军是图书馆、博物馆、文化馆、文化站等公共文化事业机构中的编制内人员。总体来看，体制内的文化从业人员，数量终究有限，难以满足人民群众不断增长的文化需求。具有较高素质，且日益扩大的业余文艺社团，像京剧、评剧、河北梆子、越剧的票房，以及各种音乐社团、朗诵社团、舞蹈社团能够弥补这一不足，扩大公共文化服务的范围，延伸服务触角。所以，包括京剧票房在内的各种业余文化组织在活跃基层文化、服务公众需求方面具有重要的作用，而要发挥这种作用，加强团队建设至关重要。

（一）强化宗旨和团队精神

票房中的每一个参与者作为一个个体，都具有较高的艺术素质和政治修养。然而，个体的素质并不一定就是"组织"的素质。只要形成组织，就必定有一个内部建设问题。内部建设，其本质就是凝聚人心，就是拧成一股劲儿，才能促进京剧艺术的发展。在票房组织中强化"互敬互爱、彼此提

携、共同提高"的精神，"自娱自乐、各得其乐、大美其乐、寓教于乐"的活动宗旨有利于提高团队凝聚力，也有助于优良风气的形成。

（二）对票友活动进行引导

对于"京剧票房"等业余文艺组织来说，要致力于票友的文化自信、文化自觉与文化自省，而不光是仅仅注重他们的演唱技能与京剧知识的丰富。

首先，应当在票房中强化"文化志愿者意识"。票房不应当仅仅是"玩儿票"，"寓教于乐"应当是正确的运行模式。要在自娱的基础上，自觉做到"娱人"，在提倡"各美其美，美人之美，美美与共，天下大同"的基础上，自觉担当好"文化志愿者"的角色。

其次，要学习乌兰牧骑精神，做京剧普及与提高的铺路石。京剧票房应当贯彻 2019 年 7 月 15 日习近平总书记考察内蒙古时指出的："乌兰牧骑是内蒙古这个地方总结出来的经验，很接地气，老百姓喜闻乐见，传承了优秀传统文化。"这是对乌兰牧骑精神的高度评价和概括，为我们认识和把握乌兰牧骑精神指明了方向。让更多的百姓接触京剧艺术，这样才能达到振兴京剧艺术的目的，在服务社会、贡献社会的同时完成自己的艺术夙愿。

四、人才培养是"票房"发展壮大的保证

2020 年 10 月 23 日，习近平给中国戏曲学院师生的回信中指出：戏曲是中华文化的瑰宝，繁荣发展戏曲事业关键在人。全面贯彻党的教育方针，落实立德树人根本任务，引导广大师生坚定文化自信，弘扬优良传统，坚持守正创新，在教学相长中探寻艺术真谛，在服务人民中砥砺从艺初心，为传承中华优秀传统文化、建设社会主义文化强国作出新的更大的贡献。京剧票房的优势是既能接触专业演员，又能联系戏迷观众。票房要积极发挥这种桥梁纽带作用，要有亲和力，形成磁场效应，发现人才、培养人才。一方面为刚入门的票友做好示范，提高他们的艺术水平；另一方面举办京剧知识讲座普及京剧知识，提高一般观众的欣赏水平。

（一）要分层次培养京剧票友，扩大服务范围

对于有一定艺术天分，又具备综合素质的爱好者，应尽量施以专业性的京剧培养，请名师说戏，坚持练功，在掌握京剧基本功的基础上提高综合艺术修养，在较高的平台展示，逐渐成为名票，甚至是京剧名家。而对于一般的票友，自身条件一般，年龄偏大或年龄较小的票友，可以开展普及性的学

唱，并以清唱为主，主要是提高兴趣，成为爱好。

（二）要注重品牌票房的培养，增强辐射力

票房，应当注重自己的品牌建设，应当是优秀的文艺社团，优秀的文化志愿者团队。例如北京市新荣春青年京剧社，近年来就成为一支弘扬国粹的劲旅。该社经常利用业余时间深入社区，为居民中的京剧爱好者进行义务指导，并在社区举行的群众文化活动中义务演唱。在他们的倡导带动参与下，基层文化建设的水平蒸蒸日上，近年来优秀票友不断涌现。获得了"全国京剧金牌票房"的称号。

（三）文化馆站业务干部要发挥"领头雁"作用

根据笔者的调研，当前北京地区大部分文化馆都设有戏曲干部，各区文化馆的戏曲干部大多是从中国戏曲学院毕业的，有学京剧表演专业、京剧演奏专业，还有戏曲导演专业的，自己都能唱、演、组织和戏曲有关的演出或培训，有着扎实的专业基础，工作热情较高。要更好地为他们提供平台，建立激励机制，让他们在各区发挥带头人的领军作用，推动票房的健康发展。

随着中国特色社会主义进入新时代，中华民族迎来从站起来、富起来到强起来的伟大飞跃，文化建设也要提升至更高层面，肩负更多的使命。推动京剧票房在内的各种基层群众文艺社团开展丰富的群众性活动，文化馆站责无旁贷。应当在"以人民为中心"思想的指引下，深入贯彻习近平新时代中国特色社会主义思想，将振兴以京剧票房为代表的传统戏曲类基层群众文艺社团，作为振奋民族精神、弘扬民族文化的实践行动，把艺术的普及与提高结合起来，振兴中华优秀传统文化，实现真正的"文化自觉""文化自信"。

参考文献：

[1] 张景山：《旧京京剧票房忆趣》，《北京青年报》2017 年 4 月 26 日。

[2]《关于实施中华优秀传统文化传承发展工程的意见》，https：//baike. so. com/doc/24407967 - 25235668. html，访问日期：2021 年 2 月 22 日。

（作者单位：北京市文化馆）

新时代文化馆社会化建设问题研究

曹洪智

党的十九届四中全会审议通过的《中共中央关于坚持和完善中国特色社会主义制度、推进国家治理体系和治理能力现代化若干重大问题的决定》，强调"鼓励社会力量参与公共文化服务体系建设"，这一重大方针政策，抓住了公共文化服务的本质内涵，为公共文化服务的社会化提供了可靠保障，也为加强新时代文化馆社会化建设提供了根本遵循。如何利用社会力量促进文化馆建设发展，是各级文化工作者需要认真思考的课题。

一、认清新时代文化馆社会化建设的重大意义

引导鼓励社会力量参与公共文化服务，是丰富服务内容、激发服务活力、提升服务效能的重要抓手。文化馆作为文化事业的重要组成部分，肩负着公共文化服务的重任，加强文化馆社会化建设具有十分重大的现实意义。

（一）满足人民日益增长的文化服务需求的迫切要求

改革开放以来，我国经济社会发展取得了长足进步，人民群众生活水平不断提高，对公共文化服务的需求不断增长，尤其是对服务种类和品质的要求越来越高。党的十九大报告明确指出，中国特色社会主义进入新时代，我国社会主要矛盾发生重大变化。同样在精神文化层面，也存在人民日益增长的美好精神文化需求与公共文化发展不平衡不充分之间的矛盾。随着我国综合国力不断增强，小康社会全面建成，公共文化服务形式单一、供给不足、时效性不强等深层次问题将不断涌现，迫切需要打破传统垄断式的保障模式，充分借用社会资源，加快建立紧贴时代、多元一体的新时代公共文化服务体系。

（二）践行文化强国战略、增强文化软实力的实际举措

随着全球化的深入发展，世界各国联系更加紧密，文化也在相互交流中交锋，并彰显着一个国家的综合国力和国际影响力。党的十九大报告将"坚定文化自信，推动社会主义文化繁荣兴盛"作为习近平新时代中国特色

社会主义思想在文化领域的基本方略，为我们推动文化强国战略指明了方向。文化强国是一个系统工程，既要着眼提高国家整体文化软实力，更要把群众性、基础性文化工作搞扎实。只有把每一个基层文化组织建立过硬，才能真正实现文化强国目标。各级文化馆站作为基层文化组织，是我国文化体系的细胞和基础，直接担负人民群众文化活动组织、培训、辅导和创作的任务。加强文化馆社会化建设，将直接提高基层一线的文化保障能力，促进全民弘扬社会主义先进文化，必将对社会主义文化强国建设起到重要推动作用。

(三) 整合社会资源、丰富文化馆内容供给的现实需要

文化馆存在的价值和意义在于为公众提供优质及时的公共文化服务，这要求文化馆必须具备较强的文化内容供给能力。新时代，随着人民群众物质生活的极大丰富，追求品位成为时尚，对文化艺术的需求也在快速增长，并且呈现多元化、宽领域的个性特征，对文化馆的文化供给能力提出了更高要求，带来巨大挑战。与之形成鲜明对比的是，社会上分散的文化艺术资源未能得到充分利用，迫切需要创新公共文化服务社会化运作方式，进一步整合社会资源，拓展供给渠道，丰富文化内容，使文化馆能够持续不断地向人民群众提供更加多元的公共文化服务。

二、把握新时代文化馆社会化建设的基本原则

文化馆社会化建设属于新生事物，虽然一些地区进行了探索尝试，但仍是初步的，实践中面临着许多新情况新问题。只有把握好基本原则和建设思路，才能确保社会化建设始终沿着公益的方向稳健发展。

(一) 坚持以人为本

加强文化馆社会化建设，必须始终体现"以人民为中心"的思想，将满足公共文化需要作为根本目的，一切从人民群众实际需求出发，用人民是否满意、群众是否接受作为衡量标准，尊重人民主体地位，充分调动广大群众的积极性和参与度，以优质服务增强人民群众的获得感和幸福感。

(二) 坚持公共属性

文化馆是为人民群众提供公共文化服务的平台，其核心属性在于公益性。文化馆社会化建设要始终坚持以"公益"为初衷，以"公众"为对象，通过发动地方主体参与公共文化服务，进一步提高文化产品的多样性、普适性和均等性，促进公共文化服务水平有效提升。

（三）坚持公平竞争

传统公共文化服务主要依赖国家拨款，容易造成故步自封、动力不足。通过文化馆社会化建设，发挥市场作用，引入社会资源，文化部门将从供给方变为监管方。各类社会文化资源在互相竞争中，既能够激发活力、提高质量，又便于综合衡量、择优而用，从而实现公共文化服务的良性发展。

（四）坚持互惠共赢

文化产品的公益性与运营公司的营利性是一对天然矛盾。妥善处理公共文化利益和运营公司营利的关系十分必要。要通过出台保障政策，健全合作机制，既让运营公司产生收益、可持续经营，又要最大限度争取公共文化利益，找准社会化运营与文化公益的最大公约数，实现社会效益最大化。

三、探索新时代文化馆社会化建设的对策措施

近年来，部分地区文化馆在属地政府部门的支持下，大胆尝试，积极创新，扎实开展文化馆社会化建设，取得了显著成效，文化馆社会化的效益越来越充分地显现出来。然而在肯定成绩的同时，也要清醒看到问题，由于运营模式、资金来源、专业人才等方面存在现实难题，多数地区文化馆社会化建设仍未起步，受思维模式、体制机制、法规政策等方面限制，文化馆社会化建设进程仍然举步维艰。为此，要注重从以下六个方面研对策、定措施。

（一）更新"陈旧落后"的思想观念

观念的落后是最大的落后，思维的桎梏是最大的障碍。受文化事业意识形态属性的影响，从总体上来看，当前各地在文化馆社会化建设方面，思维方式仍偏于保守，发展理念还相对滞后，存在放不开、不敢放等问题，严重阻碍了文化馆社会化运营的深入发展。要转变思想观念，在国家大政方针的正确指引下，实现"由堵到疏""由散到聚"的转变，区分轻重缓急，正规有序地开放各类文化部门，放手将文化运营权授予社会组织，凝聚起全社会的文化产业力量。要加强教育引导，利用召开文化馆年会、文化企业论坛等时机，宣传文化馆社会化建设的政策措施，统一思想认识，树立鲜明导向，鼓励各地文化馆放下包袱、迈开步伐。要突出政治引领，大力加强对社会运营企业的意识形态管理，始终以政治建设统领社会化建设，确保主流价值方向不偏移、公益属性轨道不走样。

（二）完善"上下贯通"的法规政策

近年来，国家出台了一系列公共文化服务类法律法规，鼓励社会力量广

泛参与。例如 2017 年出台的《中华人民共和国公共文化服务保障法》，明确了政府购买服务等措施，有力推动了公共文化服务社会化发展。但从总体来讲，现有政策法规大多数还是以原则性要求和鼓励性支持为主，缺少刚性约束和可操作性措施，致使社会化建设效益不高。为此，要切实加强法规体系建设，规范社会化运营模式。从国家层面讲，要加强顶层设计，结合当前事业单位改革，制定权威高效的文化馆社会化建设法规政策，着力突破现有文化事业的体制性障碍、结构性矛盾。从地区层面讲，要结合经济状况、基础条件和区域特色，研究本地文化馆社会化运营措施，形成多元共治的发展格局。从文化馆层面讲，要综合衡量属地资源、场馆面积、自身优势等操作方面的问题，细化具体措施，制定落实方案，确保文化馆社会化建设有章可循、健康发展。

（三）创新"简捷高效"的运行机制

服务供给模式的新变化呼唤管理体制的新要求。当前虽然各地区探索了一些公共文化服务社会化措施，但总体处于起步阶段，仍然存在机制不健全、关系不顺畅等问题。比如，有的地区门槛过高、手续过繁，有的地区政府扶持力度不够，减税降费有限，有的地区摆位不正、重视不足，等等，这既减少了文化类社会组织的可选范围，又降低了社会文化力量的参与热情。为此，必须通过体制机制创新，为文化馆社会化运行"扫清障碍"。要完善市场准入机制：各地政府应进一步转变职能，简政放权，从企业资质、审批环节、手续办理等方面，规范市场准入，简化审批流程，激发社会主体参与公共文化服务体系发展的内生动力。要完善评估激励机制：建立评星级制度，制定奖励措施，对于社会信誉度高、群众口碑好的文化企业，给予财税政策、资金补助等方面的优惠和支持，鼓励进行文化产品研发和创新成果"孵化"，调动规范运营的主动性积极性。要完善考核监督机制：依据合同约定、企业权责、经营范围等内容，科学设置绩效目标，制定考核细则，成立考核组织，坚持以年、季、月、周为周期，对文化企业社会化运营情况实施定期考核、有效监管，打通文化馆社会化建设的"最后一公里"。

（四）探索"多方受益"的运营模式

加强文化馆社会化建设，必然涉及运营模式问题。由于我国社会化运营起步较晚，文化类社会组织正在发展培育，目前公共文化服务社会化运营模式相对单一。为此，应认真梳理国内外成功案例，总结经验，为我所用。从实践层面来看，政府部门要通过社会采购、公开招募、整体外包等手段，发动企业、协会、文艺团体、个人等多方主体参与公共文化服务，利用资金补贴、捐赠赞助、基金收入等多种渠道，扶持企业正常运营。文化企业要在满足公益的前提下，合理制定票制票价，注重向公众提供分众化、个性化的服务项目，利用互联网、大数据等多种手段，增强用户体验，提高用户黏性，为企业持续经营奠定基础。各地文化馆可通过与微信平台等网络运营商、地方文化企业合作等方式，引入国内外精品演出，丰富文化产品供给，让群众凭公益赠票或较低票价，就能欣赏到高端文艺精品，为保证文化服务的公益性创造条件。

（五）打造"胜任本职"的人才方阵

人才兴则事业兴。当前，受薪酬待遇偏低、行业门槛偏高、体制编制调整等原因影响，文化馆在编文化人员积极性降低、内动力不足，社会文化组织人员流动性增强，专业水平不高，成为影响文化服务质量、制约社会化运营的重要因素。壮大文化人才队伍、催生文化人才群体，已经成为迫在眉睫的现实问题。要优化人员编制，通过本轮事业单位改革，进一步优化各级文化馆的文艺专业人员、场馆管理人员等编制，最大限度实现人岗匹配、人尽其用。要加大培训力度，尤其要加强对社会文化人才骨干力量的培养，提升开展社会文艺活动的能力和水平。要坚持开门办馆，通过打造"文化志愿者大舞台""文艺志愿者爱心公益行"等具有影响力的服务品牌，广泛招募社会文化管理人才、专业人才和志愿者队伍，有效分担政府压力，提升公共文化服务层次。

（六）理顺"制约建设"的各种关系

文化馆社会化建设是一个复杂而长期的战略任务，必须用辩证的思维考量建设问题。要正确处理好继承传统与改革创新的关系，在坚持特色办馆、留住传统的基础上，积极创新社会化运行模式，着力构建内容多元化、服务专业化的文化馆综合体。要正确处理好立足国情与借鉴国外的关系，在坚持以我为主、结合实际的前提下，充分借鉴英国、俄罗斯、日本等国家公共文化服务社会化建设的先进经验，用他山之石攻己之玉。要正确处理好线下活动与线上服务的关系，尤其在当前疫情防控常态化的大背景下，应充分发挥网络优势，借助社会力量加强数字文化馆建设，采取"文化慕课"等群众喜闻乐见的形式，在全社会大力弘扬伟大抗疫精神，丰富中华民族的基因血脉。要正确处理好发达城市与落后地区的关系，坚持全国一盘棋，针对社会资源发展差异，注重抓好全局统筹，建立帮扶协作关系，实现地区之间文化上的交融互鉴、对口支援和精准扶贫，促进文化馆社会化建设的区域化协同发展。

参考文献：

[1] 范周：《文化馆发展中的社会化问题思考》，https：//app. culturedc. cn/thematic/culture－special－sikao/page－lecture. html？resId＝147603，访问日期：2020 年 4 月 17 日。

[2] 王全吉：《文化馆场馆社会化运营的关键是什么？》，https：//www. cacta. cn/detail＿BigData. aspx？BDid＝1601，访问日期：2020 年 2 月 28 日。

[3] 《关注 | 四地公共文化设施社会化管理运营实践探索》，http：//news. qcc. com/postnews/a24e2c0c45abd434b998335647bf03b2. html，访问日期：2020 年 5 月 28 日。

[4] 《中华人民共和国公共文化服务保障法》，http：//www. saihan. gov. cn/zwgk＿new/bmxxgk/qzsgwbj/wtj/zfxxgknew/fdzdgknr/tzgg/202204/t20220411＿1230265. html，访问日期：2016 年 12 月 25 日。

[5] 《东莞文化馆：吹响公共文化服务社会化供给集结号》，https：//baijiahao. baidu. com/s？id＝1602030827959746032&wfr＝spider&for＝pc，访问日期：2018 年 5 月 31 日。

（作者单位：西城区第二文化馆）

从文化馆评估定级工作来看文化馆
人才队伍建设的重要性

张 朋

一、文化馆评估的主要内容和特点

为发挥文化馆评估定级工作对全国文化馆建设、管理与服务的引导和带动作用，推进文化馆服务能力建设，促进文化馆事业高质量发展，截至2020年，文化和旅游部已开展了5次全国文化馆评估定级工作。

2020年10—12月，北京市开展了第五次全国文化馆评估工作，全市15家文化馆依据《副省级、地市级（含直辖市所辖区县）文化馆等级必备条件和评估标准》参与了此次评估。评估的主要内容包含馆舍面积、人均财政投入、业务门类配备、数字化服务能力、举办文化馆人员培训、专业技术人员比例、服务满意度评价、执行党的方针政策和落实意识形态工作责任制情况共8项等级必备条件，3项评估标准分别是业务建设、服务效能、保障效能，以及4项提高指标。

（一）项目和分值结构

满分1000分，其中评估指标900分，提高指标100分。

表1 第五次全国文化馆评估项目和分值结构表

指标＼类别	省级馆		副省级、市级馆		县级馆	
	项目	分值	项目	分值	项目	分值
必备条件	8		8		7	
业务建设	18	400	19	350	16	300
服务效能	10	300	14	350	13	400
保障条件	5	200	5	200	5	200
提高指标	4	100	4	100	4	100
项目总分	40	1000	45	1000	40	1000

从分值上，看业务建设和服务效能所占分值最高，保障条件和提高指标所占分值相对较低。单从业务建设和服务效能上来看，省级文化馆对业务建设的要求比较高，县级文化馆更偏重于服务效能。业务建设和服务效能由什么来体现呢？笔者认为只有加强人才队伍的建设，才能有效提高业务建设的能力和服务效能的水平。

（二）等级必备条件中关于业务门类、人员情况等方面的评估标准及要求

1. 业务门类配备

表 2　第五次全国文化馆评估业务门类配备表

等级标准			评估细则
一级馆	二级馆	三级馆	业务门类包括但不限于音乐、舞蹈、戏剧、曲艺、美术、摄影、书法、文学、理论研究、网络或数字化服务、非遗（或其他）等门类。
8	7	6	

一级馆业务门类要求大于等于 8 个，二级馆要求大于等于 7 个，三级馆要求大于等于 6 个。从该项评定指标中，可以体现出业务人员所涉及的专业多。

2. 具有数字化服务能力

表 3　第五次全国文化馆评估数字化服务能力评估标准

等级标准			评估细则
一级馆	二级馆	三级馆	1. 有网站、微信公众号、微博、公共文化云、App 等数字化服务平台（至少有两种）。
能够通过互联网常态化提供数字文化服务			2. 有一定规模的数字文化资源。

3. 举办文化馆站人员辅导培训班（期/年）

表 4　第五次全国文化馆评估举办辅导培训班评估标准

等级标准			评估细则
一级馆	二级馆	三级馆	指面向全市所有文化馆、文化站（室）业务人员举办的培训班。
6	5	4	

4. 专业技术人员占职工总数的比例

表5　第五次全国文化馆评估专业技术人员占职工总数比例评估标准

等级标准			评估细则
一级馆	二级馆	三级馆	该项是指文化馆内从事业务工作并具有专
85%	75%	65%	业技术职称人员占全馆在编人员的比例。

该项是指文化馆内从事业务工作并具有专业技术职称人员占全馆在编人员的总数。这里的业务人员指的是在文化馆从事全民艺术普及和优秀传统文化保护与传承等业务工作的人员，与馆内从事行政管理、党务工作的人员相区别。如果是纯粹从事行政管理或后勤工作，从未参与专业技术教学、培训、辅导的，不能算入专业技术人员。这就要求文化馆的工作人员中必须配备有一定比例的人员从事文化馆的业务工作。

表6　第五次全国文化馆评估服务效能的评估标准

序号	项目	标准	分值	评估细则
2	服务效能		**350**	
2－4	实体馆服务人次（万人次）	10	20	在实体馆举办各类赛事、演出、展览、培训等服务覆盖的总人次。
		8	15	
		5	10	
2－5	馆外活动服务人次（万人次）	10	20	由文化馆在馆外主办、承办、协办和参与的各类活动参加人员和服务受益对象总人次。
		8	15	
		5	10	
2－6	数字服务人次（万人次）	150	20	通过网站、微信公众号、App、微博或第三方平台等开展文化服务的受益总人次。
		120	15	
		100	10	
2－7	举办各类群众性培训班平均群众参加人次（人次/年）	4000	30	指本馆面向社会各类人员举办的各类培训班参加的人次数。
		3000	20	
		2000	10	
2－8	指导的群众文艺团体数量（个）	30	30	指由本馆业务人员指导的群众业务文艺团队的数量。
		25	20	
		20	10	
2－9	举办文化馆站人员辅导培训班（期/年）	6	30	指面向全市所有文化馆、文化站（室）业务人员举办的培训班。
		5	20	
		4	10	

续表

序号	项目	标准	分值	评估细则
2	**服务效能**		**350**	
2－10	辅导培训文化馆站人员人次占比	15%	30	文化馆、文化站在编人员的辅导培训总人次。
		10%	20	
		5%	10	
2－11	开展基层文艺创作作品推广活动年均次数	6	20	文化馆举办的、将基层文化馆创作的各类文艺作品面向社会进行推广的活动。
		5	15	
		4	10	
2－12	下基层业务指导人均时长（天/年·人）	25	30	下基层业务指导人均时长＝本馆业务人员平均下基层总天数/本馆业务人员总数。
		20	20	
		15	10	
2－13	特殊群体服务项目数量（个）	10	20	指针对未成年人、老人、残障人士、农民工、留守妇女儿童等特殊群体开展的服务项目数。
		8	15	
		5	10	

以上所有项目指标的评定均需要不同专业的业务人员参与完成，完成的数量越多质量越高，得到的分值就越高。这就要求文化馆必须配备有多个专业的业务人员，且具有较高的业务水平。

（三）涉及理论方面人员的评估指标

表7　第五次全国文化馆评估涉及理论建设方面的评估标准

序号	项目	标准	分值	评估细则
1	**业务建设**		**350**	
1－4	本馆培养、辅导的作者、演员获市级及以上奖励数量（件、次、篇）	40	20	1. 指由本馆培养、辅导的作者、演员获得的市级及以上群众文化类的表演奖、创作奖、科研成果奖、组织奖、指导奖等奖项数量。 2. 不包含本馆业务人员获奖项目，不包括群星奖项目。 3. 填报 2016—2019 年获奖总数。
		5	15	
		3	10	
1－10	理论成果总数量（次、项、篇、部）	8	20	1. 理论成果包括课题研究成果、发表论文或出版著作等。 2. 填报 2018—2019 年累计总数。
		4	10	
		2	5	
1－11	组织各类理论研讨论坛或交流活动（次）	5	15	指本馆主办、承办或协办的全市理论研讨或参与全国、全省的理论研讨活动。
		4	10	
		3	8	
1－16	馆办刊物	有	15	馆办刊物是指独立主办的公开发行和内部交流的专业刊物，要有正式或内部刊号。

以上项目的评估指标均需要理论人才参与完成，其业务水平的高低直接影响其工作的效能，如撰写论文获得的奖项、发表论文的数量，组织或参与各类研讨活动等。

二、通过评估工作来看全市文化馆人才队伍建设的现状

参与此次评估的 15 家文化馆中，有 14 家文化馆符合一级馆所需具备的等级必备条件，满足了 8 个以上业务门类的配备；具有数字文化馆、微信公众号、App 等数字化服务能力；达到了每年举办 6 期以上文化馆、文化站（室）业务人员培训班的能力；专业技术人员占职工总数的比例达到了 85% 以上。

但在具体细化的评估标准中，其中业务建设（19 项）、服务效能（14 项）、保障条件（5 项）及提高指标（4 项）4 个项目共计 42 小项的具体评估指标中，所能达到或完成的数量各有差异，导致获得的分值高低不同。具体体现在以下两个方面：

第一，文化馆业务干部配备主要以常规业务配备为主，缺乏一些新型的艺术专业人才，如编导、数字化建设人才、群众文化理论研究人才欠缺。在评估标准业务建设中的第 4、10、11 项的评分内容（请参照上述标准中介绍的具体内容）都是涉及理论研究人才参与完成的，根据其完成的数量及质量所得分数各有差异。参与此次评估的 15 个文化馆中，第 4 项满分 20 分的14 个，0 分的 1 个；第 10 项满分 20 分的 10 个，10 分的 2 个，0 分的 3 个；第 11 项满分 15 分的 11 个，10 分的 1 个，8 分的 1 个；第 16 项馆办刊物 12 个文化馆有，3 个文化馆没有。由此可见，文化馆人才队伍中理论人才的重要性，业务水平的高低和质量直接反映到工作中。业务水平高的，参与完成的工作或项目就多，得到的分数就高。

第二，缺乏人才的长期培训计划及经费投入。人才队伍的素质和专业水平决定着提供的文化服务质量的高低。由于经费紧张，导致文化馆在人才培养方面投入较少，业务人才参加的培训有限。多数文化馆只有一部分或极少部分的业务人员参加过由省市举办的短期业务培训班，而大多数的业务人员都没有接受过经常性、有目的或是针对性的系统培训。久而久之，业务人员容易形成一种满足现状，缺乏与时俱进和创新精神的工作状态。

三、加强文化馆人才队伍建设的几点建议

党的十八大以来，以习近平同志为核心的党中央高度重视社会主义文化

建设，提出要加强社会主义文化建设，实现文化事业的大繁荣大发展。文化人才队伍建设在国家文化建设中发挥着重大的作用，肩负着很重要的意义。针对人民群众精神文化需求多样性和文化馆提供文化服务的多元性趋势，这就要求文化馆的专业人员，要成为创新性、复合型"一专多能"的人才，才能适应新时代文化建设的需要。为此，笔者认为文化馆人才队伍的建设，应该重视以下几方面内容：

第一，从工作方法上，要注重培养好内部人才。积极开展各类培训，提高专业水平，打造复合型人才。同时吸引、挖掘外部优秀人才。面对群众日益增长的精神文化需求和欣赏水平，要与时俱进，不断创新群众文化活动的内容和形式，力求在主题、内容、形式等方面取得突破，求得创新。从而做到人尽其才，发挥最大的人才效益。

第二，从用人机制上，首先，不能一味地凭资历、凭文凭、凭身份、凭职场等，要凭能力、凭实绩、凭贡献、凭创新等来用人，建立一套激励机制。要坚持民主、公开、公平、公正的机制发现人才，做到多劳多得，培养综合素质。当前，培训激励作为一种新的激励方式，越来越受到人们的重视。定期参与举办的培训班，拓宽知识面，激发工作热情和创作灵感。其次，还要充分发挥专家学者的"传帮带"作用，推动青年人才的快速成长。最后，鼓励人才深入实际生活，走到群众中，更好地了解基层需求，不仅可以增进感情，还有助于创作出更接地气的作品。

第三，从文化馆评估定级标准的制定上，可以采用更加细化的条目，从人才队伍培养经费的投入、人才创作作品的数量和质量，以及人才队伍门类的完善等多方面给予更加明确的指导，而非单从职称高低和数量来评定。

结束语

文化馆是从事群众文化活动的场所，文化馆以组织文艺创作、文艺活动、文艺培训、基层辅导、组建业务团队为主要功能。对于文化馆而言，专业人员的思想文化素养和相关业务水平的高低，会影响到群众文化活动的开展以及活动质量的高低。因此，加强人才队伍的建设是文化馆更好开展各类文化活动的基础和保证，而文化馆人才队伍的发展完善也将对文化馆评估定级工作的开展和完善有着很大的推动作用。我们应以文化馆评估定级工作为契机，加强人才队伍建设，强化服务意识。进一步扩大文化馆的影响力，提高群众满意度。

（作者单位：北京市文化馆）

关于新形势下当代文化馆服务模式的思考

朱玉儿

一、新的形势给当代文化馆工作带来的影响和挑战

（一）信息社会向后信息社会转变

后信息社会是尼葛洛庞帝在《数字化生存》中提出的新概念，个人选择丰富化、个人与环境恰当配合、实现真正的个人化是后信息时代的根本特征。其中数字化生存将使人获得最大解放，时空障碍不复存在，人们可分散在多处工作和生活，电子网络和个人电脑将赋予个人最大权力等特征描述的正是我们当下的生活，这预示着我国的信息社会正逐渐向后信息社会转变。人们的审美方式和精神文化需求被海量的资源和碎片化的信息呈现模式所改变，这也给当代文化馆的工作带来了新的挑战。

（二）全社会进入后疫情时期

新冠肺炎疫情暴发时期，群体聚集性活动被叫停，人与人之间处于空间隔离的状态，虚拟空间的线上交流模式打开了人们对生活另一种维度的思考和选择。在互联网技术的助力下，人们完成了疫情场域中生活方式的转变和个人习惯的养成。在我国抗疫进入常态化、处于后疫情时期的当下，人们已形成新的心理定式，即人类对事物的感知、思考进行了革新和重构，对享受精神文化也有了新的需求和期待。

（三）新时代文化政策的影响

不论是十四五规划和 2035 年远景目标建议，还是 2022 年两会开幕式的政府工作报告，都对公共文化服务水平的提升有了新的要求，其中多次提到的全民、公益、普及、公共文化服务、数字化等词，指明了文化建设新的发展方向。站在十四五的开局之年，面对新的政策要求和群众从量到质的文化需求，文化馆的工作也迎来了新的发展契机和挑战。

二、新形势下当代文化馆开展服务的现状

（一）线上文化活动爆发式增长

随着互联网的发展和普及，全国各级文化馆已具备一定的数字化服务能力。疫情使文化馆线下阵地服务处于停滞状态，人们的活动空间缩小、闲暇时间增多，社会急需文艺的力量疏解人民焦虑的情绪，导致线上文化需求井喷式增长。根据北京群艺馆的统计：2020 年北京数字文化馆平台累计播出北京各区申报的直录播活动共 61 场，总播放量 2982 万人次，平均每场点击量 47 万人次。说明文化馆人在新形势下积极转变工作方式和服务模式，推出了大量形式多样、内容丰富的线上文化活动，如慕课、多种主题的线上文艺演出和展览展示等，形成了文化活动和服务"线下关门，线上开花"的景象。疫情期间线上文化服务的一枝独秀，弥补了线下服务的空白，看似是应急之举却培养了受众的习惯以及文化馆人线上服务的意识。在后疫情时期，线上文化服务将向常态化的方向发展。

（二）线下文化需求亟待释放

在疫情发生之前，文化馆一直以传统的线下文化服务为主，线上文化服务作为补充，并未像线下文化服务一样形成独立的服务模式，所以文化馆的线下文化服务积累了广大而深厚的群众基础。随着疫情向好，群众的心态也逐渐发生变化，对美好生活重新恢复期待、对疫情前的生活产生怀念，催生了其对当下精神文化生活的不满足。线上文化服务已经不能满足群众心理的变化，人们再一次对线下文化服务产生了极大的需求和期盼。线上文化活动爆发式增长的局面是在疫情"倒逼"之下形成的，人们在潜意识中会认为这是一种特殊状态下的产物，在内心深处仍向往着可以开展线下文化活动的正常生活。2020 年 9 月，在北京各区文化馆重新开馆之际，门头沟区文化馆对区内 13 个镇街展开了调研，从调研结果来看，群众普遍反映希望重开线下活动，尤其是老年人和远山区的居民。

（三）初步形成线上线下双线并行的文化服务模式

文化馆的线上文化服务一直都在不断地发展，但没有形成规模，各类线上平台仅作为活动信息发布的窗口，所提供的内容、功能和服务相对单一、简单。但在疫情期间，线上虚拟空间成为唯一的服务阵地，其重要性和优势被凸显，文化馆纷纷把艺术培训、文化资源和各类文化活动、展览展示等搬到线上，使线上文化服务具有了和线下文化服务相同的内容和功能。疫情进

入常态化防控时期后，线下服务重开，但因群众已养成了享受线上文化服务的习惯，使线上服务也留在了人们的视野和需求里，线上线下相结合的服务模式初步形成。

三、当代文化馆开展线上线下——"双线并行"服务模式的必然性

（一）线上文化服务的优势与局限性

1. 拓宽了公共文化服务的空间

文化场馆及相应设施的数量、容量和分布决定了传统线下公共文化服务辐射的范围，即使配备流动服务演出车使文化服务深入基层、流动起来，也需要一定的场地、设备和基础设施作为支持。在疫情期间，文化场所被关闭导致传统的线下文化服务无法开展，而线上文化服务则借助网络，打开了虚拟空间的大门。公共文化服务在虚拟空间开展，既不受场地、地域的空间限制，又节省了人力和物力等成本。通过互联网把公共文化服务的触角深入各个角落，扩大了文化资源传播的范围以及文化服务受益群体的覆盖面，大大拓宽了公共文化服务的空间。

2. 提高了公共文化服务的均等化水平

随着时代的发展和物质生活的丰富，群众的眼界、文化水平和审美素养不断开阔、提升，对文化资源和服务的需求日益多元化，且需求量不断增大。线上文化服务利用网络的高覆盖和虚拟空间的无限性，将海量、多样的文化资源和文化服务汇集在各类公共数字文化平台上免费投放到各地，提高了公共文化服务的均等化水平，保障了群众享受公共文化服务的公平性和公益性。在为群众提供多元、丰富的文化盛宴的同时，有效地推进了全民艺术普及的进程。

3. 符合当代人获取文化的习惯

数字技术和网络的飞速发展在提高人们工作、生活效率的同时，也加剧了其忙碌的程度，社会进入了"快时代"；海量信息的冲击，击碎了人们的集中力，导致当代人大块的时间被分解，使人们逐渐形成碎片化的信息接收习惯。线上文化服务利用移动设备和互联网将线下文化服务的限时性转变为即时性，使人们随时可以在碎片化的时间中有效地获取文化资源、享受文化服务。同时，线上文化服务的传播速度快、范围广，可以与人类的思想同步，满足了当代人对文化资源和服务获取速度越来越高的要求。可以说线上文化服务是顺应时代的产物，更加符合当代人获取文化的需求和习惯。

4. 局限性

第一，正如《审美资本主义：品味的工业化》中提到的"远距离交流缺乏感情交际的厚度，因为人与人之间的感觉不在同一地点发声，无法相互感知、交融，无法受共同出席的掌控"，在虚拟空间中进行的所有活动依然缺乏真实感和人文关怀，且现场感不足、互动性相对较弱，其文化服务的效果也有待检验。

第二，在一些贫困偏远的地区，网络尚不发达，数字文化平台的建设更是无从谈起，导致线上文化服务无法在这些地区开展。

第三，线上文化服务以网络为载体，需操作电脑或智能移动设备才能享受，而老年、贫困和残障等弱势群体因年龄大接受新事物慢、无力购买或使用电子设备不熟练等原因，使线上文化服务难以惠及此类人群。

（二）线下文化服务的优势与局限性

1. 真实的体验感无可取代

虚拟世界里所进行的一切，终归是要与现实接轨的。线下文化服务需要群众去到现场亲身参与，零距离、面对面的交流让群众享受到的是看得见、摸得到的文化服务，其赋予参与者身临其境的真实感是独一无二的。因此线下文化服务的效果和群众的获得感都能够达到最佳的状态，可以最大限度地提升人民群众对文化需求的满足感。

2. 有助于构建人的社会属性

人的社会属性是指人是社会的产物，其思维和精神意识也是社会的产物，人在社会生活中不能摆脱各种社会关系，人的生活和活动也有社会性。所以人们渴望参与文化活动、享受文化服务不仅是审美上的需求，更是对社交行为的需求。这种需求虽然从线上线下均可获得满足，但是当人处于线下文化活动场域中时，面对面的真实互动更容易凝聚起集体的感情和意识，让原本单独的、没有交集的个体形成精神上的沟通和对彼此的认同，有助于和谐社会关系的形成；同时可以让人在文化活动和交流中学会如何与人相处，建立起社会的规则和意识，树立个人正确积极的人生价值观，认识并逐步融入社会，从而构建起自身健康的社会属性。

3. 各方面已具备扎实的基础

传统的线下文化服务是伴随着我国文化馆机构的出现而存在的，已有上百年的历史，经过不断地发展和完善，到今天已经形成了一套完善、成熟的服务模式。其在群众认同感、基础设施、人才储备等方面都已具备了扎实的根基，更是积累了丰富、深厚的服务经验，这些都保证了线下文化服务能够给群众带来更为优质的、更符合群众固有习惯和心理定式的文化体验。

4. 局限性

第一，线下文化服务需要在一定的文化场所里进行，受到时间和地域的限制，所能辐射的范围以举办场地为中心向外递减，导致文化惠民的范围有限，传播效果也受到影响。

第二，进行线下文化服务会产生场地、设备、人工等各项支出，需要投入大量的人力物力，导致其成本过高。

第三，传统线下文化服务所能够承载的文化资源是有限的，主题也是固定的，造成了群众难以随心所欲地从海量的资源里选择自己所需要的文化服务。

（三）线上线下"双线并行"的服务模式是未来公共文化服务的必由之路

通过对线上和线下文化服务进行分析，可以看出两者的优势和局限性恰好是互相补充的关系。正如李国新教授所说："文化馆开展数字化、网络化服务应该是常态化的，和阵地服务是双轮驱动、两翼齐飞的关系。"线上线下相结合的"双线并行"的文化服务模式可以充分发挥两者的优点，相互补齐彼此的缺点，是未来文化馆实现公共文化服务全面覆盖、提升服务效能、激发文化馆新活力的机遇和着力点。

四、未来文化馆开展线上线下——"双线并行"服务模式的发展对策

随着我国数字文化馆的建设，尤其是经过了疫情的催化，我国绝大部分文化馆迅速形成了线上线下"双线并行"的服务模式，未来文化馆的发展趋势也将延续并不断优化这种服务模式。作为文化馆的从业人员应不断探索"双线并行"服务模式的发展对策，为文化馆的发展注入源源不竭的动力。

（一）推进文化服务全方位深度融合

我国文化馆线上和线下文化服务的结合还处于初级阶段，只有让两者形成全方位的深度融合，才能真正发挥"双线并行"服务模式的最大效能。首先，推进文化馆内部线上与线下文化服务的深度融合，让线上文化服务不再只作为线下文化服务的附属品，一是要充分利用直播等技术手段，让线上线下服务同步进行，两者并重；二是要开发线上线下相结合的服务内容，引导受众从线上到线下、线下到线上进行双向流动，实现良性循环；三是要解

决各自服务模式的局限性，既能以独立的姿态进行服务，即先成为"1"，而后再融合成为"双线并行"服务模式的时候才能达到"1 + 1 > 2"的效果，实现两者的强强联合。其次，推进文化馆系统内部线上与线下文化服务的大融合，一是从地方到国家、从总馆到分馆的文化馆系统内部的各级文化单位要建立层层递进的"双线并行"服务网络，实现文化资源的共享互通；二是各单位线上文化服务平台泛滥，服务平台的不统一造成了重复建设和群众使用混乱分散的问题，消解了文化馆阵营整体的影响力和凝聚力，所以应建立统一、规范的服务平台和制度，形成一套清晰、简捷的"双线并行"服务模式。最后，要推进文化馆与其他公共文化服务机构进行线上线下文化服务的跨界融合，其中博物馆、图书馆"双线并行"的服务模式发展得如火如荼，文化馆要与这些机构积极合作，融经验、融平台、融活动、融服务，形成合力，共同探索"双线并行"的服务模式，促进我国公共文化服务整体水平的提高。

(二) 提升文化服务的精准化水平

海量资源的涌现以及个体素质和审美的差异，使人们对公共文化的多元化、差异化、个性化服务有了更高的要求。现阶段不论是线上还是线下文化服务大多仅满足了群众基本的文化需求，对群众的喜好和需求不敏感，送餐式文化服务仍然多于点餐式文化服务，公共文化服务的精准化水平较低，导致供需不匹配。一方面，应加强大数据算法研究，采集分析群众的喜好，提供精准化的文化服务推送，如虾米 App 基于对用户音乐喜好的精准分析而进行的音乐推荐一直广受好评，是吸引用户使用的主要原因，这一点在推进文化馆个性服务上是值得借鉴的。另一方面，建立完备的群众文化需求反馈机制也要"双线并行"，尽可能覆盖所有群体，全面提升文化服务的精准化供给。

(三) 打造文化服务品牌

经过多年的积累，各文化馆都形成了自己的传统线下文化品牌活动和服务，但是线上文化活动和服务存在着质量参差不齐的现象。内容为王是永恒的真理，如何打造出线上线下相结合的优质品牌活动和服务，保持群众对文化馆的需求和兴趣，是文化馆存在和发展的根本。一方面，挖掘具有本地特色的文化作为"双线并行"服务的内容和主题，既可避免服务内容的同质化，对本地群众来说也更有认同感，较易在当地形成有影响力、有特色的文化服务品牌。另一方面，文化馆作为公共文化服务机构，代表了国家文化的发展方向，在提供"双线并行"文化服务的同时，必须注意对文化服务的内容进行把关，打造出从服务内容到形式集先进性和高质量于一体的文化服务品牌。

（四）多方面加大投入力度

线上文化服务不能拘泥于现阶段的基础性服务，应不断开发新的功能以满足群众不断复杂的文化需求，所以要加大投入，进行技术研发，如引进 VR 等新技术来提升群众文化服务的体验感。在一些偏远贫困的地区，数字平台未完全覆盖，急需加大财政投入，进一步完善基础设施建设，以保证全体人民享受"双线并行"文化服务的权益。最后，要加大人才投入，培养一批懂技术、能够熟练操作数字服务平台的，具有跨界思维和"双线并行"服务思维的，且专业过硬的复合型人才。只有从多维度、多方面加大投入力度，才能切实提升文化馆"双线并行"服务模式的质量和水平。

五、结语

随着社会文化机构的蓬勃发展，各类文化服务、活动、产品日益丰富，其他的公共文化服务机构如图书馆、博物馆等都在积极开辟第三空间，进行职能拓展、服务创新，导致文化馆的空间被侵蚀、功能被弱化，使文化馆陷入了"存在"危机。作为文化馆人应摸准时代脉搏，在风云变幻的新形势下化挑战为机遇，积极开展线上线下"双线并行"的服务模式以满足群众多元的文化需求，使文化馆重新成为我国公共文化服务的引领者。

参考文献：

[1] 姜曦、陈墨：《现代文化馆转型与创新的思考》，《中国民族博览》2020 年第 2 期。

[2] 张金亮：《互联网思维助力文化馆数字化建设与服务》，《大众文艺》2021 年第 1 期。

[3] 张赛：《浅谈线上文化的优势和局限》，《大众文艺》2020 年第 17 期。

[4] 尼葛洛庞帝：《数字化生存》，胡泳、范海燕译，海南出版社，1997。

[5] 奥利维耶·阿苏利：《审美资本主义：品味的工业化》，华东师范大学出版社，2013。

（作者单位：门头沟区文化馆）

浅论文化馆的职业理念建设

王维波

文化馆和图书馆是宪法规定国家发展的文化事业，是我国公共文化服务体系的两支重要基础力量，承担了公共文化服务的支撑作用。据 2017 年的统计数据，全国共有公共图书馆 3166 个，从业人员 57567 人，实际使用房屋建筑面积 1515.27 万平方米；全国共有文化馆（群艺馆）3326 个，从业人员 54558 人，实际使用房屋建筑面积 1109.60 万平方米。从简单的数据比较不难看出，文图两馆规模和体量基本相当，但两馆在社会认知度方面有明显差距，知道图书馆及其功能的普通群众比知道文化馆的要多不少。而且文化馆在服务效能方面也屡屡受到质疑，各级文化馆内部不同程度的存在管理混乱、人浮于事的现象。

造成这些不均衡现象的原因不少，没有系统的学科建设，业务标准化程度较低，没有国际性组织，等等，但文化馆从业人员的职业理念建设缺失也是重要方面。职业理念建设的缺失致使文化馆员对于行业社会价值、从业理想和从业态度缺乏共识，找不准发展道路，职业生涯的成就感、荣誉感不足，外界对文化馆的功能和价值也难以形成稳定的认知和期许。但从目前的研究情况看，没有查到相关的专著，在中国知网仅搜索到一篇相关文章《浅谈文化馆管理人员的职业理念和专业水平》，在百度文库没有检索到相关文章，文化馆人的职业理念建设是亟待解决的问题。本文尝试做些探讨，旨在抛砖引玉。

一、文化馆人职业理念的概念和主要内容

文化馆人的职业理念是文化馆从业人员应当具有的观念和价值体系，是对文化馆工作的理解和认知，属于职业意识形态。是文化馆从业人员正确认识行业价值、建立正确职业发展规划、规范从业态度的职业规则；是维护文化馆在公共文化服务体系中的主力地位，加强文化馆自身建设的精神力量；也是社会和公众了解文化馆行业，建立正确社会期待的依据。其

主要内容应包括：

（一）对文化馆行业社会价值的共识

是指文化馆作为社会行业之一，其对社会发展和公民福祉所发挥的作用的业内统一认识，是对文化馆行业存在必要性的根本看法。笔者认为文化馆制度是中国特色社会主义文化制度的重要内容，是坚持集体主义、爱国主义和社会主义国家的显著文化特征，是我国公共文化服务体系的重要组成部分，是中国特色公共文化服务供给方式的一种。坚持文化馆制度就是坚持制度自信、道路自信和文化自信的具体体现。文化馆应该是公益性的社会文化艺术教育服务机构，应承担文明教化和艺术普及功能，是培育公民社会主义核心价值观，提高公民文明素养、道德水平和审美能力的意识形态阵地，是传承和弘扬中华优秀传统文化、普及文化艺术常识、引导人们亲近艺术、追求真善美的文化服务空间。

（二）文化馆从业人员共同的职业理想追求

其实质是文化馆人希望通过从事文化馆的工作，使社会、他人和自身实现的进步和发展，是指引文化馆人职业生涯方向的灯塔，也可以说是文化馆人的初心使命。每个行业的从业人员都必须有基于职业特点的共性的职业理想，这是引领从业人员辛勤工作、攻坚克难的精神力量，从业人员认同职业理想是职业生涯顺利的基础，不认同可能就有"入错行"的痛苦。比如警察的职业理想应是"天下无贼"，医生的职业理想应是"世上无病"。笔者认为作为文化馆人的职业理想应该是充分认识文化馆服务行业和教育行业的特点和规律，通过文化艺术的普及提高公民文明素养，增进群众之间的文化认同，增加群众的生活乐趣，从而使社会和谐、公民人人快乐，全体社会成员相亲相爱地生活在一起。

（三）文化馆人的从业态度

即文化馆从业人员应该以何种心态工作，做的什么样评价为做得好，什么样是背离了方向。从文化馆教化和艺术普及的功能出发，文化馆人应该是社会教育者的身份，"学为人师，行为世范"应该是基本的从业态度。文化馆人应该有终身学习的理念和行为，有可以传授的较为丰富艺术知识和技能，还要有诲人不倦、成人之美、甘为人梯的品德，要有当好群众畅游文艺百花园的导游，为群众开展文化活动当好勤务员，为群众的快乐幸福当好铺路石、登山杖的情怀。文化馆人应该是园丁，要有"春蚕到死丝方尽，蜡炬成灰泪始干"的思想意识。

二、文化馆人树立正确的职业理念的必要性

（一）文化馆行业健康发展的必然要求

一是为行业发展指明方向。职业理念中包含了对文化馆行业价值的认识，文化馆行业的价值就是利用自身资源开展服务，不断满足各级党委政府的工作要求和群众的公益性文化服务需求，这对社会而言是设立和发展文化馆的理由，对于文化馆而言这就是行业发展的方向，必须不断地根据社会环境的发展变化，研究党委政府工作要求和群众公益性文化服务需求的发展变化，来调整自身的服务能力和水平，使二者相适应。二是统一从业人员的思想认识。志同方可道和，对文化馆的社会价值、馆员的职业理想追求、从业态度有相似或一致的看法是统一馆员思想的重要内容，有了这些共识，文化馆人就有了共同奋斗的思想基础，能够保障文化馆人团结一心、步调一致，也是每个文化馆搞好内部团结的重要抓手。三是优化外部的从业环境。让党委政府以及社会和公众全面正确认识文化馆，对文化馆的工作形成客观准确的期待和评价，提高文化馆工作的社会认可度。

（二）文化馆内部管理的伦理遵循

一是文化馆制定工作制度、计划等的依据之一。文化馆制定各种制度办法时，除了要考虑法律法规和行政规范性文件等上位法和工作实际，是否符合职业理念也应是重要考量，尤其是考虑具体工作的绩效目标时，是否符合正确的职业理念是必须要考虑的，比如，在制定群众到馆接受艺术培训的制度时，考虑是否收费和收取多少合理，职业理念认知会是一种重要的伦理遵循。二是工作效果和员工表现的评价依据之一。文化馆的工作主要考量的是社会效益，群众满意、党委政府满意、符合行业发展要求是评价的主要维度，是否符合行业发展要求可以参考职业理念的内容。另外，评价馆员的表现时，工业态度肯定是重要方面。三是内部培训和人才培养的重要内容之一。职业理念可以使馆员了解熟悉文化馆行业，建立正确的职业规划，为其职业发展指明方向，应该是馆员培训特别是新人入职培训的重要内容。

（三）文化馆从业人员建立正确职业规划的主要依据

职业规划是职场中人必须要有的对职业生涯乃至人生的计划，通常由职业定位、目标设定、通道设计三部分内容构成，而其中职业定位是战略性、根本性的问题。一是文化馆从业人员考虑职业定位的重要根据。合适的职业定位是自身特点和行业需求的完美契合，需要有自知之明，也必须了解所从

事的行业，在此基础上找到自己合适的位置，文化馆从业人员的职业理念是深刻认识文化馆行业不可或缺的内容，馆员确定职业定位时必须认真考虑。二是职业目标设定的重要指导原则。理想的职业目标是馆员个人发展目标和单位需求的完美结合，仅仅出于个人的美好愿望是不够的，不考虑单位需求可能造成现实中的处处碰壁，职业理念可使馆员的个人发展方向符合单位需求和行业的要求，从根本上保证馆员设计职业目标的正确方向。三是通道设计的重要约束。职业理念使馆员在追求职业目标的道路上清楚边界的位置，在遇到具体问题时有评估的标准。

三、文化馆人怎样树立正确的职业理念

文化馆人树立正确的职业理念其实质是统一对文化馆工作的理解和认识，是行业集体意识与个人意识相统一和融合的过程。作为文化馆从业人员树立正确的职业理念最重要的是处理好几个关系，建立起社会认可和接受的精神和物质追求。

（一）处理好专业和普及的关系，使个人发展符合行业要求

文化馆是以专业技术干部为主的单位，按照规定专业技术干部要占绝大多数，每个文化馆各艺术门类的专业人才都很多。目前比较普遍存在的一个现象是专业技术人员角色意识模糊，尤其是新入职的馆员更严重，思想意识上时常分不清文化馆馆员和专业艺术从业人员的区别，工作实践中常常把自己放到了专业艺术从业人员的位置上。专业艺术人员是依靠专业艺术技能服务社会、体现价值的。以专业艺术院团的演员为例，日常工作除了演出就是排练，其核心的工作内容是表演。而文化馆馆员不同，其身份是艺术普及者，工作要更为复杂，需要为群众的艺术学习和展示服务搭台，要做培训、辅导以及很多琐碎的事务性工作。从艺术专业水平上看，当演员主要是提高自己，而当馆员主要是提高群众。

（二）处理好公益性和有偿服务的关系，使文化馆的服务始终走在正确的轨道中

按照单位的性质划分，目前绝大多数文化馆属于公益一类事业单位，人员工资和运营经费由各级财政全额保障，所以文化馆提供的服务应属于公益性的，必须是免费或者优惠的。在文化馆工作的馆员，对工资收入要有合乎行业规律的期待，不能有同社会艺术培训机构一样的思维，简单地将每天的工作与收入结合起来，不能过多考虑上一节课或教多少人收多少费用的问

题。虽然很多时候馆员与社会艺术培训机构的老师工作内容相同，但二者的工作性质有本质的区别：一个是商业行为，一个是政府公共服务行为；一个追求的是经济价值，一个追求的是社会价值。

（三）处理好个人成名和群众满意的关系，将群众满意、社会认可作为评价工作质量的标准

作为文化馆馆员虽然大多数有文艺特长，而且经常活跃在舞台周围，但是更多时候应该是幕后英雄，要把舞台留给群众。所以馆员不是成名立万的佳径，馆员不是向文艺明星和艺术家方向发展的，作为文化馆馆员应该秉持"己欲立而立人，己欲达而达人"的思想，甘为人梯，要向群众传播正能量，帮助群众培养文艺爱好，提高文艺技能水平，为群众开展文化活动提供便利和机会。一名优秀的文化馆馆员最主要的不是自己演出了多少场次、发表了多少作品，而是培养了多少群众文艺骨干、为多少群众提供了文化服务。

（四）处理好专业精通和知识广博的关系，必须有终生学习的意识

文化馆的根本社会价值在于其对社会成员有教化和艺术普及服务功能，若这两个职能发挥得充分，对于社会的和谐和群众的幸福都是极有帮助的。但无论是教化还是艺术普及，都是人对人的服务，对于文化馆馆员的素质要求都是很高的，尤其是教化的功能，其实质是社会软性治理，是运用"长老权力"将社会普遍认同的规则在群众中进行推广，实现的前提是施教者要对这些规则有充分的学习和掌握。所以文化馆的馆员不仅要有文艺上的一技之长，还必须有较好的文化功底，有较为广博的知识面，对各个学科都要有所涉猎，还要有一定的组织协调、沟通演讲等做群众工作的能力，因此，馆员必须有终身学习的意识。

参考文献：

[1]《中华人民共和国宪法》，http：//jspgh. com/djwh/detail. aspx?id = 4116,，访问日期：2019 年 12 月 4 日。

[2]《中华人民共和国文化和旅游部 2017 年文化发展统计公报》，http：//www. ce. cn/culture/gd/201806/01/t20180601_29311788. shtml，访问日期：2019 年 6 月 1 日。

[3] 李宏、魏大威：《文化馆蓝皮书：新时代文化馆创新发展 2017—2018》，国家图书馆出版社，2019。

[4] 《公共文化服务保障法》，http：//www. npc. gov. cn/npc/c12435/201612/edd80cb
56b844ca3ab27b1e8185bc84a. shtml，访问日期：2019 年 12 月 25 日。

[5] 费孝通：《乡土中国》，湖南人民出版社，2022。

（作者单位：北京市文化馆）

文化馆总分馆建设中的问题分析和对策研究

——以北京市顺义区北石槽镇文化馆分馆为例

王 炜

一、背景介绍

2016 年，文化部等五部委发布《关于推进县级文化馆图书馆总分馆制建设的指导意见》，明确提出了县级文化馆总分馆制建设要求，为文化馆（站）进一步改革体制、健全机制、创新发展指明了方向。在此背景下，顺义区大力推进文化馆总分馆制建设进程，将总分馆建设作为推进公共文化服务示范区工作的重要抓手，完善公共文化服务体系的重要工作，实现区内三级网络服务体系的关键。从而助推公共文化服务体系建设及文化馆事业的全面发展。顺义区文化馆在总分馆制推进过程中，取得了一些经验，也发现了一些问题。

（一）制度先行，建立了一整套完善的管理机制

《指导意见》发布后，文化馆高度重视总分馆发展动态，积极学习相关政策和精神，并通过参加文化馆年会的机会，认真学习了总分馆建设相关内容，积极研究借鉴先行单位的经验做法，研究制定了《顺义区文化馆总分馆制度汇编》，包括《顺义区文化馆总分馆建设规划》《顺义区"文化馆图书馆总分馆制"业务协调组议事制度》《顺义区"文化馆总分馆制"双重考核实施办法》《顺义区国家公共文化服务体系示范项目"文化馆图书馆总分馆制"建设专项经费统筹运行管理办法》《顺义区文化馆总分馆设施设备及人才资源统筹使用管理办法》《顺义区文化馆总馆、分馆、社区（村）基层服务点服务标准》等 14 项制度与标准，研究制定了分馆服务清单，总分馆考核办法及人员考核办法，为推进总分馆建设奠定了政策基础。同时制定了《北京市顺义区文化馆总分馆制实施方案》。

截至 2020 年 8 月，全区 25 家镇级文化馆分馆完成挂牌工作，并对外开放，12 家村级服务点建设完成。区、镇、村三级公共文化服务体系基本建

立。这一体系的建成有效整合了区内公共文化资源，促进优质资源向基层倾斜和延伸，公共文化服务效能得到有效提升；这种均衡发展、上下联通、服务优质、保障有力的总分馆制体系，有力地促进了全区公共文化服务的标准化、均等化、社会化、数字化发展。

在全区 25 家分馆全部建成后，区文化馆作为总馆，对分馆进行业务指导和配套服务，包括：精准文化活动配送、业务指导和讲座安排等工作；定期组织分馆管理员开展业务培训，借助培训来提升分馆工作人员进行日常文化馆的管理能力和服务水平；以 25 家镇街分馆为平台，推进村级服务点的建设进程，吸引更多市民走进文化馆。通过文化馆分馆制，普及文化服务，惠及基层百姓，提高大众文化水平，丰富群众精神文化生活。

（二）试点推进，高标准建设现代化的分馆试点

政策落地后，顺义区文化馆将北石槽分馆作为推进总分馆制的试点站。文化馆分馆要体现出一种全新的文化服务理念，要更加注重"以文化人、以文育人"的职能。

1. 科技引领，打造数字文化分馆

科技建馆，用科技手段提升基层文化发展建设水平。北石槽分馆占地面积 2000 平方米，项目投资近 120 万元。作为顺义区文化馆首批试点数字分馆之一，具有线上线下服务功能，设有群众体验区、数字舞蹈排练厅、电子书法、美术教学设施、儿童科技体验等多项功能，每个功能区都配备了可升级的软件设施，如舞蹈互动软件、VR 诗词互动学习软件、书法互动教学软件等。通过文化馆总分馆模式，提升了当地群众文化层次，实现城乡一体化发展，充分满足基层群众日益增长的文化服务需求。

2. 突出特色，培育地方文化内涵

因地制宜，利用家乡文化凝聚群众的认同感。北石槽分馆是一个独立的三层楼房式建筑，建筑面积达 4000 多平方米。走进北石槽分馆，首先看到的是走廊历史博物馆，在走廊的橱窗中，汇集了北石槽镇 16 个行政村的由来、各村的名胜古迹、历史典故、民间传说，例如南石槽行宫、凤凰山潮源洞、李家史山卧佛寺、武各庄关帝庙、寺上谛兴寺、良善庄古槐树等。这些历史古迹和文物，是北石槽镇最重要的历史传统文化，但随着时间的推移，有些古迹已经消失了，有些传说故事也逐渐失传。因此，在建设北石槽分馆时，我们把聚集当地最重要的传统历史文化，当作建馆的一项首要任务，要让群众进入文化馆之后，真正感受到文化的存在，在娱乐和教化过程中，真

正了解自己的家乡、了解家乡传统的历史文化。

3. 制度先行，优化总分馆服务模式

规范管理，制度先行。以制度规范总分馆运行模式的高效性。顺义区文化馆总分馆模式推广伊始，深刻贯彻党的十八届三中全会提出的推进国家治理体系和治理能力现代化，全面实行现代管理制度，推行法人治理、理事会管理制度，全员实行绩效考核制度，由总馆对分馆总体验收采取服务清单考核制度，做到三统一：

（1）服务空间和环境要求统一

文化馆分馆的建设符合《北京市顺义区文化馆总分馆制实施方案》提出的"5＋X"要求，即：

① 中型剧场，内设座椅≥200 座，满足综艺、戏剧演出条件。

② 舞蹈排练厅，满足舞蹈训练。

③ 书画教室，满足一般性书画讲座、书画研讨等条件。

④ 音乐教室，满足音乐教学。

⑤ 1 个户外文化广场（不小于文化中心建筑面积的 1/3）。

（2）服务对象和时间统一

文化馆总分馆体系在服务对象上首先要保障对服务人群的全覆盖，对特殊人群有关爱的人性化、普惠化的政策，其次，服务时间上，充分考虑到群众的工作、生活时间安排。文化馆分馆向全体社会公众免费开放，对老年人、未成年人、残疾人等群体予以关照，每周开放时间不少于 56 小时，周末不闭馆。

（3）服务项目和方式统一

文化馆分馆免费提供普及性的文化艺术辅导培训、时政法制科普教育讲座、公益性群众文化活动、公益性展览展示、非物质文化遗产传承活动等基本文化服务项目。

北石槽分馆目前利用不同的开放空间常年开展普惠性群众文化活动，例如书法、美术普及创作，普及美术、书法的基础知识，开展古今中外精品赏析；举办各种会议及讲座，围绕中心工作开展方针政策、法律法规、时事政治、健康与生活等方面的讲座；舞蹈排练及辅导培训，普及舞蹈常识，进行舞蹈基本功及技巧训练；声乐合唱等教学排练，普及词曲创作基础、乐理基础知识，教唱经典歌曲及普及型歌曲；广场文化活动，开展节庆文化活动、主题宣传演出、群众性文化艺术技艺展示活动等；文化资源数字化服务，提供链接及下载全国文化信息资源共享平台、顺义文化信息网上的文化信息。

（三）以点带面，全面推进总分馆建设步伐

观今宜鉴古，无古不成今！北石槽分馆通过深入挖掘地方特色文化元素，结合现代科技工具手段，注重推广传统文化。将本土文化元素与中华传统文化有机结合，提升服务群众的民族凝聚力、民族认同感和民族荣誉感。作为全区首家数字文化馆分馆，开拓"互联网＋文化"的新业态，以信息化、数字化为服务手段，改变传统文化普及方式，提升文化推广效率，使文化服务的时效性、便捷性和普及性产生质变，从而提升全镇公共文化服务水平。北石槽文化分馆自开放以来，受到了群众的好评、领导的认可，引领了顺义区推进总分馆建设的步伐。

二、总分馆制面临的主要问题和困难

与时俱进，不断探索，总分馆制的推行提升了统一管理的效率，发挥了文化馆的社会价值，推动了文化事业的发展，但在实际运行中也存在着一些问题和困难。

（一）职责不明确，管理不通畅

目前顺义区虽然建立了区、镇、村三级文化服务体系，但区文化馆总馆对北石槽分馆不存在行政隶属关系，仅存在业务指导关系。北石槽文化馆分馆的场所、人员、设备、事务等均隶属北石槽镇政府管辖，区文化馆对镇文化馆分馆的业务指导和管理指导受限。而村级文化服务点作为总分馆延伸到基层的支点，其隶属各村委会管理，导致了对这一基层服务点的管理更加困难。区文化馆到镇（街）文化分馆，再到村文化服务点，由于行政隶属的原因，各级单位各自为政，总馆的文化推行活动有时难以得到镇（街）文化分馆、村级服务点的积极响应，指导意见缺乏效力，导致文化推广工作较为困难。

（二）投入不规范，经费无保障

区政府对文化建设的投入力度虽然不断加大，但受限于北石槽镇政府的财政状况，难以对文化分馆的基础建设和文化推广服务进行大量的经费支持。村级文化服务点经费保障更具有不确定性，大部分需要村委会自行筹措，筹措能力取决于村委会的财政状况。全区三级文化服务体系缺少一个明确的、固定的、长效性的经费保障系统，造成基层文化经费时有时无，严重影响总分馆制工作的开展。

三、针对总分馆制建设问题提出的几点建议

总分馆建设存在诸多亟待破解的矛盾和问题，根据北石槽分馆运行中发现的问题，笔者提出如下政策建议，以期提升总分馆模式下的服务效能，助推公共文化服务体系建设及文化馆事业的全面发展。

（一）理清总、分馆关系

行政隶属关系改变起来较为困难，但是可以通过建立新的管理机制来改善区、镇、村各自为政的局面，比如：

1. 建立由文化总馆为首的文化工作督导机制，对镇（街）文化分馆、村级文化服务点进行督导。督导内容包括但不限于文化活动举办的次数、参与群众的满意度等。对文化分馆制定年度工作总目标、任务，制定绩效标准并考核其完成度，记录在案，并将督导结果呈报相关主管部门。

2. 在督导模式下，其督导评价结果影响下一年的经费拨付情况，通过管住"钱袋子"促进区文化分馆的工作积极性。

（二）解决经费筹措困难问题

文化馆总分馆建设事业需要政府大力支持，尤其是经费上的支持。目前文化馆总分馆建设面临经费短缺、无保障的情况，对此笔者提出如下建议：

1. 政府应在财政预算中固定划拨总分馆建设、运营、维护的费用。以保障文化馆总分馆事业的长期、稳定、健康的发展。

2. 各文化分馆、村级文化服务点，可以依照自身情况，积极筹措社会资金用以推进文化发展事业。例如：可以将文化活动室出让冠名权，吸引社会企业投身文化公益事业等。

习近平同志在 2017 年 10 月 18 日中国共产党第十九次全国代表大会上的报告中指出：文化是一个国家、一个民族的灵魂。文化兴国运兴，文化强民族强。没有高度的文化自信，没有文化的繁荣兴盛，就没有中华民族伟大复兴。全面推进总分馆建设，是基层文化事业发展的重要举措，将文化普及到基层群众中，增强民族凝聚力、民族认同感和民族荣誉感，对于全面建成小康社会，夺取新时代中国特色社会主义伟大胜利具有重要意义。

参考文献：

[1] 巫志南：《文化馆总分馆制建设与创新研究 宁波"一人一艺"全民艺术普及》，载巫志南、张爱琴：《宁波"一人一艺"全民艺术普及发展报告（2017）》，社

会科学文献出版社，2017。

［2］王林录：《文化馆总分馆建设与服务模式初探》，《知识文库》2020 年第 18 期。

［3］杨永聪：《文化馆总分馆建设》，《大众文艺》2020 年第 2 期。

［4］《中共中央办公厅、国务院办公厅印发〈关于加快构建现代公共文化服务体系的意见〉》，http：//www. guv. en/xinwen/2015/ – 01/14/content _ 2804250. htrn，访问日期：2020 年 10 月 19 日。

［5］《文化部、新闻出版广电总局、体育总局、发展改革委、财政部关于印发〈关于推进县级文化馆图书馆总分馆制建设的指导意见〉》，http：//www. gongbao/content/2017/content_ 5216448. htm，访问日期：2019 年 10 月 15 日。

（作者单位：顺义区文化馆）

浅谈文化馆对农民工群体的文化服务

杜冉冉

一、前言

进入 21 世纪以来，我国经济进入了飞速发展的阶段，人民生活发生着翻天覆地的变化，人均可支配收入也日渐提高。在物质不断满足之后，我国群众对精神追求有了更新的认识，对文化娱乐活动提出了更高的要求。

文化馆作为群众文化娱乐活动开展的重要场所，肩负着发展文化事业、提升地区文化活动水平的职责。然而，在面对空巢老人、留守儿童、农民工、残障人士等特殊人群时，我们不免发现当前的体系建设中诸多的不足。因此，我们更应该集中力量、加强组织，真正地将文化建设落实到每一个群众中，从而引领特殊群体、服务特殊群体，培养文化风尚。

中共中央办公厅、国务院办公厅联合印发的《关于加快建构现代公共文化服务体系的意见》明确提出，政府各级组织、各事业单位在落实公共文化服务时，要以"标准化、均等化"为基本要求，切实按照全面建成小康社会的各项要求，创造性地构造公共文化服务新体系。保证我国公共文化服务体系符合历史发展足迹，适应我国目前的基本国情和市场经济要求，为实现中华民族的伟大复兴提供最有力的物质支撑及精神动力。努力推动当地文化服务的普及度，切实落实好空巢老人、留守儿童、农民工、残障人士等特殊人群的基本文化权益。不断创新、拓展，加强对特殊群体的人文关怀和文化保障服务。尤其是在如今的互联网时代，网络犹如一把双刃剑，既为普遍群体带来方便，也给一些特殊群体带来更大的挑战。作为文化活动和公共文化产品的服务者，我们应该积极开发相关方案，让特殊群体也能在日常生活中享受到同等的服务，使他们参与文化活动，感受到文化服务所带来的满足感和幸福感，由此推动社会的和谐稳定发展。

二、对农民工群体公共文化服务现状

"公共文化服务"，顾名思义，体现的是服务体系所展现的城乡公平、区域公平以及群体公平的特质，切实保障每一位合法公民享受到应享受的权利。然而，由于多方面的影响因素，截至现目前为止，特殊群体在文化活动的参与上仍存在着种种障碍。尤其是农民工群体，由于历史遗留问题以及全民素质问题，农民工在城市内的社会地位仍处于较低水平，也直接导致了部分机构对农民工群体的服务缺失及服务失衡的问题。主要表现在以下几个方面：

（一）区域化人力资源、财政资源不足

由于不同地区的经济发展水平不一，各地政府对文化活动投入资金有限。部分地区文化馆在进行活动项目落地时，存在着资源缺失所造成的项目完成度不足，甚至是活动取消的现象。此外，资源缺乏的问题如果长期存在，文化馆内部势必会出现积极性受挫、创新度不高的问题。久而久之，所办活动成为例行的公事，在内容和形式上缺乏新意，无法利用多媒体技术及互联网资源与线下文化活动融合，造成文化馆的公共服务效用降低，也不断削弱了文化馆对公众的文化服务功能。

（二）活动空间不足

由于历史因素，仍有部分文化馆存在着占地面积不足的问题。加之，部分地区为提升文化馆财政收入，吸纳了艺术文化培训机构。在获得经济效益的同时，也进一步降低了文化馆本就不足的活动面积，导致文化馆无法全面顾及各类群体的文化需求，尤其对于农民工群体的服务功能逐日降低。

（三）缺乏对农民工群体的信息整合与对接

由于城市的农民工群体大多来自外来省市，人口流动率较高，当地政府或区域内部门难以对区域内农民工群体信息进行实时化的管理和统计。因此，文化馆难以精准对接获取社区的网格化信息，对农民工群体信息的整合难以到达预期，不能精准地对接相应的个人，也不能提供针对性的公共文化服务。其次，农民工分散于城市的各个角落，各个街道、小区的分散造成了空间上的难题，让文化馆在具体落地相关活动时不能满足全部农民工群体的文化诉求。

（四）公共文化服务水平偏低

纵然各级政府、文化馆日渐提高了对公共文化服务重要性的认识，也不

断提高资金的投入。但仍存在着资金到位情况不足、服务整体性差等问题，也直接导致了农民工群体的公共文化生活参与质量较低，相关群众的感受未得到实质性的改善。如，有关部门虽然开展了相关文化活动，但在组织调度上不足，造成资金的投入浪费，让农民工群体得到不好的体验，久而久之甚至产生排斥心理；农民工休闲娱乐时间较短，公共文化服务更需注重服务过程中的效率，让农民工群体在有限的时间内获取最满意的公共文化服务体验。

总而言之，当前针对农民工群体的公共文化服务仍有很大的改善空间，无论是从文化馆角度、政府职能机构角度，还是对于参与活动的个人来看，我们理应把握细节，加大投入，进一步提升农民工的公共文化服务体验，让他们也像普通人群一样得到公平的社会福利待遇。

三、文化馆完善服务农民工群体的重要意义

（一）强化文化馆在公共文化服务体系中的核心地位

21 世纪以来，我国经济飞速发展，人民物质生活得到极大的满足，进而对文化娱乐的需求日渐加深，对精神文明的重视度日渐提高。我国政府更是引领前行，出台了一系列文化服务政策，并加强文化服务体系的基础建设工作。

农民工，长期以来作为众多基础一线岗位的建设者，未得到理应享受的公共文化服务待遇。在我国国民素质不断提高的过程中，对农民工的社会认识和评价都开始转变，由衷地表达出对农民工群体的钦佩和敬意。因此，文化馆作为我国的公益性文化事业单位，为农民工群体提供必需的公共文化服务，因地制宜举办各项文化娱乐活动，丰富他们的文化体验，正好契合了时代前行的节奏，也呼应了当前政府大力打造的公共文化服务体系系列工作理念，进一步巩固了文化馆在公共文化服务体系内的核心地位。

（二）展现了文化馆在公共文化服务中"全民共享"的概念

众所周知，文化馆作为国家设立的事业单位组织，应贯彻好我党"为人民服务"的最高宗旨，为全体公民提供基础性、无差别的公共文化服务。理应包括对于特殊群体公平，提供无差异性的免费服务。因此，加强对特殊群体的公共文化服务体系建设，提升文化服务质量，就是对"全民共享"理念的最优诠释。也只有从基础建设、人员配备和服务流程等多个方面入手，才算是落实到了细节，进而保障了"全民共享"的概念真正落到实处。

（三）丰富了农民工群体的生活，提升了其生活满意度

公共文化服务的最基础价值在于丰富公民的日常生活，改善当地百姓文化活动质量。而对于农民工群体而言，种种因素的制约导致了他们无法像其他人一样享受普遍的文化服务。因此，充分考虑农民工人群的需求，完善对农民工群体的公共文化服务，能从根本上保证农民工群体的基本文化需求，帮助农民工人群在日常文化娱乐活动中寻找到自我，重新建立起社会价值、个人价值以及对生活的期望值，也使得他们的生活满意度日渐提高，对其心理建设有着积极而重要的作用。

（四）促进了社区环境的可持续健康发展

公共文化活动的开展不仅会丰富群众的业余生活，更能帮助农民工群体改变个人的社会认识，在社区活动中寻找到自我价值。而在互联网技术日益成熟的今天，人际交往活动更成为每一个人必不可缺的一项活动，以此来避免个人出现孤僻、焦躁的不良情绪，进而推动每一个社区个体的思想价值提升，达到社区整体素质和人际环境的改善。例如，外来农民工在得到公平的公共文化服务时，会产生被重视、被认可的心理认识，从而对一个城市的"文化关怀"政策予以赞赏，逐渐建立起对一座城市的喜爱和依赖，为这座城市的建设发展添砖加瓦。

四、做好群众文化的"民生工程"，建设农民工群体的"精神家园"

（一）加大资源投入，完善基础建设

资源是项目实施最基本的要求，也是民生工程落实的必要条件。当前，绝大多数文化馆在建设初期未充分考虑到特殊群体的情况，在基础设施配备上不能适用。比如，农民工群体一般文化水平较低，无法流畅地运用和操作当前的互联网技术和智能系统，导致他们在使用相关设施时出现问题。作为活动的实施者，文化馆应充分考虑各种细节，保证各设备的系统简单度，合理做出必要的提示和引导，帮助农民工尽快适应相关的基础设施，得到更好的体验。

此外，在人力资源方面，要充分考虑引导岗位、讲解岗位等，减少部分农民工因个人原因造成的对馆内布局不清的问题。从而提升其在馆内的便利度，改善群众体验。

（二）加强农民工群体信息化建设力度

科技的快速发展给人类的生活带来极大的便利，也给部分人群带来了困

扰。作为一个职能部门，更作为为人民服务的服务者，我们理应"去其糟粕，取其精华"。将科技积极利用起来，利用信息技术来提升群众的文化服务体验。比如，通过云端平台和计算机技术整合区域内农民工群体信息，实现对当地农民工群体的具体划分，从而根据不同年龄阶段的不同需求，设计不同的方案，实施精准化的文化服务工作。如，对于农民工子女，可在暑假寒假举办各类文化活动：书法、舞蹈等；对于农民工自身，可以开办一些展览活动、社区活动等；对于老年人，适当开展一些广场舞、艺术合唱比赛等。由此实现对特殊人群精神文明层面的服务。

（三）创新特殊群体文化服务内容高度

对于区域内农民工群体而言，内容形式的丰富度是吸引其参与的重要方式，所以文化馆在面向该群体提供公共服务时，应尽量做好创新，将当地特色文化与先进技术结合，使得他们能在熟悉的人文历史和地域文化中感兴趣，也更好地弘扬了地方特色文化。

（四）拓展农民工群体文化兴趣宽度

兴趣是最好的导师，在文化馆服务农民工群体时也是如此。首先需要建立文化传播意识，有效利用文化馆的资源空间，并采用各种手段培养他们的文化学习兴趣，使其建立高雅、健康的文化习惯，主动参与到文化馆的文化活动中，拓展文化馆公共文化传播的整体范围。

（五）完善对农民工群体公共文化服务的整体度

文化馆在进行公共文化服务时，应根据形势以及农民工群体的现实需求，加大对该群体艺术活动的指导力度，完善项目活动的细节化问题，避免因考虑不周所造成的缺失而导致农民工群体未能获得预期的效果，不仅浪费了资源，还引起相关参与者的抵触情绪。

参考文献：

［1］唐小梅：《文化馆对特殊群体的文化服务对策阐释》，《参花（上）》2020 年第 8 期。

［2］周美彦：《文化馆如何为特殊群体提供更好的公共文化服务》，《智库时代》2020 年第 1 期。

［3］李静：《现代文化馆的社会功能与文化价值》，《中国文艺家》2019 年第 7 期。

［4］王伟：《论文化馆对特殊群体的文化服务》，《参花（下）》2018 年第 12 期。

［5］王晶：《用心搭建平台，温馨服务特殊群体——以河东文化馆的举措为例》，载

中国文化馆协会、成都市人民政府：《增强活力 提升效能：2018 年中国文化馆年会征文获奖作品集》，中国文化馆协会、成都市人民政府，2018。

[6] 王洪军、何义雷：《浅谈文化馆的特殊群体服务》，载中国文化馆协会、成都市人民政府：《增强活力 提升效能：2018 年中国文化馆年会征文获奖作品集》，中国文化馆协会、成都市人民政府，2018。

[7] 完颜邓邓：《基本公共数字文化服务均等化研究》，硕士学位论文，武汉大学，2017。

[8] 汪玉柱：《论送戏下乡创新工作存在的问题与对策分析》，《戏剧之家》2016 年第 10 期。

[9] 符艳霞：《浅谈文化馆对退休人员的公共文化服务》《北方音乐》2016 年第 8 期。

（作者单位：东城区第二文化馆）

选好新时代群众歌曲

马彦斐

2021 年是不平凡的一年，脱贫攻坚战取得了全面胜利、抗疫阻击战取得了决定性胜利，我们迎来中国共产党百年华诞。文章合为时而著，诗歌合为事而作。在这历史性的时刻，中华儿女的伟大实践为艺术创作提供了源源不断的素材，而人民需要好的艺术作品来表达自己的情感。歌唱在基层群众的艺术生活当中占有相当的分量，选择适合的经典或现代创作的具有时代特色的歌曲，是每个文化馆馆员或者合唱团必须要做的。

在当下如何选择红色群众歌曲？选择歌曲有两个方面：第一是人，第二是歌。两者是相互的，什么人唱什么样的歌，什么样的歌给什么样的人唱，都要考虑。

这里的"人"就是歌者，有男女，有高低音区，有音乐素养高低之分。在选择歌曲方面需要注意的是音域和乐曲的难度，要选择歌者合适的音域，在练声音域上下大二度为宜，不能过高也不能过低，选择合适歌者声乐水平的歌曲；不要拘泥于原唱，根据自己的阅历和音色，同样的歌曲可以唱出不一样的风格；要选择适应歌者的音乐理论基础的歌曲，有太多变化音、装饰音、特殊节奏型的歌曲不太适合基础差的歌者，这样会打击歌者的歌唱积极性和自信。当然，作为一名歌者也要不断提高自己的声乐水平、音乐理论修养以及审美水平。

歌曲的选择，我们按照时间可以分为经典红色歌曲和现代创作歌曲。经典的群众爱国主义歌曲，如《我和我的祖国》《我的祖国》《南泥湾》等，老百姓耳熟能详，家喻户晓，朗朗上口的旋律、合适的音区、经典的和声进行，在基层群众选曲里始终占有一席之地。这些歌曲在社会主义建设的不同时期被人们传唱，历久弥新，同样的旋律，不一样的感动，回响在不同的时代。这就要求演唱者需要有自己对时代发展的内在理解，并通过歌曲表现出自己不一样的体会。新中国成立初期有将军合唱团演唱的《太行山上》，身经百战的将军在舞台上唱自己和战友们用血肉之躯换来的新中国，他们就是历史的创造者，同样他们也是历史的见证者；国庆 70 周年时风靡全国的快闪《我和我的祖国》，呈现了各地不同的人文、历史特色、风土人情，各个领域的社会建设者们用歌声来歌颂自己的幸福生活，表达对祖国母亲的爱恋。

选择歌曲需要好的形式。如果说经典歌曲的演唱属于老歌新唱，那么新歌"老"唱又是另一种选择。在央视播出的网络春晚上一群平均年龄 74.5 岁的清华学霸唱起流行歌曲《少年》，50 多年前他们走出清华园带着科学梦想，奔赴祖国最需要的地方，从风华正茂到白发苍苍，他们和新中国一起成长，如今虽然不再年轻，但热爱祖国的心一直未变。那段闪光的日子伴随着悠扬的歌声，一直刻在他们心中，熟悉的歌声背后是关于青春、事业和理想的岁月往事，深情的旋律之中饱含着梦想、奋斗和奉献的家国情怀。这种歌曲的选择，从人到歌都是有故事、有特点、激励人心的。

选择歌曲需要拓展渠道。选歌方式很关键，歌曲的选择范围往往具有一定的局限性，这就要求在选歌时要拓展渠道，传统的歌谱、歌本确实记录下了经典作品，但有大量的重复，更新速度不够。网络和新媒体的出现，大大拓展了选歌的视野，这就要求在选歌时具有一定的审美能力，这种审美能力需要长时间的音乐欣赏和音乐实践的积累，除了浏览器搜索（百度、360 搜索）、各大音乐软件（QQ 音乐、酷狗音乐）以外，抖音、微信公众号等新媒体、流媒体的相关音频、歌曲，也是很好的选择来源。一些影视作品的主题曲或插曲也是好的曲目来源，例如电影《你好，李焕英》的主题曲《萱草花》，大线条的乐句，朴实、童真的歌词，娓娓道来的音乐，具有很强的代入感，使人产生共鸣。

选择歌曲需要"天时地利"，紧扣主题，突出中心。把握好时代的脉搏，确定受众群体，选择歌曲主题，才能触及人的灵魂、引起思想共鸣。在庆祝中华人民共和国成立 70 周年联欢活动中的歌曲《好儿好女好家园》《我们都是追梦人》，迎合了庆祝主题，歌曲活泼欢愉，体现了中华儿女在新时代昂扬向上、精神焕发的精神面貌，能够带动、释放大家的情绪。随着党的群众路线教育实践活动的开展，文艺工作者创作的《到人民中去》，用真挚、亲切的音乐，鼓舞着党坚定不移地开展群众路线，歌词中的"想想从哪里来""是否已忘记"引起反思，"父亲的教诲""故乡的期许"触及灵魂，副歌中不断强调的主题"到人民中去"务实又坚定，目标明确，从而引起大家的思想共鸣，这首歌选择在 2021 年提倡"就地过年"的元宵节晚会上，让老中青三代艺术家同台演绎，更能升华大家对群众路线的理解。

选择歌曲需要符合自己的音域。音域，简单来说就是歌者能唱到的最低音至最高音的范围。首先要了解自己的音域：可以用钢琴从中央 C 开始，半音半音往上跟唱，唱到不能再往上唱的高音，即开始往下唱，依然是半音半音一个单位，唱到不能再往下的低音为止。这个最高音和最低音之间的距离就是一个人的极限音域。音域越宽的人能唱的歌自然就越多，可以学多种多样的歌曲。如果歌者只有一个中音区的音域，硬要去唱一些高音的歌，那很难。只有先把音域范围内自己能唱的歌唱好、巩固好之后，才能想怎样扩展自己的音域。很多人存在这样一个误区：唱得越高越厉害！其实不然。举个例子来说：陈奕迅的两首歌，一首《好久不见》整首歌曲都在中低声区徘徊，营造出了一种沉浸在思念中的意境；一首《浮夸》整首歌曲张力非常大，高音部分需要用到真声、假声和混声三种不同的技巧来表达不同的情感。能说哪一首更厉害吗？每个人的声带条件不同，音域自然也不同，不能强求唱多高或者多低。一般在极限音域的中间段会是一个人的声音表现力最佳的区间，由此可见选择适合自己的歌曲有多么重要。

选择歌曲需要适合自己的声线。很多歌曲，特别是艺术歌曲是需要有合适的嗓音条件才能演唱出合适的音乐审美的，例如男高音声部，可以分为抒情男高音、戏剧男高音、假声男高音等，这些跟技术有一定关系，但重要的是本身的嗓音条件。抒情男高音具有明亮的音色，流畅的气息，其声音优美柔和，富于歌唱性，这样的演唱者往往声带厚度均匀，歌剧中年轻的正面人物就需要这样明亮而流畅的声音，例如民族歌剧《伤逝》中涓生的咏叹调《她夺走了我的心》，表现的就是主人公涓生坠入爱河之后的内心世界；戏剧男高音音色厚实饱满，慷慨激昂，能在较高的音域里有澎湃的力量，精力充沛，在戏剧性或悲剧性的特定情境中通过声音和表情来显示出炽烈的情感，这样的歌者的声带比较厚，能够更好地支撑起音乐的强度和力度，声音有金属般的穿透力；假声男高音是运用假嗓来演唱，是阉人歌手绝迹之后的特殊演唱方式，这样的歌者的声带厚度比较薄，但是力度并不衰减，像2021 年春节晚会上歌手周深的《灯火里的中国》以及其代表作《大鱼》，抒情柔美的声音令人眼前一亮。系统的音乐技能训练是必不可少的，选歌时应慎选此类歌曲，如果选择此类歌曲，降调演唱是一种可行的选择。

选择歌曲时还要分清选择歌曲的目的，一般选择歌曲的目的主要有练习、比赛和演出三种。

练习歌曲的选择，需要根据自己的声部、声乐技巧的层次等科学地进行选择。尽量选择自己声部的歌曲；选择不同声部的歌曲时，就需要适当地变调，选择合适自己的音区。例如《大海啊故乡》有 C 调和 F 调，我们在练习的时候可以根据不同的声部进行选择。根据自己的声乐技巧水平选择也很重要：在学习的初级阶段尽量选择经典的声乐作品，这类作品和声经典、吐字归音有着力点、节拍节奏比较简单，初学者通过这类歌曲能够巩固自己的气息、腔体位置、歌唱肌肉等歌唱状态；在提升阶段就要选择一些有一定难度的歌曲，可以是在节奏节拍上有难度的，也可以是在音域上有难度的，但是一定要遵循循序渐进的原则，不能盲目冒进。"练歌"就是熟练地掌握演唱技巧，而不是在 KTV 或其他地方把整首歌全部唱完，唱完整首歌曲是对歌曲风格的演绎；而练歌是为了将演唱技巧运用到歌曲当中，比如气息、节奏感、律动等。练歌时可以利用一支歌的一段做小练习，然后再集中在技巧上，多思考如何将演唱技巧用到演唱中去，如：气息的流动、节奏感觉、情感处理，等等。

比赛歌曲的选择，需要歌曲有一定的发挥空间，至少选择与练习歌曲水平相当的歌曲，在这个基础上根据比赛的主题、目的、时间节点以及社会背景等综合因素来选择。选歌要切合比赛的主题，经典作品虽然是不错的选择，但是可能会出现相同歌曲，这样的效果就没有不同歌曲的好。像某年的一次群众声乐比赛，男生组 24 名选手《我是一条小河》出现了 4 次，只有一位选手得分还不错，其他 3 位选手的得分都不尽如人意。为尽量避免这类情况的发生，最好的方法就是演唱原创作品或者新的作品。如一次海选，600 多人报名，清一色选择当时传唱度特别广的歌，如《纸短情长》《SOMETHING JUST LIKE THIS》，还有一些比较经典的情歌，只有一位选手唱了《九儿》，另辟蹊径选一首和大众风格不是那么相同的歌曲，可能会给评委带来耳目一新的感觉。选好作品之后就要多加练习，深入理解歌曲的内涵、调式调性等深层次的内容。还要注意道具和场景的融入和运用，好的道具能够给歌者和观众更好的代入感，更能让人产生共鸣，所以在选歌的过程中，也要适当地注意能否加入相应的道具，从而达到更好的效果。

演出歌曲的选择，需要选歌者能够稳定发挥的歌曲，能够烘托现场气氛，根据演出的场地、背景来选择具有良好表现力、感染力的歌曲。应尽量选择凸显个人特色的歌曲，每个人都有自己的声音特色，在找歌曲的时候，最好是能细听原声，看一下自己与原唱的音色有无特别的共同处，这不是模仿，而是为了更突出自己的声音所必须经历的第一步。还要尽量选择观众熟悉的歌曲，像《大中国》《我们都是追梦人》等积极向上、节奏活泼的歌曲都是不错的选择，还可以根据演出内容更改一下新的歌词，套用一下，注重创新歌曲演出形式，如在音乐前奏加入童谣、诗朗诵等，可能会产生更好的效果。当然，演出歌曲的选择还要注意知识版权的保护，选择有授权的伴奏是对创作人的尊重，也是对自己的尊重。

作为中华儿女的一员，群众文化工作者既要在业务上不断选择经典作品，创新、吸收新的作品，又要坚守好文化阵地，引领、带动先进文化，才能无愧于时代，才能使中华文化繁荣兴盛。

（作者单位：西城区第一文化馆）

群众文化戏剧初探

阎　薇

党的十九大报告指出，中国特色社会主义新时代的主要矛盾是人民日益增长的美好生活需要和不平衡不充分的发展之间的矛盾。这意味着当代中国从站起来、富起来向强起来的发展过程中，国人的需求也正在发生着深刻转变，由物质需求转化为精神需求。而文化建设的核心就是满足人的精神需求，满足文化需求是满足人民日益增长的美好生活需要的重要内容。这说明，在中国特色社会主义新时代，文化建设的地位更加重要，作用更加凸显。

群众文化是指人们职业外，自我参与、自我娱乐、自我开发的社会性文化，具有"烟火气"，是与百姓日常联系最为紧密的文化形式，在文化建设和公共文化服务体系构建中理应得到更加广泛的关注与研究。笔者作为基层群文干部，是西城区第一文化馆"轻松戏剧俱乐部"发起人、组织者之一，通过长期的工作实践，认为群众文化戏剧作为公共文化服务的实践方式、群众文化活动的组成部分，是新时代中国特色社会主义公共文化服务体系构建的生动实践与鲜活案例，与专业戏剧、社区戏剧存在着明显区别，在传递正能量、弘扬社会主义核心价值观、提升百姓文化修养与艺术审美、塑造首都群众精神风貌等方面具有一定优势。群众文化戏剧深受群众喜爱，具有一定的研究、实践、传播价值，具体观点阐述如下。

一、什么是群众文化戏剧

专业戏剧是指编、导、演均由专业人士担纲，存在着明确的艺术分工，创作维度以艺术题材、复排经典为主，导、演维度体系化，具有明显的个性化艺术表现力的戏剧形式，以商演、公演为主要产出目的。

社区戏剧是指以自娱自乐为主要目的，艺术分工相对模糊，题材轻松，排、演较为松散，具有表达一定社区、地域、行业、人群的共同认知的戏剧形式，以自娱活动为主要表现形式。

群众文化戏剧作为群众文化的组成部分，在编、导、演维度与专业戏剧、社区戏剧存在着明显区别。群众文化戏剧是指以代表社会主义先进文化发展方向，群众基础广泛、耳熟能详、易于接受的历史事件、"红色"事迹、英雄故事、时代楷模等为创作题材；以普通群众、文化志愿者、戏剧爱好者等为表演主体；在排演过程中注重戏剧教育理论实践、群众文化工作方法，注重演员表演素质养成与表演技巧训练过程的功能性，如天性释放的精神调节作用、歌颂时代的宣传教化作用、大众参与的普及知识作用、演绎"红色"的团结凝聚作用等；以优质公共文化服务为主要实践方式，以特色群众文化活动为展现形式和传播手段的戏剧形式。

二、群众文化戏剧的特征

（一）创编维度

专业戏剧创编题材广泛，如现实主义题材、超现实主义题材、文艺题材等，充分反映创作人员个体的世界观、价值观、人生观、审美观与戏剧艺术追求，具有鲜明的个体特征；社区戏剧创编则注重"身边人演绎身边事"，题材灵活，充分反映一个社区、一定地域、特定人群的群体认知与社会实践，具有鲜明的地域特征、群体特点；群众文化戏剧创编题材主要以社会主义先进文化方向为指引，多以历史事件、英雄人物、"红色"事迹等为创作题材，更加注重创作层面的挖掘、整理、解读，并最终以群众喜爱并易于接受的讲述方式进行历史回顾、细节描述、人物刻画、性格塑造，具有"既鲜为人知又通俗易懂，既弘扬正能量又易于接受"的特点，具有一定的时代特征。

以北京市西城区第一文化馆的原创话剧《父亲·李大钊》为例，关于李大钊的人物塑造，不是机械的课本、史料摘抄，不是简单的"喊口号"，而是在挖掘李大钊鲜为人知的生活细节基础上，注重爱人赵纫兰和后代李星华、李葆华等戏剧人物的刻画与塑造，通过相关人物的内心独白、亲情演绎、生活场景描述，塑造出情感真挚、有血有肉、符合人性的仁父李大钊：夫妻之间因为生活琐事而困扰和交流；对学生关心关爱；对下一代的教育、培养、交流；直面死亡时对家人的不舍与愧疚，但最终选择慷慨就义的家国情怀，使人们走近李大钊、理解李大钊，从而敬仰中国共产党之父。能否真正回到群众中去，以群众视角塑造易于接受的戏剧人物，营造符合伦理的戏剧冲突，并以此达到解读历史事件，演绎"红色"主题，讴歌时代主旋律的目的，是群众文化戏剧创作与实践的成败关键。

（二）导、排维度

无论演绎原创剧目抑或经典剧目，专业戏剧的导演、排练遵循"导演中心制"原则，是戏剧艺术的二度创作，具有鲜明的个体价值观、审美观，以最终舞台呈现效果的艺术性为判定标准，无论观众接受与否，可以说"每个人心中都有一个哈姆雷特"；社区戏剧的导演、排练没有明确、固定的导演、演员职能划分，以"自娱、自乐、自由"为判定标准，甚至存在"教学相长"的现象；群众文化戏剧的导演、排练存在明确的导演、演员职能划分，区别于专业戏剧，不但强调导演的戏剧专业能力，更加注重实践过程中的群众文化工作方法与技巧，以"因材施教"为原则，要求导演通过充分沟通从而达到了解演员的目的，尊重个体"差异性"，注重演员表演素质养成与表演技巧培训的功能性，在心理学层面上充分发挥戏剧艺术的精神调节、宣传教化、普及知识、团结凝聚作用，强调导演在演员表演技能与最终舞台呈现效果之间的相互协调与统筹把控能力，具有"尊重差异、化繁为简、寓教于乐，既轻松活泼又严肃认真"的特点，具有鲜明的群众文化特征。

以北京市西城区第一文化馆"轻松戏剧俱乐部"戏剧培训实践为例，在导演、排练过程中要做到"注重情感激发，倡导寓教于乐，力求任务明确，实现统筹兼顾"的导排工作方法。

一是情感激发。群众文化戏剧的表演主体多为戏剧爱好者，普遍不具备表演技巧甚至是生活经历，但是他们具有对戏剧艺术的质朴热爱。鉴于此种情况，群众文化戏剧更加关注通过有效手段激发表演主体的真挚情感，从而充分了解个体差异，针对性开展表演技巧培训，最终达到提升表演技巧、确保演出效果的目的。例如，组织参加原创话剧《父亲·李大钊》演出的演员参加党史学习，祭拜李大钊先生等活动。

二是寓教于乐。鉴于演出主体特征，群众文化戏剧导排多以游戏方式，有针对性开展情景模拟、情感还原，鼓励肢体接触、行为激励，注重戏剧冲突与生活经历的融合，充分发挥戏剧教育与群众文化从理论到实践再到功能性的有机融合。

三是任务明确。区别于专业戏剧，群众文化戏剧在导排过程中要避免使用专业术语，如舞台调度、舞台行动、舞台节奏、舞台气氛、规定情境、最高任务等，应做到简单明确、简洁易懂、任务明确。

四是统筹兼顾。在导排过程中，群众文化戏剧注重尊重表演主体的个体差异，甚至会在充分调动情感、激发天赋的基础上，根据其自身条件而更改剧情，改变表演形式，从而达到从表演能力到剧情设置再到舞台效果呈现的统筹兼顾，力求达到最佳艺术效果。

可以说，在戏剧导、排维度，充分体现出群众文化戏剧的社会功能，是其关键内容与核心承载。

（三）表演维度

专业戏剧多以选用具有一定表演能力的专业演员演绎艺术题材作品为主，注重表演的艺术性与作品呈现的感染力；社区戏剧多以选用"素人"演员演绎"身边故事、邻里关系、兴趣爱好"题材作品为主，注重表演的真实性与作品呈现的自娱性；而群众文化戏剧是由经过一定程度表演训练的非专业、非职业演员演绎时代题材作品为主，更加注重表演的完整性与作品呈现的准确度，具有"完整表达、准确度高、易于传播"的特点，具有较为明显的传播特征。

同样以北京市西城区第一文化馆剧场版、少年版、实景版系列原创话剧《父亲·李大钊》为例，由于在创作维度，戏剧人物塑造辨识度较高，戏剧冲突营造深入浅出、通俗易懂、符合伦理等原因，使得没有专业表演基础的社区群众、中小学生、戏剧爱好者（志愿者）通过专业群文戏剧工作者的短期培训，可以快速融入角色，理解剧情，从而达到完整、准确表达的目的。同时，由于易于理解、辨识度高、对非专业演员表演宽容等原因，使得群众文化戏剧"容错率"较高，易于传播。得益于此，该系列原创话剧先后在西城区第一文化馆缤纷剧场、李大钊故居等地进行巡演，并于 2012 年、2019 年先后两次走进国家大剧院进行公演，于 2016 年受邀参加《中国原创话剧邀请展》，群众反响热烈，社会反响良好。

三、群众文化戏剧的时代背景与社会功能

第一，时不我待，随着自媒体时代的到来，戏剧表演受众广泛，亟待发挥群众文化戏剧的示范、引导功能。戏剧作为最直接、最显性的艺术形式，具有广泛的群众基础。随着 5G 时代的来临以及自媒体技术的广泛应用，抖音、快手等手机端自媒体平台上经常可以见到由"素人"演绎短视频作品，具备了戏剧、影视表演的基本要素，呈现出"短小精悍""门槛较低""人人皆可戏剧"的特点，得到了广泛的传播与关注，但其价值观传递、舆论

导向等，同样引起了社会热议，褒贬不一。鉴于此，群众文化戏剧作为群众文化的重要组成部分、公共文化服务的优质内容，可通过鼓励文化馆等基层公益性文化机构广泛开展相关创作、辅导、演出，并以此丰富公共文化服务产品供给，并通过合理利用新媒体技术广泛传播，起到引导、示范作用，传递正能量。

第二，顺势而为，借助公共文化服务、群众文化活动平台，充分发挥新时代群众文化戏剧的展示、交流功能，充分满足参与者自我价值实现需求。

首先，群众文化戏剧多以公益文化机构（如文化馆）发起，以公益性公共文化服务形式实践，体现着公共文化服务保障人民基本文化权益，"全心全意为人民服务"的宗旨。

其次，在创作阶段，群众文化戏剧多以历史人物、红色主题、英雄事迹为创作题材，代表社会主义先进文化发展方向，弘扬社会主义核心价值观，充分挖掘文化自信；在排、演阶段，群众文化戏剧充分体现群文特征，以轻松、寓教于乐的形式不断树立参演者的文化自觉；在演出、展示、交流阶段，群众文化戏剧属于特色群众文化活动，以满足人民群众文化需求为目的，体现着社会主义制度的优越性，不断增强受众人群（包括演员、观众、亲友等）的文化自强。

最后，群众文化戏剧作为优质公共文化服务实践、特色群众文化活动内容，在开展社会普及、宣传推广、展示交流方面具有其独特的优势，平台广泛、渠道多样、机会众多，因此，在保障观看受众群体的文化权益，满足其文化需求的同时，充分满足参演主体（如编剧、导演、演员等演职人员），及其相关群体（如家长、亲朋等）的自我价值实现需求，是满足人民群众日益增长的美好生活需要的有益探索与生动实践。

四、结语

综上所述，在生活水平日益提高的今天，如何通过人们喜闻乐见的公共文化服务、群众文化活动来解读社会主义核心价值观，代表社会主义先进文化发展方向，保障人民群众基本文化权益，体现党的"全心全意为人民服务"宗旨，彰显社会主义制度优越性，是关乎公共文化服务体系构建兴衰成败与群众文化发展方向的时代命题。群众文化戏剧为公共文化服务供给、群众文化活动开展，提供了符合新时代特征的可行方案与生动案例，也必将在实现伟大"中国梦"的时代进程中发挥积极、重要作用。

参考文献：

[1] 郑永富：《群众文化学》，中国国际广播出版社，2001。

[2] 谭霈生：《论戏剧性》，北京大学出版社，2009。

[3] 鲍黔明等主编：《导演学基础教程》，文化艺术出版社，2007。

[4] 梁伯龙、李月主编：《戏剧表演基础》，文化艺术出版社，2002。

[5] 全国十二所重点师范大学主编：《教育学基础》，教育科学出版社，2012。

[6] 陈琦、刘儒德：《当代教育心理学》，北京师范大学出版社，2007。

（作者单位：西城区第一文化馆）

文化馆数字化建设的现状及对策初探

武 峥

一、文化馆数字化建设的现实意义

（一）建设数字文化馆是新时代公共文化服务发展的大势所趋

中共中央办公厅、国务院办公厅印发了《关于加快构建现代公共文化服务体系的意见》，意见提出要加快推进公共文化服务数字化建设，构建标准统一、互联互通的公共数字文化服务网络，在基层实现共建共享；文化和旅游部、国家发改委、财政部印发了《关于推动公共文化服务高质量发展的意见》，意见提出要提升数字文化馆网络化、智能化服务水平，进一步完善国家公共文化云等平台的大数据管理和服务功能，整合利用全国群众文化活动资源，打造分级分布式数字文化资源库群，优化资源结构，提升资源质量。

文化馆是公共文化服务体系建设的重要组成部分，是从事公共文化服务的公益事业单位，主要承担弘扬中华民族优秀传统文化，丰富群众精神文化生活，提高群众思想道德和科学文化素养，管理和服务文化志愿者的职责。主要开展全民艺术普及，群众文化艺术活动和创作，文化馆系统在职干部及业余文艺骨干辅导培训，群众文化艺术交流，群众文化团队指导及引领，群众文化理论研究和提供线上公共数字文化服务等工作。文化馆行业运用互联网思维和数字化技术与手段，探索新的发展途径与模式，提升文化服务效能是大势所趋，也是当下文化馆所面临的重大课题。

（二）建设数字文化馆是后疫情时代数字文化社会服务的有效举措

数字文化馆本身是以网络云平台、数字资源库以及线下互动体验空间共同构成的公共文化服务平台。疫情防控背景下，线下公共活动及公共服务开展受到了限制，文化活动按下"暂停键"，线上活动则精彩纷呈，弥补了老百姓文化生活的空白。后疫情时代，应继续拓展数字服务方式，拓宽服务渠道，着力提升数字文化馆的公共文化服务能力，以网络云平台和数字资源库作为线上公共文化服务的抓手，助力文化馆数字化的远程服务，让广大群众能够足不出户享受新时代数字化发展带来的文化成果。

（三）建设数字文化馆是满足人民群众日益增长的美好文化需要的必然要求

新时代人民群众日益增长的美好文化需要更加多样、更加多元。数字文化馆要突破群众文化服务时间和空间的限制，以数字技术为核心构建公共文化服务平台，不断激发群众的参与热情和关注度，保证社公共文化服务受众能够充分享受到社会公共文化服务。更要注重对数字文化馆平台特色的应用，开展群众文化艺术创作、培训、活动、体验的公共数字文化服务新形态，尽可能满足广大群众的文化需求，弘扬社会主义核心价值观，同时加强精神文明建设。

二、文化馆数字化建设的基本现状

近年来，文化馆数字化蓬勃发展，建立了数字资源库，提供海量文化资源，突破时间、空间、场地限制，展现方式生动，内容更新快捷，打通了公共文化服务"最后一公里"，实现了面对不同人群开展形式多样、别开生面的数字化服务。但同时也存在一些问题。

（一）同质化现象严重，缺乏本地特色

各级文化馆按照文件要求和对数字文化馆建设评估的达标指标完成了建设任务，但是造成各个数字文化馆的资源、创造形式、内容雷同，数字文化馆的信息系统同质化现象比较严重。笔者参加文化部对全国文化馆第五次评估时发现，全市除丰台文化馆外都建有自己的网站，下设文化资讯、文化活动、文化培训、在线直播，文化展厅、志愿者等模块，每个网站都是独立运营、各自为政，内容也不尽相同、差异不大，只因资金投入的大小在规模和功能上略有差别。

（二）数字资源提供难，利用传播率低

由于数字文化馆是新兴事物，数字信息技术研发和数字资源挖掘、转化、利用不够，能够提供的文化资源数量有限，同时也达不到群众期待的优质资源标准，不具备针对性、实用性、便捷性的特点，以致群众参与度不高。县以下地区文化馆往往具有更丰富、更具特色的地方资源，但因服务范围有限，不能形成资源合力有效传播。

（三）功能重复建设，成果不能共享

各文化馆都建立了各自的数字文化馆，然而由于开发人员和开发要求不同导致设计架构、数据接口等差异，造成数据层、业务层、展示层等数据不能共享，用户需求不能充分满足。随着数字文化建设的不断深入，大量文化艺术资料都转变为文字、图片、音频、视频等数字资料形式。如 2020 年疫情期间，北京数字文化馆开设专区扩大线上资源供给：上线"在线学习空间" 8 大类 400 余门文化慕课，总计 2TB，2 万余集；同时汇集慕课、教学视频、微视频和电子书籍等全民艺术普及数字资源 5 万多种，达 3TB。经过长时间存储，海量的存储资料将带来资金、技术方面的问题。

（四）专业人才匮乏，管理手段滞后

文化馆的公共文化服务理念、服务方式、服务内容、服务效能都未能跟上互联网时代的步伐。在当今互联网时代，要求馆长首先要有互联网思维，把文化馆的数字化建设和服务放在重要位置，同时加大专业人员投入和经费保障；专业技术人员在组织策划文化活动和艺术培训时也要借助互联网思维，将线上服务内容和形式与线下相结合，相互联动，形成合力，提升服务效能，推动数字文化馆科学化、专业化的建设、运营和管理。

三、文化馆数字化建设的思考对策

（一）加强顶层设计，推动持续健康发展

加强顶层设计，制定文化馆数字化建设相关标准，用统一兼容的资源建设标准、技术标准、服务标准、管理规范，形成各级数字文化馆资源相互兼容，可上下联动、线上线下结合，开放、高效、可持续发展的文化馆数字化服务体系。明确各级数字文化馆建设定位，整合优质资源。省级、地市级数字文化馆定位统筹指导功能，发挥中心馆作用，对下一级文化馆充分发挥指导作用；区级文化馆在总馆体系建设中发挥中枢作用，整合优质资源向街道、乡镇基层延伸；街道、乡镇在终端面向最终用户辐射到点，以点带面，以面连成片，形成四级联动的线上有效服务网络。

（二）强化资源整合，提升群众文化活动影响力

充分整合现有资源，利用总分馆模式，将各省、市、县的文化馆的信息进行汇总，将海量数字资源整合后统筹规划，整体输送到各级文化馆内，让客户们享受一站式服务，破解各地数字文化馆独立运行或者资源浪费现象，有利于资源的充分共享，可以极大提高文化馆为群众服务的效率。广东省文

化馆纵向依托广东省文化馆联盟，大力推动数字文化馆总分管制建设，整合全省 21 个地市文化馆（站）资源，建立省、市、县（区）文化馆公共数字文化服务体系；横向对接省内各级图书馆、博物馆、美术馆，值得借鉴。

（三）注重品牌创建，增强群众文化活动创新力

加强发掘各地群众喜闻乐见的群众文化品牌活动，优化加工这些资源，提升质量，以服务现代生活。引导组织策划符合时代特点、群众参与度高、适合网络传播、线上线下可联动的优秀群众文化活动，以激发群众自我表现、自我提高、自我欣赏。通过线上展览欣赏普及、公益培训海量资源、云游同步直播、微视频大赛等灵活多样的网络活动形式，让群众享受优质便捷、丰富多彩的公共文化服务。

如"乡村春晚""舞动北京全国广场舞大赛"等群众文化活动品牌，既能展示地方特色，又能促进联动交流，线上线下参与人数众多，大幅提升了文化馆服务的知晓度、参与性与影响力。

（四）因地制宜，增强公共文化服务质量

根据各地特色，坚持与全民艺术普及相结合，创新个性化服务，通过大数据获取个人兴趣爱好等信息，匹配文化馆提供服务的相关资源分配方案。可适当结合数字文化馆本身的文化服务职能，以抖音短视频、快手视频、微信公众号等自媒体平台为载体，实现对群众文化服务的承载，或通过移动数字化平台及多媒体技术、互联网传播等技术，开展远程培训、在线教学、直播互动、网上展览、网络短视频大赛等方式，提升公共文化服务质量。

例如：2020 年在"北京数字文化馆"、微博、微信、抖音、快手等平台参与"全民艺术普及"话题阅读及视频播放共计 653 万，观看网络直播 509 万人次；微博"全民艺术普及"话题阅读量累计突破 1.1 亿人次；与北京动漫游戏产业协会合作开展"动漫北京"线上二次元艺术节活动，联合"快手"视频直播平台开展"云游直播"联动并同步直播，累计观看人次 159 万；与海淀区文化和旅游局、海淀区文化馆共同策划举办"全民乐享为爱发声——云上好声音京津冀歌唱评选活动"；与"中国知网"合作推出"云课堂"。

（五）强化队伍建设，提供专业人才支撑

文化馆工作人员多来自各大文艺类院校及综合院校相关艺术专业门类，也有少部分对应岗位的社招和部队军转干部。现在的运营模式中，基本是资金充足的交给专业的第三方运营，资源丰富、活动多样；资金不充足的按照

网页运营管理，定期更新新闻。若要保证数字文化馆长久、健康地运行，应设置相应岗位引进相关专业人才，培养数字文化馆运营和群众文化方面的复合型人才。

科学合理配备各级各类公共文化机构人员编制，并根据需要进行动态调整。针对采用外包、临时招募技术人员等方式带来的问题，积极引进技术型人才。加强管理和运营人员培训，提升熟知网络技术、计算机操作、数字化设备的运用等专业知识和能力。

（六）坚持政府主导，加大财政投入支持

建立文化馆数字化建设稳定增长的资金投入机制，在保障文化馆数字化建设项目资金的前提下，逐步将运行经费纳入各级财政预算，为文化馆数字化建设运行和运转提供有力保障。同时也要制定各种政策和机制，保障文化馆数字化建设持续发展、更新功能、拓展资源存储空间以及长久运营等，也可适当吸引社会力量参与文化馆数字化建设和运营。

在网络飞速发展的时代，互联网技术有力助推了文化馆的数字化建设。互联网技术与文化馆数字化建设巧妙地结合，加快了信息传播速度，也便捷了信息传播方式，让群众可以随时随地享受到公共文化服务，逐渐满足了新时代群众的新需求，助力了全民艺术普及，让人民群众的生活变得更加有趣和丰富，文化馆也能真正发挥了它的作用。

（作者单位：北京市文化馆）

浅析文化品牌建设在城市文旅发展中的作用

——以怀柔"中国国际标准舞之城"建设为例

王晓静

城市品牌是一个城市外在形象与内涵的体现。城市的文化品牌展示了城市的思想道德、精神面貌、社会发展速度以及经济发展水平。与之相对应，建设独具特色的文化品牌对于城市文化和旅游等各方面的发展也能够起到良好的促进作用。本文以怀柔"中国国际标准舞之城"建设为例，浅谈文化品牌建设在城市文旅发展中的作用。

一、怀柔"中国国际标准舞之城"建设基本情况

怀柔区引进国际标准舞艺术最初以"怀柔杯"国际标准舞全国公开赛的形式呈现。"怀柔杯"国际标准舞全国公开赛自 2008 年开始创办，2016年首次正式更名为怀柔国际标准舞艺术节，至 2019 年，已成功举办十届（2020 年因疫情原因停办）。在 2018 年的第九届怀柔国标舞艺术节开幕式上，怀柔区被授予"中国国际标准舞之城"荣誉称号，成为目前全国唯一一家被中国国际标准舞总会认定的"中国国际标准舞之城"。

政府层面，怀柔区制定了推广中国国际标准舞之城建设体系。涵盖完备的组织体系、技术支撑体系、培训指导体系、普及推广体系、宣传推广体系、竞技展示体系、服务保障体系。建设体系中专门设立怀柔区中国国际标准舞之城建设体系领导小组。区总工会、团区委、区妇联、区直机关工委、区教委以及全区各镇乡街道成立了二十余支国标舞队伍，有近千名舞蹈队员。宣传推广工作由区委宣传部牵头，组织利用怀柔电视台、怀柔报、怀柔广播、信息网、"山水怀柔"微信公众号等区内各大宣传媒体平台进行宣传。在每年的怀柔国际标准舞艺术节期间，为确保各项赛事顺利开展，区委宣传部、区教委、区广电中心、区卫健委、区公安分局、区消防支队、区城管委、区城管监察局、区安监局、区环卫中心、区供电公司等单位和部门在场地保障、媒体宣传、食品安全、消防安全、交通秩序维护等多方

面提供保障。

社会层面，有中国国标舞总会、北京百汇演艺学校、北京华嘉专修学院等国内知名专业院校提供技术支持。有资深国标舞艺术家担任怀柔区国标舞推广形象大使，有 38 位专业国标舞教师组成的怀柔区中国国际标准舞之城建设体系的教师库，为怀柔区推广普及国标舞艺术提供专业培训与指导。

二、文化品牌建设在城市文旅发展中发挥的作用

（一）文化品牌的影响力塑造城市名片

在 2012 年 8 月 16 日武汉东湖之滨举行的 2012 亚洲城市论坛上就有专家提出："一个城市的吸引力，在于其品牌的影响力、文化的影响力。很多城市有文化、历史和特色，但是差在没有品牌，我们的城市就差在品牌这个环节。"文化是一个地方吸引力的最终来源，是一个城市品牌形象的灵魂。

作为律动怀柔的文化品牌项目，怀柔国际标准舞艺术节连续举办十年，"中国国际标准舞之城"已经成为怀柔区的城市名片之一。每届怀柔国际标准舞艺术节期间，均会举办多项赛事活动。包括 CBDF"院校杯"公开赛暨CBDF 国青队选拔赛、"怀柔杯"国际标准舞公开赛、国际名校对抗赛、怀柔城乡国标舞公开赛等不同规模的赛事活动。

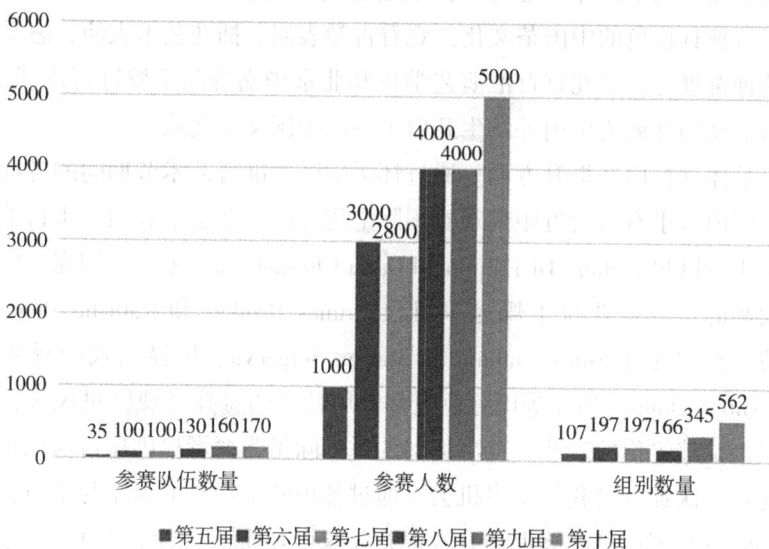

第五届至第十届怀柔国际标准舞艺术节赛事数据

　　各项赛事活动吸引了怀柔本地以及世界各地众多舞者参与，近年，从参赛队伍数量、参赛人数、组别数量等各方面来看，基本呈逐年递增趋势。通过统计，参赛队伍从第五届怀柔国际标准舞艺术节的 35 个代表队增加到第十届的近 170 个代表队参赛；参赛人数从第五届怀柔国际标准舞艺术节的 1000 余人增加到第十届的 5000 余人；组别数量从第五届怀柔国际标准舞艺术节的 107 个组别增加到第十届的 562 个组别。

　　强大的评委阵容提升了赛事水准及赛事影响力。每届活动均会邀请来自英国、意大利、俄罗斯、德国、澳大利亚等多国评审以及国内的国际级、国家 A 级评审共同担纲执裁。

（二）文化品牌的和谐力促进文化交流

　　和谐力对于创建和谐社会、促进民族团结、维护世界和平都有着重要作用。和谐力是以和谐为内涵的力量与作用。文化品牌的和谐力最重要的作用体现在城市与城市、民族与民族、国家与国家间的文化交流。

　　一是体现在国际文化交流方面。"中国国际标准舞之城"建设过程中，开展了多项拓展交流活动。如组织美国斯坦福大学、英国剑桥大学和中国台湾大学、清华大学、北京大学、复旦大学等国际名校的舞蹈选手，与怀柔学子到慕田峪长城了解悠久的长城文化历史，以及长城在中国军事、人文史上的伟大意义；到中国味十足的"禅茶壶舍"，现场观摩茶艺师精湛的茶艺表演，了解独具特色的中国茶文化，观看古琴表演、插花艺术表演，感受中国书法的神奇魅力；到北京百汇演艺学校和北京华嘉舞蹈学校进行座谈交流。多元素活动的开展为国内外学生开启了一场中国文化之旅。

　　二是体现在内在提升方面。通过怀柔国际标准舞艺术节期间的各项赛事活动，国内选手有机会近距离观看国际上优秀的职业选手表演。来自美国的世界拉丁舞巨星 Stefano Di Filippo 和 Daria Chesnokova，来自立陶宛、俄罗斯和意大利的世界职业拉丁舞冠军组合 Arunas Bizokas 和 Katusha Demidova、世界拉丁舞冠军 DorinFrecautanu 和 Marina Sergeeva、世界美式摩登舞冠军 Travis Tuft 和 Jaimee Tuft 等国际巨星都曾用精湛的舞技展现巨星风采，为选手们献上精美绝伦的表演。赛事活动的举办除了为舞者提供探讨与展示的舞台，还是一次提升自我的宝贵机会。通过各项赛事活动的观摩与学习，参赛的舞蹈院校与团体都能够得到有效提升并取得好成绩。如北京百汇演艺学校获得了重要赛事——2019 CBDF 国家青年队摩登、拉丁选拔赛双项冠军。北京华嘉舞蹈专修学院也取得了不少骄人成绩。在国标舞艺术节等外在因素的激发下，两所学校的国标舞专业水平大幅提升，北京百汇演艺学校国标舞专业更是在全国名列前茅。

（三）文化品牌的辐射力促进全民参与

辐射力是界定城市某一功能向外部提供服务能力的指数，如果城市的某项辐射力强，就意味着这个城市在该领域有对外输出产品或服务的能力；相反，如果这项辐射力弱，就表示这个城市在该领域需要向外购买产品或服务。文化辐射力是文化活动长期开展过程中所形成的文化氛围、文化习惯，给群众以无形的影响。强大的辐射力能够提升群众的文化素养、增强人民群众的凝聚力、促进民族与区域团结。

随着"中国国际标准舞之城"建设工作的推进，以及怀柔国际标准舞艺术节的举办，怀柔区接触、体验、参与国标舞文化的群众逐年递增，现已超过 3 万人。在第十届国标舞艺术节怀柔城乡国标舞公开赛环节中，来自怀柔区各镇乡街道、中小学、机关单位等 25 支代表队约 700 余名业余舞者，向观众展示了怀柔区国标舞艺术推广普及成果，参加展演人数比上一年增加 300 余人。除了场馆内紧张激烈的赛事以外，在怀柔万达广场还安排了千人国标舞场外展演活动，每天固定时段，均有来自怀柔区专业舞蹈院校的学生和怀柔区国标舞业余爱好者同台展示，让更多场外观众能够更加直观地了解国标舞艺术，从而关注国标舞、爱上国标舞。

在日常国标舞普及工作中，一方面，怀柔区专设固定培训项目与场地。怀柔区文化馆对外免费开放国标舞项目，常态化开展国际标准舞培训课程，每年聘请专业老师授课。培训了华尔兹、探戈、狐步、快步和维也纳等多个种类的课程。另一方面，不定期的按需送培训。首先通过 14 个试点单位进行推广，进而普及到全区。区内，每年由各镇乡、街道、各区直单位报需求，由怀柔区文化馆选派优秀的老师实地进行培训。区外，送国标舞培训进草原，与对口帮扶地区内蒙古乌兰察布市四子王旗紧密对接，推广国标舞文化，带动全民健身，促进京蒙两地的文化交流与融合，推动京蒙文化交流向纵深拓展。

（四）文化品牌的生产力促进文旅融合

众所周知，生产力（Forces of Production），在狭义上指再生生产力，即人类创造新财富的能力。从横向来看，生产力分为个人生产力、企业生产力、社会生产力；从纵向来看，生产力分为短期生产力和长期生产力；从层次来看，生产力分为物质生产力和精神生产力。文化品牌的生产力即其在提供文化服务，进而产生社会效益与经济效益中发挥的作用。

从社会效益方面看，文化品牌的社会效益是最大限度地利用有限的资源满足社会上人们日益增长的物质文化需求。国标舞是体育与艺术高度结合的一项舞蹈体育项目。它的普及在怀柔区社会主义物质文明和精神文明建设中都发挥了积极的作用。除了丰富人民群众的文化生活外，也提升了怀柔本土舞蹈院校的综合实力。另外，针对少年儿童开班的业余国标舞培训班也在逐年递增，怀柔区艺术培训机构发展不断提速。根据初步统计，近年来怀柔区域内开设国标舞培训班的机构已有 30 余家，每年参加国标舞培训的少儿超过 8000 人。

从经济效益方面看，怀柔"中国国际标准舞之城"建设在文旅融合发展中也发挥了重要作用。据统计，在 2019 年，第十届怀柔国际标准舞艺术节活动期间，外地来怀参赛的选手、领队老师和家长约 1.3 万人。活动的举办，显著拉动了城区及周边餐饮、住宿等行业，城区内各个宾馆酒店"一房难求"。另外，伴随着艺术节的开展，怀柔区还会同时举办国标舞用品展览和主题摄影展。第十届怀柔国际标准舞艺术节期间，实现综合收入约 1600 万元。2019 年，怀柔区共举办各类文化和旅游活动 21 项、2952 场次，吸引市民和游客 111.7 万人次。2019 年怀柔区成功入选首批国家全域旅游示范区。各类文化活动的开展，综合提升了怀柔区旅游行业的文化底蕴，加快促进了文化和旅游产业的有效融合。

三、问题与建议

（一）让"中国国际标准舞之城"真正国际化

"中国国际标准舞之城"建设进程中，影响力得到不断提升。但无论是从参赛人群、观众还是游客来看，地域分布还是以北京为中心点向外省市扩散。其中北京百汇演艺学校报名 393 对次，北京华嘉舞蹈专修学院报名 297 对次，两个学校报名对次占到全国 20 多个省市专业院校参赛总人数的 12%。国外选手更是微乎其微。尽管作为赛事活动的东道主，难免占有得天独厚的参赛优势。但是从另一方面看，也恰恰说明赛事的影响力还有待进一步提升。提升赛事的影响力，达到国际化的水准，要目光长远，且要通过多方面的共同努力。首先要完善全区的文化和旅游基础设施建设。其次要整体提升公共文化与旅游服务水平，完善人员配备，提升服务人员的整体素质。

（二）提升文化品牌建设的传播能力

文化品牌建设的传播能力在很大程度上制约着文化品牌的影响力。提升文化活动的传播力是必要可行的。"中国国际标准舞之城"建设的传播体系基本是利用怀柔电视台、《怀柔报》、怀柔广播、信息网、"山水怀柔"微信公众号等区内各大宣传媒体作为传播平台，在传播面、媒体影响力、传播技术能力、资金支持等方面都受到了一定程度的限制。要提升文化品牌建设的传播能力，笔者认为一方面要争取上级宣传部门的支持；另一方面要与技术水平高的社会组织加强合作，提升数字化采编播能力。还要统筹传统媒体与新兴媒体共同发展。新媒体较传统媒体而言，内容更为丰富，传递更为迅捷，受众面更为广泛。要紧紧抓住新媒体的特性并充分利用。

（三）正确处理好文化和旅游的关系

文化和旅游本就是相辅相成、密不可分的。人们旅游的目的大多是在旅途中追求文化体验，感受不同国度、不同民族、不同地域的风土人情。全国各旅游景点文化内涵丰富的，都是有韵味、有魅力的，且是能够创造较好经济价值的。在怀柔区的旅游景点中，能够将文化元素融入景区中的为数不多。慕田峪长城、红螺寺等部分景点有着悠久的长城文化、佛教文化，综合各方面的因素，发展良好。而一些星级较低的景点，多是重生态、轻文化，甚至生态建设也仅仅浮于表面，不能达到更高级别的要求，因而对游客的吸引力不大，游客的回头率不高，达不到文化与经济双提升。如果只是空有山水，缺少文化体验，那只会是一场没有灵魂的暴走，无旅行的意义可言。这些缺失传统文化体验的景区景点，是不是可以通过现代城市文化、城市文化品牌寻找突破口？文化与旅游的融合不能是生搬硬套的相加，要按照"文化搭台、旅游唱戏，以文促旅、以旅彰文"的原则，通过吃、住、行、娱乐等各个方面融入文化元素，进行展现与结合。将文化活动与旅游景区、民俗村、精品民宿等进行融合经营，避免空中楼阁式发展，将文化与旅游的融合化虚为实，从而提升城市文旅发展的整体竞争力。

参考文献：

[1] 朱刚：《文旅融合背景下城市公共文化发展新思路》，《文化产业》2019 年第 5 期。

[2] 蔡赴朝：《发展现代传播体系 提高社会主义先进文化辐射力和影响力》，《人民日报》2011 年 11 月 7 日。

[3] 汪静：《文化生产力发展及其对策研究》，硕士学位论文，西北民族大学，2014。

（作者单位：怀柔区文化馆）

关于文化馆（站）建立志愿服务常态化机制的思考

王 倩

一、北京市文化馆（站）志愿服务现状

2009 年，北京市文化艺术活动中心成立北京市文化志愿者服务中心，承担文化志愿者的服务和管理工作。截至目前，北京市 16 个区成立了 22 个文化志愿者分中心，已有注册文化志愿者 3 万余名，其中志愿团队 300 多个，300 余万人享受到文化志愿服务成果。

在北京市文化志愿者服务中心的带领下，各分中心开展了"送福到家""文化感动生活"主题宣传活动、"加强残疾人文化服务，保障残疾人文化权益"助残月活动、"关爱特殊儿童艺术教育志愿服务月"活动、"敬老爱老、共建共享"敬老月活动等进行文化艺术辅导类、艺术演出类、活动服务类、展览展示类的文化志愿服务，成为文化部门开展公共服务的重要力量。

二、文化馆（站）建立志愿服务常态化机制的必要性

（一）文化馆（站）建立志愿服务常态化机制是构建和谐社会的内在要求

近年来，随着人民群众生活水平的逐步提高，文化需求已经成为百姓生活需求之一，而一个良好的公共文化环境也是公共文化大发展大繁荣，构建和谐社会的内在要求。良好的公共文化环境需要文化志愿者去协助建立和维护，因此，在文化馆（站）建立志愿服务常态化机制有助于构建和谐社会。

（二）文化馆（站）建立志愿服务常态化机制是志愿服务专业化水平不断提高的内在需求

近些年，各文化馆（站）在北京市文化志愿者中心的带领下，都成立了文化志愿者分中心，招募了一大批文化志愿者开展文化志愿活动，文化志愿事业蓬勃发展。文化志愿者分中心所开展的文化志愿活动主要是根据北京市文化志愿者中心布置的主题活动展开，各分中心开展的文化志愿活动有所

不同。随着文化志愿活动的发展，应当逐渐推出例如展厅讲解等各个分中心都有的文化志愿活动，建立文化志愿服务的常态化机制。

（三）文化馆（站）建立志愿服务常态化机制有利于提升城市的形象，增强城市的综合竞争力

文化志愿者是都市的一张名片，在文化馆（站）建立志愿服务常态化机制有利于公共文化的传播，树立良好的都市形象，弘扬积极向上的学习气氛。可以增强城市的综合竞争力。

（四）文化馆（站）建立志愿服务常态化机制可以更好地和国际志愿服务接轨

近些年，全球化的志愿服务活动越来越多地涌现，我国先后举办了 APEC 会议、G20 峰会、"一带一路"国际合作高峰论坛等，这些重要外交舞台上都展现了中国志愿者的风采，志愿者已经成为国际外交舞台上的一道亮丽风景。在志愿服务国际化的背景下，文化馆（站）建立志愿服务常态化机制一方面可以提高中国的国际形象，另一方面在争取国际资源方面也将更具有竞争力，可以更好地和国际志愿服务接轨。

三、建立文化馆（站）志愿服务常态化机制的主要内容

建立文化馆（站）志愿服务常态化机制，首先要做出北京市文化志愿者的品牌项目，在全市进行推广。也就是说，这一项目在各文化志愿者分中心都应该设立。笔者认为，以下几个项目可以在全市进行推广。

（一）展厅讲解志愿者

文化馆（站）都会定期举行展览，文化志愿者如果能进入文化馆（站）的展厅对展览的内容进行讲解，将大大提升观众参观文化展览的质量，同时也起到了文化志愿者"传播文化"的作用。因此，各文化志愿者分中心都应长期招募展厅讲解志愿者，并对志愿者进行培训，来为观众提供文化服务。

（二）文化演出秩序的维护——文明导赏员

文化馆（站）会定期举行各种文化演出，文化志愿者如果能通过培训后进入文化馆（站）的剧场中对人员进行引导，对残疾人、老年人进行搀扶，对演出秩序进行维护，引导观众文明观看演出，将提升观众的观演质量，增进舞台演出的效果，有利于弘扬优良的文化传统，形成良好的社会风气。

(三) 文化助残志愿者

文化馆（站）应该设立助残的文化志愿者项目。在开展残疾人艺术辅导、为残疾人送爱心演出、开展适合残疾人参加的文化活动方面进行策划，并安排文化志愿者为残疾人提供文化服务。

(四) 文化助老志愿者

文化馆（站）应该设立助老的文化志愿者项目。在开展老年人艺术辅导、为老年人送爱心演出、开展适合老年人参加的文化活动方面进行策划，并安排文化志愿者为老年人提供文化服务。

四、制约文化馆（站）建立志愿服务常态化机制的因素

(一) 缺乏法律保障

相对于国外，我国的志愿服务事业起步晚，关于文化馆（站）建立志愿服务常态化机制的法律制度还不完善，活动相关的权利和义务模糊。国家对于文化馆（站）应该举办哪些文化志愿者活动，没有相关的法律和政策要求。

(二) 经费不足

经费不足是各文化志愿者分中心普遍存在的问题。目前，各文化志愿者分中心开展文化志愿活动除个别由北京市文化志愿者中心牵头的文化志愿服务项目可以享受财政拨款外，大部分开展的文化志愿活动是没有财政经费的。各分中心开展文化志愿活动大多数属于不产生活动经费的活动，还有一部分文化志愿活动是依托各文化馆（站）的品牌活动去做的，这是一种"搭便车"现象。

(三) 组织管理工作不完善

组织管理工作不完善首先体现在各文化志愿者分中心分别开展活动，缺乏统一的部署和安排，缺乏示范性的文化志愿服务项目进行推广。其次，没有全市可以查询的文化志愿者信息库，使志愿服务资源没有得到有效匹配。

(四) 缺乏系统规范的培训

文化馆（站）建立志愿服务常态化机制需要进行科学、系统、规范性的培训。目前北京市文化艺术活动中心每年会组织文化志愿者管理干部的培训，但对于文化馆（站）如何建立志愿服务常态化机制缺乏相关的培训机制，也未将文化志愿服务项目做成示范性项目进行推广。

（五）激励制度不健全

目前，北京市文化志愿者的激励措施主要是配备了统一的服装，还有每年年底各文化志愿者分中心会举办文化志愿者表彰大会，对优秀的文化志愿者进行表彰。但这些还不够，新版《北京市志愿服务促进条例》规定了志愿者奖励、补贴、时间储蓄、社区回馈，以及为志愿者购买保险；公务员考录、事业单位招聘可以将志愿服务情况纳入考察内容；博物馆、图书馆、文化馆、体育场馆、公园、旅游景区等公共场所，可以根据实际情况，对有良好志愿服务记录的志愿者给予优待等志愿者激励的内容，这些政策还有待落实。

五、促进文化馆（站）建立志愿服务常态化机制的有效途径

（一）建立相关法律保障

将文化馆（站）建立志愿服务常态化机制纳入法律范畴，规定北京市各文化馆（站）都有展厅讲解志愿者、文明导赏员、文化助残志愿者、文化助老志愿者。明确这四大类文化志愿者的权利和义务，并从法律上规范志愿者培训，制定促进四大类文化志愿者的激励措施。笔者认为，由于志愿服务活动主体多元化、行为多样化、内容丰富化，社会组织关系非常复杂微妙，更需要、更适合由全国人大及其常委会立法加以调整，且有较为丰富、成熟的地方立法经验，仅靠制定行政立法已经不能满足客观要求。与行政立法相比，国家层面的人大立法更适合、易见效。

（二）增加文化馆（站）建立志愿服务常态化机制的财政拨款

将文化馆（站）建立志愿服务常态化机制纳入法律范畴后，应增加文化馆（站）建立志愿服务常态化机制的财政拨款，用于四大类文化志愿者的培训、激励以及开展活动的经费，使四大类文化志愿者成为专门的文化服务品牌项目，减少"搭便车"现象。

（三）建立北京市统一的文化志愿者资源库

对文化志愿者进行规范性管理，利用网络技术建立北京市统一的文化志愿者资源库。对已在志愿北京平台上注册的志愿者进行有效分类，划分出专业门类的志愿者，并对能提供特殊服务的文化志愿者进行标注。使文化志愿者需求和文化志愿者资源得到有效匹配。

（四）规范培训制度

文化馆（站）建立志愿服务常态化机制后，文化志愿者培训也应当更

加规范。北京市文化志愿者中心应组织统一的培训，对四大类文化志愿者项目如何开展，文化志愿者如何招募、组织和进行管理进行相关方面的培训。

各文化志愿者分中心也应建立四大类文化志愿者的常态化培训机制，对四大类文化志愿者进行科学、系统、规范性的培训。四大类文化志愿者的培训应包含志愿者通识培训、礼仪培训和专业技能知识的培训。志愿者的通识培训和礼仪培训要请相关方面的专业老师授课，专业技能的培训可以发挥文化馆现有资源，和文化馆日常培训结合起来。同时，也可以将文化志愿者进行普通志愿者和骨干志愿者划分：对于普通志愿者多进行权利义务、服务理念、服务态度、服务技能等方面的基础培训，可以是临时性的培训；而对于骨干志愿者可以通过集中轮训、参观学习、经验交流、考察观摩等方式进行专业服务技能、项目管理方法等方面的提高性培训。

（五）建立统一的激励制度

文化馆应规范志愿者服务时长登记工作及建立服务时长兑换机制。目前，比较规范的登记服务时长的做法是在志愿北京的网站上进行登记，文化馆应在志愿北京的网站上为文化志愿者进行服务时长的登记。此外，文化馆应运用现有的文化资源，建立文化志愿者兑换服务时长制度。比如文化馆日常的一些公益文化演出票，是需要区内百姓在公共文化云的平台上去预约的，通常是先到先得，比较好的一些演出经常会出现票被抢光的情况。可以预留出一部分，专门用于文化志愿者服务时长兑换。文化馆一些比较好的讲座、电影、文艺演出活动也可以邀请文化志愿者来参加，让志愿者们感受到特殊的照顾，是一种很好的补偿机制。

（六）大力发展 NGO 组织，规范管理文化志愿者

在西方，志愿者大多是由 NGO 组织进行管理的，国外 NGO 组织大部分都有规范的志愿者登记注册、培训和比较完善的激励机制。一些全球性的 NGO 组织，像世界自然基金会等，其业务范围覆盖到中国，拥有先进的志愿者管理办法，可以和环保部门进行联系，管理环保志愿者。文化志愿者方面，我们也可以和一些 NGO 组织合作，规范管理文化志愿者。

综上所述，北京市文化志愿者是开展公共文化志愿服务的重要力量。建立文化馆（站）志愿服务常态化机制具有必要性，是构建和谐社会的内在要求，是志愿服务专业化水平不断提高的内在需求，有利于提升城市的形象，增强城市的综合竞争力，文化馆（站）建立志愿服务常态化机制可以更好地和国际志愿服务接轨。建立文化馆（站）志愿服务常态化机制，首先要做出北京市文化志愿者的品牌项目：展厅讲解志愿者、文明导赏员、文化助残志愿者、文化助老志愿者，在全市进行推广；其次是要规范志愿者的组织与管理；最后是要健全褒奖激励机制，建立志愿服务回馈机制。制约文化馆（站）建立志愿服务常态化机制的因素主要有缺乏法律保障、经费不足、组织管理工作不完善、缺乏系统规范的培训、激励制度不健全。我们可以通过建立相关法律保障，增加文化馆（站）建立志愿服务常态化机制的财政拨款，建立北京市统一的文化志愿者资源库，规范培训制度，建立统一的激励制度，大力发展 NGO 组织，规范管理文化志愿者等措施来建立文化馆（站）志愿服务常态化机制。

参考文献：

［1］韩朝相、黄武龙：《大学生志愿服务常态化机制与研究》，信工研会办公室，2018。

［2］《以激励机制促进志愿服务常态化》，http：//fj. wenming. cn/bmrp/202005/t20200514_5572899. htm，访问日期：2020 年 5 月 14 日。

（作者单位：西城区第一文化馆）

浅析群众文化在非遗传承保护工作中的作用

——以西城区非遗保护工作为例

玉 梅

在我国的经济发展进程中，群众文化属于一门先进的文化，社会地位有了显著的提升，在人们的实际生活中扮演着较为重要的角色。在改革开放进程中，百姓的生活水平显著提升，人们也更加关注自身的精神需求。因此，应更加注重群众文化发展，要将其应用价值与作用凸显出来，以此为非物质文化遗产的保护与传承提供更多的依据，助力保护工作的顺利开展。

一、群众文化在非遗传承保护工作中的作用

首先，我们需要明白什么是群众文化和非物质文化遗产。群众文化是指人们职业外，自我参与、自我娱乐、自我开发的社会性文化。非物质文化遗产是指各族人民世代相传并视为其文化组成部分的各种传统文化表现形式，以及与传统文化表现形式相关的实物和场所。包括：传统口头文学以及作为其载体的语言；传统美术、书法、音乐、舞蹈、戏剧、曲艺和杂技；传统技艺、医药和历法；传统礼仪、节庆等民俗；传统体育和游艺；其他非物质文化遗产。分为十大类别：民间文学、传统音乐、传统舞蹈、传统戏剧、曲艺、传统体育、游艺与杂技、传统美术、传统技艺、传统医药和民俗。

综上所述，"群众"是二者重要组成部分。群众文化内容和形式本身源于非物质文化遗产，它能将各个地区的风俗、生活习惯以及审美互相融合，以此形成独具特色的表现形式，为弘扬民族的传统文化艺术提供广阔的平台，属于一种全新的活动载体。非物质文化遗产也能够在一定程度上给予群众文化新的创作灵感与活力。群众文化有效地推动了非物质文化遗产保护工作的顺利进行，二者相互交融、相互依托、相互促进。

二、非遗和群众文化结合的思路

（一）通过群众文化宣传，完善传承人梯队建设

我国现在处于精神文明建设新时期，人民群众的文化需求不断增长，需要通过多种形式来实现自身进步和提高。他们渴望学习，渴望展现自我，实现自我价值。因而在不断提高基层群众整体素质的同时，可以促进我国文化快速发展。以笔者单位为例，现西城区非遗传承人队伍人员短缺，很多项目濒临失传。我单位在每年 6 月进行"西城区非遗传承志愿者招募活动"，筛选我区濒危非遗项目进行传承人的招募和筛选工作。在该活动初期，我单位只在区域范围内通过海报形式进行宣传，报名人数少之又少。通过走访，深入基层，在社区文化站、文化馆、图书馆等公共设施内开展宣传展示活动后，百姓关注度有了大幅度提升，年报名 500 余人，并得到群众的认可，多个非遗项目弥补了传承人梯队人员流失的问题。

（二）通过群众文化宣传，提供非遗项目展示机会

现在一些依靠口授和行为传承的非物质文化遗产正在不断消失，许多传统技艺也濒临消亡。在如此严峻的形势下，抢救和保护非遗项目工作至关重要。要积极健全保护机制，不断创新非遗传承方式，注重开发与利用的结合，加大宣传力度，积极开展各类展览、展示、展演活动，营造良好的文化氛围，提高人民群众对非物质文化遗产项目及产品的认知度，在传承保护的同时，也增加了非遗传承人的经济收入。2020 年非遗日来临之际，全面响应复工复产的号召，由笔者单位承办的"百年商贾·点亮北京——西城非遗购物之旅直播活动"在北京时间、今日头条、百度、爱奇艺、新浪微博等 15 家平台、网站直播，参与直播的非遗项目有戴月轩、萃文阁、北京彩塑、内联升、张一元、马聚源等，总观看量约为 122.5 万次，消售金额 200 多万元，创相关直播平台非遗日直播历史新高。

三、如何通过群众文化有效促进非遗的传承及保护

（一）立足于地方特色，开展群众文化创新活动

推动地方特色文化的传承不仅有利于促进乡镇群众文化工作的顺利开展，而且能陶冶当地居民的道德情操，提升文化自信和文化认同感。因此，应该以基层群众文化建设为契机，积极发掘地方特色文化资源，采取有效措施，积极引导，促进地方特色文化的培育、发展和传承，进一步推动乡镇群

众文化工作的开展。以我区为例，现有民俗类非遗项目四项，其中"法源寺丁香诗会"现已成功举办十九届，它起源于明朝传承至今，在清明时节开展诗歌吟诵活动。其展现形式不断更新，内容逐渐丰富，规模也越来越大，广大市民在一片丁香花海中吟诗作画，弹琴奏乐。这一活动贴近百姓生活，是继承和发展非遗项目的成功实例。

（二）利用新媒体平台，做好对群众的宣传工作

目前，非物质文化遗产传播方式比较单一，主要以面授方式为主。这种面授的传播方式尽管能够最大限度地确保技艺传授的准确性，但也切断了大众传播的可能性。要想做好非物质文化遗产的保护工作，就应加大传播力度，这样既有利于非物质文化遗产的重生和发展，也是解决非物质文化遗产保护项目闭门造车和故步自封的最好方式。现在应扩大宣传层面，动员各界力量，提高全社会的保护意识。基于此背景，要做好以下几点工作：第一，做好民间的"两微一端"建设工作。微信、微博、手机客户端逐渐成为新时期最有效的宣传工具，应充分利用互联网的数字化特点，借助其操作简单、信息共享速度快、覆盖范围较广等优势，建立关于非物质文化遗产的专题网站，将收集到的"非遗"相关资料转化为数字文档，上传至"非遗"主题网站中，并融合 3D、虚拟现实等新技术让"非遗"信息更加生动形象地展示出来，打破非物质文化遗产项目宣传的壁垒。

第二，充分利用群众文化活动平台。新媒体具有较强的互动性，但在操作时有一定的局限性。在进行群众日常文化活动中，可以通过最直接的沟通、交流的方式宣传、展示非物质文化遗产项目。在群文活动中宣传非遗项目，既创新了文化交流方式，又丰富了文化交流内容。

第三，从当前媒体发展的态势与公众的喜好来看，群众自拍的短视频在互联网平台得到了较多的关注，并逐渐成为媒体报道的新宠。微电影、短视频本身就是一种新型的媒介，具有传播内容新颖、传播主体多元化、传播范围较广的特点。2015 年，以布朗歌舞为主题的微电影《笙声不息》在网络上广为流传，使得大众也对布朗族舞蹈有了更加全面的认识，在一段时间内成为网络热门话题。因此，要开拓思路，多鼓励群众以各种互动形式参与到非遗宣传中，以此达到良好的非物质文化遗产项目传播效果。

（三）保护民间特色群众文化，完善非物质文化遗产保护机制

非物质文化遗产保护涉及的工作形式以及工作内容具有复杂性。为了实现对资源的合理优化配置，在开展非物质文化遗产保护工作的过程中，参与者需要利用就地取材的方式，找到工作的切入点，尊重地方特点，了解非物质文化遗产在推动当地经济发展中的作用，还能增强相关部门的配合。不同地区经济发展状况有差别，非遗保护要结合周边环境，挖掘群众文化保护工作的资源，在保护民间特色群众文化的基础上，完善非遗物质文化保护机制，并做好后续的传承工作，以便将传统文化的促进作用凸显出来。与此同时，相关管理人员要深入了解当地的风俗习惯，将工作落到实处，实现地方传统文化与时代发展的紧密结合，并且为文化进步指明方向。

（四）加大公共文化体系宣传，增强公众认知度

非物质文化遗产来自民间，属于公共文化，关系到公共利益。公共文化机构、学校、社区作为文化传播载体，需加强公众对优秀传统文化的认知，以更好地实现文化的传播与传承，同时也能丰富公共文化。

公共文化机构（图书馆、文化馆、博物馆）的社会职能包括保存人类文化遗产和进行社会宣传，因此保护和宣传好非物质文化遗产成为公共文化机构一项刻不容缓的任务。在暂时没有非遗专职保护机构的地区，公共文化机构既是文化中心、休闲中心、教育中心，同时也是交流中心。它除了向公众提供场地、设施和组织服务外，更是文化信息传播的重要平台。应该为非物质文化遗产的宣传起积极推动作用。如我区图书馆利用现有资源，建立非遗数字档案库，有效地保存了非遗原始档案。文化馆充分发挥专业特长，为我区传统体育类非遗项目孙氏太极拳创编了情景话剧《武学宗师》、口技《口技人生》等丰富多彩的剧目。宣南文化馆充分利用展厅布局，为民众展示了我区部分传统手工技艺类的非遗项目制作工具。

社区作为我国社会治理的基层单位，属于政府管理的基层组织。社区是由一定地域空间、公共服务、群众人口形成的地理单位，社区也是一定"文化空间"的代表，是落实非物质文化遗产传播工作的重要场所。社区可以利用多元化的方式，增强与社区居民之间的沟通与互动，通过有效的宣传活动，增强社区居民对于非物质文化遗产保护事业的认知度与关注度。同时在活动中吸纳群众的建议，及时发现工作中的问题。如天桥街道是我区非遗项目北京琴书、踢花毽的项目保护单位，在天桥社区文化站，该项目的非遗传承人每周定期举办公益讲座活动，并成立了社团组织。在端午节、重阳节等重要时间节点会组织社团人员一同参加演出。在宣传展示非遗项目的同时，还能吸纳更多群众参与其中，盘活社团组织，保证非物质文化遗产项目的灵活性，真正做到扎根群众、服务群众。

习近平总书记在党的十九大报告中强调，"文化是一个国家、一个民族的灵魂"。非遗课程进校园是宣传和弘扬中华优秀传统文化的重要形式，对培养学生爱国主义精神，增强学生民族自豪感、责任感，树立文化自信具有不可估量的价值和意义。2015 年，我区为进一步落实中共中央办公厅和国务院《关于实施中华优秀传统文化传承发展工程的意见》精神，让更多学生了解和参与，北京鬃人、剪纸、面塑、草编等非遗项目在全区 49 所中、小学共同开展了"非遗进校园活动"，受众 6 万余人。从小培养广大学生的爱国情怀，增强了他们的民族自豪感和文化认同感，同时又丰富了校园文化生活，促进青少年健康成长。

（五）搭建交流平台，完善基础设施建设工作

非物质文化遗产保护与传承是一项长期而漫长的工作，需要投入大量的人力、物力、财力。完善基础设施建设是首要任务，是拓宽地方文化活动承载力的最好措施，同时在非物质文化遗产的保护、传播、发展上起着重要的作用。基础设施建设可以为非物质文化遗产传承、传播营造一个科学、健康、高效的发展环境，还能不断提升非物质文化遗产项目自身的保护能力。我区在 2014 年成立了西城区非物质文化遗产传习基地，容纳了北京评书、天桥中幡、京派内画鼻烟壶、北京雕漆等 18 个非物质文化遗产保护项目。是融作品展览、现场教学、活动演出、会议交流等于一体的综合性活动场所，年接待 1000 余人次。基地的成功建设丰富了人们的业余生活，搭建了爱好者的交流平台，同时也吸引大量传统文化爱好者走到非遗传承人身边学习，加入非遗传承人梯队中，增强了人民群众传承的参与感、认同感和成就感。

结束语

我国是一个拥有五千年文明历史的国家，人民群众是创造历史的主体，是时代发展的核心推动力，人民群众的文化理念也是影响历史发展进程的重要因素，而文化繁荣是实现中华民族伟大复兴的重要精神力量。近年受到客观因素的影响，许多传统文化正逐渐消失，对其进行有效的挖掘、保护具有重要意义。从 2005 年我国开展非物质文化遗产保护工作以来，非物质文化遗产项目得到了较大程度的保护，但与发达国家相比还有较大差距，与群众生活相脱离的问题比较严重。所以，要想做好非物质文化遗产的保护与传承工作，一定要立足群众，融入百姓生活，不断满足群众文化需求，并充分利用群众文化这种强大的文化传播载体，制定有效的宣传、展示、传播方式。这样才能增强非物质文化遗产的生命力，让优秀民间遗产焕发勃勃生机。

参考文献：

[1] 王文章：《非物质文化遗产概论》，教育科学出版社，2008。

[2]《决胜全面建成小康社会夺取新时代中国特色社会主义伟大胜利——在中国共产党第十九次全国代表大会上的报告》，http://hbrb.hebnews.cn/pc/paper/c/201710/28/c29869.html，访问日期：2017 年 10 月 28 日。

（作者单位：西城区第一文化馆）

浅谈新时代少儿歌唱节目的表演编排技巧

史曼琼

前言

在少儿歌唱节目编排和演出中，我们经常会听到这样的声音："这孩子一上台怎么就只会前后点头、上下摇晃？动作太僵硬了！""导演最发怵给孩子编排节目，不可控的因素太多了。""左手一碟菜，右手一碗饭，双手奉上是碗汤，动作单调，没有点孩子的灵气。"这些声音道出了少儿歌唱节目表演编排中存在的难度和诸多问题。没有精心的表演编排，再好的声音、再好的作品都会大打折扣。

笔者自 1996 年从事少儿节目编排，至今已经 25 年，近年带领的"乘着歌声的翅膀"少儿演唱组在北京市各种比赛屡获大奖、在市区各种综艺晚会频频亮相。演唱组的成员，通过参与活动，歌唱表演能力快速提高。有的多次获全国少儿声乐比赛金奖，有的经常受邀参加公益短片的拍摄，有的已获中央电视台星光大道 2020 年度最佳助演奖。下面笔者根据自身编排实践经验，与大家探讨新时代少儿歌唱节目表演的方向、要求，以及编创、排练的技巧。

一、明确新时代少儿歌唱节目的表演编排方向

方向是指路明灯。当今世界经历百年之未有大变局，少年强则中国强。坚定民族自信、文化自信，传承红色基因，做时代新人，这是时代赋予中国少年儿童的责任与担当。如何用歌声培养爱国爱党爱人民的情怀，增强定力和底气，传递中国少年儿童的朝气，势必成为新时代少儿歌唱节目编导工作者研究创作的主要方向。

二、明确新时代少儿歌唱节目的表演编排要求

（一）讲好中国故事，用心诠释作品精神内核

习近平总书记号召中华文化传播者要讲好中国故事，积极传播中华文

化，阐释中国精神，展现中国风貌。优秀的表演编排会让少儿歌唱作品的精神内核熠熠生辉，能有效地提升少儿的审美素养，陶冶情操、温润心灵，激发少儿的创新创造活力。

（二）唱跳演，全方位呈现，提高作品观赏性

新时代科技高速发展，多角度拍摄、多元化传播对歌唱演员的综合能力提出新要求，唱跳演俱佳，才能势不可挡。对歌唱进行精心、精细、精准的表演编排，是观众观赏的需要，也是时代发展的需要。

（三）多层次展现，丰富舞台表现力

新时代，舞台不再只是单一的镜框平面。高新技术的运用、多机位的拍摄，高清镜头远近景随意切换，让舞台的每个角落、演员的每个表演细节都能一一呈现，为编排创新提供了无数的可能，为多层次剖析作品内容提供了有效的辅助手段，舞台表现力得到了极大程度的提升。

（四）演员本色表演，真情自然传递

文化大交流的国际形势和优越的学习环境，让新时代少年儿童眼界开阔，多才多艺，充满了奇思妙想。但他们与大自然的接触少，生活阅历不够，磨炼机会不多，对生活的认知相对浅薄。表演有深度的作品存在一定难度，因此编排中不必挖根溯源、刻意模仿，保留孩子们认知的真实感和表演的时代感，表演才真挚可信。

（五）厚积薄发，迅速成型，富有创意

新时代，祖国日新月异，人们工作生活处于快节奏。几天编排出一个节目，已是常态。迅速成型，还能富有创意，是对编导编排能力、少儿歌唱表演基本功的考验。达此目标，唯有厚积才能薄发！

三、打造新时代优秀少儿歌唱节目的表演编创技巧

（一）"两个围绕"助力编者思如泉涌

内容为作品服务，作品为主题服务。无论是比赛还是晚会，都有鲜明的主题。在少儿歌唱节目编排中，我们通常会遇到三种情况：一是主办方明确主题，编者自己选材。这种情况因为主题和作品是贴切的，编排起来比较得心应手；二是主办方选定作品，但与主题无关；三是主办方仅提供一个方向或者几句词，这是最难的。无论是哪种情况，我们都需要紧紧围绕主题、围绕作品，对表演元素进行撷取和延展。

2020 年"和满京城 奋进九州"怀柔区端午节专场文艺演出，笔者受邀

编排流行歌曲《小城谣》。从作品原词来看，这是一首描写歌者春日故城偶遇心上人的情歌，完全与端午主题无关。如何让作品贴近主题？笔者罗列出端午节民俗活动：赛龙舟、祭龙、采草药、挂艾草、打午时水、洗草药水、拜神祭祖、浸龙舟水、吃粽子、放纸龙、放纸鸢、拴五色丝线、佩香囊，等等。分析作品，归纳出与端午主题贴合的元素有：放纸鸢。可延展的元素有：看戏、相聚。可借鉴呈现的画面有：清明上河图。最后确定表演要呈现的内容：放纸鸢、柳下对弈、买粽包香囊，看戏、邂逅、归还金钗。一系列情节支撑点的确立，让一幅古代孩子们过端午节的小城画面，鲜活地展现在观众眼前。

同样是端午节，2020 年怀柔区文化遗产日的线上直播活动，笔者受邀编排童谣吟唱节目《五月初五是端阳》。主办方提供的仅仅是一首 12 句童谣。这对编者来说是个不小的挑战。

笔者首先对词进行深入的分析。确定了"做香囊、编五色丝线、挂艾草、看龙舟"成为可表演的情节。又对作品传递的思想进行延伸与扩展。笔者考虑到传承诗人屈原的爱国主义精神，最佳方式是学习他的作品！所以在"激励后人有华章"后，设计了孩子们争先恐后学习屈原作品的场景，一下子让传承有根可循。再利用背景音乐的变化，展示不同的表演画面。

开场部分借用关大洲的《桃夭》铺垫。在轻快活泼的背景音乐下，展现三幅端午习俗画。第一幅"节前准备"：台上两组孩子定点站位，一组挂艾叶，佩香囊；一组编五彩绳。唱第一段词："五月初五是端阳，门插艾，粽飘香。石榴花开红似火，龙舟竞渡喜洋洋。"第二幅"相聚祭祀"：两个男孩从舞台两侧上场，走到台中相互行拱手礼，再一起走到台前行礼，唱第二段词："五月初五是端阳，屈原投水汨罗江。诗人千古英魂在，激励后人有华章。"第三幅"赛诗会"：孩子们分别高喊屈原作品名，整列入行。

高潮部分借用詹昊晁的《端午》第二乐章"赛龙舟"。在激烈音乐背景下，孩子们一手搭肩一手划船，加快节奏高声吟唱第一、第二段词，展示的是孩子们看龙舟、划龙舟的热闹场面。

结尾部分借用《端午》第三乐章"冥想"。在舒缓悠远的音乐背景下，孩子们分组，反复吟唱第三段歌词："五月初五是端阳，文化遗产永不忘。男女老少都参与，代代相传大发扬。"展示的是端午节后，孩子们在各自家中学习传统文化的画面。

就这样，一首 12 句词，经过笔者编排变成了一个 3 分 20 秒的表演作品。词作者是一位民俗专家，他看了演出后忍不住拍手叫好。当天直播反响十分热烈。

（二）"两个服务"让歌唱更动听、让表演更自然

歌唱表演节目，歌唱是魂。表演首先要为歌唱服务。少儿兴奋点低，表演中手舞足蹈起来容易忘词，腰腹气息支持弱，不恰当的、过多的表演动作会造成他们气息不稳，音不准。曾有位家长找到笔者，说孩子要参加比赛，可有些音总唱不准。原来孩子的声乐老师给她编了大量舞蹈动作，很多动作都是提气表演。笔者将原有动作重新改编，孩子音准、气息问题得到明显改善，最终孩子在市级比赛中获得金奖。所以在动作与表演的设计上，编者一定要把歌唱放在第一位，表演设计一定要利于记忆、利于气息运作、利于歌唱的发挥。

其次，表演要为演员服务。少儿歌唱节目的表演者是少年儿童，表演设计必须符合表演者的年龄特点。例如《小城谣》本是成人歌曲，笔者将金钗落我怀的爱情故事，改成男孩拾金不昧遭同伴嘲弄的故事，更符合表演者情窦初开的年龄，孩子表演起来更真实自然，符合表演者当前的理解能力和表演水平。编排不可拔苗助长，力所能及的表演才会充满自信。

（三）"两个结合"让舞台表演层次更丰富、观赏性更强

1. 画面动静结合，展现更生动

少儿歌唱节目的动静结合，既是舞台表演的需要，也是少儿生理的需要。例如《小城谣》前奏中，上场口的石桌旁两个女孩静静对弈，下场口的石桥上三个孩子悠闲地在游园，两个放纸鸢的孩子穿场而过。接着三个女孩手晃着香囊，眼睛追逐着远去的风筝，欢快地跑到台中开始演唱。动静的巧妙结合，让小城画面充满生活的气息。

荣获北京市"我爱唱歌"少儿组二等奖的节目《地球公民》，有许多和声部分，在演唱和声时，笔者设计的是静静的倾诉，确保歌者气息的稳定、演唱的专注，以达到歌唱水平的正常发挥。

2. 队形收放结合，给予舞台张力

队形收放自如，舞台才有变化和张力。收的时候，演员的表演情绪和动作追求统一。放的时候，给每位演员最大的个性释放空间。队形的收放要根据情节需要设定。

《地球公民》的主题是呼吁人们爱护自然、保护地球。前奏在舞台上零星地点缀着 5 个孩子，忽然一声雷响，他们做出不同的惊恐状。在沉重舒缓

的音乐中，他们边唱边缓慢地走到台前。一幅幅地球遭受摧毁的画面展现在眼前，他们同声呼唤保护地球。间奏中孩子们快速围圈奔跑，内圈左手上举，寓意齐心协力托举希望。再变成两队，孩子们看到经过共同努力，家乡变得鸟语花香。第二段他们再次聚在一起，叙述家乡巨变，呼吁人们保护地球。虽然只有 5 位小演员，但因为队形的收放，加上背景屏画面的烘托，让整个作品的表演极具震撼力。

四、打造新时代优秀少儿歌唱节目的表演排练技巧

（一）游戏增加默契、游戏激发创新

"富有魔力的游戏最能激发演员的深刻体验与无限灵感。"少儿歌唱表演的主人是孩子，孩子天性爱玩游戏。

笔者排练节目，先组织孩子们玩与作品主题相关的游戏。入围北京市第 18 届群星奖的节目《宠儿》，玩"京城一日游"的游戏；环保节目《垃圾分类大家来》，玩"值守垃圾桶"的游戏。游戏让孩子们情绪放松，身心很快进入活跃状态。在游戏中，编者以观察者、引领者的身份，捕捉演员之间的默契、发现表演骨干、获取表演信息，根据观察结果，快速确定最佳表演组合。

在游戏中，孩子们表现出的创新能力远超我们的想象。很多动作和情节的设计，常因一场游戏而迸发创意的火花。

2020 怀柔区新春团拜会中，歌曲联唱《美丽的怀柔我的家》，在前期排练"春游"游戏中，一个男孩拿起相机，给同伴拍照，忽然呼啦啦所有的孩子都跑来抢拍。笔者就把这个意外事件编排到节目中，成为表演的一大亮点。笔者还把孩子们玩游戏受罚展示才艺的情节放在间奏中，让整个作品充满了童趣，让观众充分感受到新时代少年儿童的朝气活力。

《五月初五是端阳》的 7 位小演员是临时组合，互不认识，最小的 4 岁，最大的 9 岁，通过玩"包粽子""编手链"的游戏，孩子们增加了表演默契。有的孩子没有表演经验，笔者就安排有表演经验的孩子去带动。这个节目排练前后只花了 3 个小时，就完成了应达到的演出效果。

（二）故事调动情绪、故事激发灵感

美国导演朱迪丝·韦斯顿曾说过："好的指导，即可操作的指导，可以激发演员的行为，因而是主动的、动态的，而非静态的；是感官的，而非理智的；是客观的、明确的，而非主观的、概况的。"有人把孩子称为"天

生"演员，因为他们自由随意、天马行空。在多年编排的过程中，笔者发现指导孩子们达到最佳表演的方法是讲故事。用生动准确的语言描述空间、人物、情节，帮助少儿进入异想世界。

《小城谣》中，第一次齐唱，笔者给孩子们描绘的故事画面是：桥上走过来三位特别漂亮的小姑娘，桥下的人们都指着她们说："你看你看、弯弯的眉毛、粉红的脸庞、飘逸的裙子……像仙女一样，太美了。"有了内心的潜台词，孩子们演唱情绪的兴奋点一触即发。

2018 年怀柔春晚节目《读唐诗》，笔者讲述其中一个故事情节："弟弟读诗不认真，两位姐姐在旁督促……"听后孩子们迅速进入了表演状态。男孩盘腿而坐，手里拿书，一边读、一边打瞌睡，书滑落到地上，两位姐姐看到了，一边摇头叹息、一边唤醒弟弟。演出中一位姐姐突发奇想，皱着眉、用手指戳了戳弟弟的额头，弟弟帽子一下歪了，弟弟手忙脚乱地赶紧扶帽子。精彩的即兴表演为节目增加了生机与创意。

（三）巧妙选择道具、服装，为表演增色

少儿歌唱中，合理运用道具，表演会增色不少。《小城谣》中风筝、纸伞、折扇、粽子香囊、团扇、金钗道具的运用，大大提升了作品的观赏性、艺术性。

少儿歌唱表演不同于舞蹈，服装选择上既要突出舞台化，还要彰显人物性格、强化歌曲风格。多人演唱节目笔者建议选择一种元素不同款式、一种颜色不同款式或者一种款式不同颜色的服装。这样能实现个性与共性的高度统一，避免千人一面。

结论

歌为心声，歌唱的目的不仅是愉悦身心，更是启智唤众。少年儿童处于一个心理和生理飞速发展的阶段，是祖国的未来和希望。参与优秀少儿歌唱节目，对于少儿提高歌唱表演能力，提升审美和人文素养，形成正确价值观、人生观、世界观，有着重要的作用。作为少儿节目的编排者，任重而道远。

一个高品质的歌唱节目的诞生，需要前期的学习积累，中期的创新实施，更需要后期的反刍。平日我们要保持终身学习的态度，全方位提高自身综合素质，作品完成后，要多复盘多反思，分析成功与不足，这样才能在少儿歌唱编排的道路上行稳致远。

参考文献:

[1]《习近平致中国少年先锋队第八次全国代表大会的贺信》,http:∥www.gov.cn/
xinwen/2020 - 07/23/content_ 5529421. htm,访问日期:2020 年 7 月 23 日。

[2]《中共中央办公厅、国务院办公厅印发〈关于全面加强和改进新时代学校美体
育工作的意见〉和〈关于全面加强和改进新时代学校美美育工作的意见〉》,ht-
tp:∥www.gov.cn/zhengce/2020 - 10/15/content_5551609. htm,访问日期:2020
年 10 月 15 日。

[3] 张晰:《表演基础教程》,中国传媒大学出版社,2020。

[4] 朱迪丝·韦斯顿:《如何指导演员——导演的必修课》,夏明译,北京联合出版
公司,2016。

[5] 王添强、朱署明:《儿童戏剧魔法棒》,新疆青少年出版社,2016。

(作者单位:怀柔区文化馆)

根据疫情大考下群众文化活动和群众文化的观察与思考，探索后疫情时代群众文化的发展方向

楚晶晶

新冠肺炎疫情的发生激发了无数中国人勇敢拼搏的爱国主义精神，人民群众举国同心，将个人、家庭的命运同国家和民族的命运紧密相连，同呼吸、共命运，肩并肩、心连心，绘就了团结就是力量的时代画卷，极大地展现出令世人赞叹的中国力量和中国精神。

一、疫情大考下发挥群众文化活动的社会效能要素

习近平在 2020 年 9 月 8 日全国抗击新冠肺炎疫情表彰大会上发表重要讲话："伟大抗疫精神，同中华民族长期形成的特质禀赋和文化基因一脉相承，是爱国主义、集体主义、社会主义精神的传承和发展，是中国精神的生动诠释，丰富了民族精神和时代精神的内涵。我们要在全社会大力弘扬伟大抗疫精神，使之转化为全面建设社会主义现代化国家、实现中华民族伟大复兴的强大力量。"

2020 年 10 月 27 日，在经历了第二轮疫情反弹之后，北京市西城区第二文化馆紧紧围绕习近平总书记《在全国抗击新冠肺炎疫情表彰大会上的讲话》为指导思想，策划创作了一台以"同心抗疫 守护家园"为主题的文艺演出。通过音乐、舞蹈、朗诵、小品等多种文艺形式，向现场参加抗击疫情的医护工作者、社区工作者、下沉干部、志愿者等代表，以及线上所有观看文艺节目的人民群众，展示了诸多抗疫事迹，歌颂最美"逆行者"，致敬人民英雄用生命筑起的抗疫防线，将疫情无情人有情的社会正力量完美诠释。

此次活动是群文人通过组织开展群众文化活动，有效传递社会正能量的典型表现。通过身边人讲身边故事、身边人演身边人的文艺形式将辖区内广大人民群众紧密团结在一起，告诉人们在坚守各自岗位的同时要勇于担当、有所作为，要热爱家园并做到守土有责、守土担责、守土尽责，要有积合力以致胜、汇众智而成功的决心。这是充分发挥群众文化艺术特点，提高公共

文化服务效能，凝聚社会力量，引领人民群众思想觉悟的一次集中体现，也是群众文化探索发展空间的一次有效实践。

疫情大考下群众文化活动有效发挥服务效能，才能将文化的力量输送到社会形成社会力量，下面将通过此次活动总结几点要素。

（一）实效性

2020 年的新冠肺炎疫情是新中国成立以来我国遭遇的一次重大突发公共卫生事件，全国上下进入前所未有的状态。此时一方面是广大人民群众的内心呈现出紧张和不安的情绪，需要更多社会正能量的注入和安抚；另一方面国家需要人民群众坚定信心、团结一致、众志成城、同心抗疫，这就对群众的社会意识形态提出了需求。

此次活动充分体现了文化馆的社会职责，借助社会热点现象和需求，在第一时间有的放矢，策划组织开展活动，这种即时性群众文化活动的开展得到了很好的社会体验。就像是人在饥饿的时候吃到了美味大餐一样，及时满足了人民群众的社会需求和文化需求。因此，作为公共文化服务的典型代表，文化馆有责任、有义务在疫情这样的特殊历史时期，履行社会职能，组织开展群众文化活动，做好宣传教育的工作，及时做出调整，积极响应国家需求和人民需求，群众文化将会在特定的历史时期和社会环境下大放异彩。通过组织开展活动，能更好地提高文化馆的社会服务效能，形成具有一定影响力的社会效能。

（二）传统文化创新性

中华优秀传统文化注重家国情怀，这一文化现象在疫情防控斗争中得到充分体现。同时，由于疫情突发后大部分人停工停学处于居家隔离状态，这不由得再次强化了人们对于家的概念。隔离让人们有时间停下来好好陪伴家人，与亲人共同感受家的温馨和温暖，这一现象是当时广大人民群众内心的普遍感受。因此，本次活动抓住这个点，将传统文化中的家园文化与疫情防控工作相结合，经艺术加工策划将活动主题定为"同心抗疫 守护家园"。借助抗疫精神宣传家园文化的同时提高区内人民群众团结的力量，将时代精神在特定的历史条件下展现出来，有效宣传歌颂为抗击疫情作出贡献的医务工作者、人民子弟兵、社区工作者、社会志愿者等，他们舍小家为大家、勇敢抗疫的高尚品德，同中国老百姓积极配合政府居家隔离不给社会添乱，自觉形成了疫情大考下的中国精神和中国力量，演绎了新时代下中国人民群众的优秀传统道德观念。

由于这样的传统文化本身就根植于每个中国人的心中，因此借助这样的文化点更容易撬动观众内心产生共鸣，形成丰富的同情心和同理心，从而得到人民群众更多的理解和支持，坚定战胜疫情的决心。传统文化也将通过创新性转变在新时代下绽放光芒。

（三）纪实性

截至全国新冠肺炎疫情表彰大会，历时长达八个月的抗疫期间，发生了太多可歌可泣的故事，感动着每一个中国人。作为一名群文人和一位疫情大考下的受益者，我们带着深切的感激之情将文艺作品进行纪实性创编。因此，"同心抗疫 守护家园"活动通过纪实手法，将发生在身边感人至深的抗疫事迹和抗疫英雄通过不同艺术形式和表现手法展现出来，将那段付出巨大努力、艰苦卓绝的历史时刻生动再现。

活动开场舞蹈《出征》，通过紧张的音乐氛围将观众立刻带入情境当中，再现了白衣"逆行者"以疫情为令，挺身而出、迎难而上，手挽手、肩并肩筑起一道坚不可摧的生命防线，让全国人民看到病毒阴霾背后希望的曙光。这个作品通过艺术的肢体语言向医护工作者表达了深深的感激之情，同时也向观众展示了白衣天使抗击疫情所付出的巨大挑战和努力，他们克服种种困难、不畏艰险的精神。舞蹈结束之后，由抗疫电视剧主题曲《聚光》作为主持人上场音乐缓缓拉开了活动序幕，深情的音乐将现场情绪带回到另一种现实的场景，伴随着主持人的娓娓道来，与观众共同回忆疫情大考下不平凡的八个月。

情景剧《坚守》是区域内发生的真实抗疫事件，经由艺术处理加工后搬上舞台，参加表演的演员都是来自生活中真实的医务工作者，他们用自己亲身经历的真实感受，向辖区内老百姓生动地还原了疫情期间他们如何克服困难，安全度过那段不为人知的艰难时期。像这样纪实性展示发生在身边的故事，更容易使观众感同身受，热爱家园的同时增强责任感，并对身边的抗疫防疫工作多一分理解和支持。

这种通过一系列纪实性手法的运用，最大程度展现了疫情对于社会的影响，并从政治、生活、伦理、道德等方面深刻地揭示了疫情无情人有情的客观事实。

二、疫情大考下群众文化的特点

疫情暴发导致全国人民在相当长的一段时间内改变了以往的生活状态，

无论是城市居民还是乡村百姓，在长达数月的居家隔离期间除了时刻关注疫情进展的每条信息之外，突然空闲出的大量时间使人们的精神文化需求陡增，于是人们开始利用这段时间寻找各自需要的文化内容来填补精神上的需求，通过满足自我精神需求的同时进行自我再教育，这个过程其实就是群众文化的社会功能。他们通过读书、写作、画画、练书法、手工制作、唱歌、跳舞、健身、学音乐、学做美食、看电影、看电视剧等多种多样的方式来进行自我调节，满足自身精神文化需求。

同时，网络自媒体的优势也在迅猛增长的用户量中展现得淋漓尽致，人们自娱自乐，在家拍摄视频短片上传至网上共享，及时填补了精神文化交流的需求，形成了当时难得一见的场景：窗外一片萧条，网上遍地开花。再加上人们不能外出、不能聚集，因此整个社会意识形态在这一时期对于文化艺术的需求量上升到前所未有的高度。

（一）疫情大考下社会需要群众文化

在历史发展的长河中，不同历史时期对群众文化有着不同的社会需求，新冠肺炎疫情是一次历史性的重大公共卫生事件，它对社会造成的巨大影响急需群众文化的积极引领。作为公共文化服务的典型代表，群众文化也理应在这样特殊的历史时期及时履行社会职责、发挥服务效能，承担起社会公共文化的主导思想，配合政府将正确的政治思想、法规制度、社会规则第一时间宣传给百姓，用文化艺术浸润的方式温暖人民群众，使大家坚定信心，为大众提供具有国家公信力的公共文化服务，使人们得到安抚的同时提升国家公信力的形象，消除一切紧张不安的社会情绪，用科学的态度打赢抗击疫情阻击战。

（二）疫情大考下加速文化馆向数字型服务升级转型

由于疫情期间采取的一系列防疫举措，对于具有空间聚集性、人员密集性的传统文化馆服务方式提出了新的要求，公共文化服务行业应对突发事件要及时改变服务方式，这就需要传统文化馆大力推进向数字文化服务的升级转型。在此期间，全国各地区的文化馆努力开发网上数字文化服务，由于居家隔离的常态导致当时网民对于网上提供的群众文化服务需求量猛增。对于平时在数字平台基础建设做得比较好的国家公共文化云、北京数字文化馆、上海市群众艺术馆来说，这是一次质的飞跃，大大提升了公共文化服务的影响力，为全国公共文化服务行业树立了典型标杆。各文化馆也及时做出调整，紧急改变服务模式，通过增加线上直播、线上展览、线上培训等方式积极组织开展群众文化线上活动，把文化服务及时提供给群众，满足大众当时的精神文化需求。这样的方式极大地提升了公共文化在此次疫情大考下的社会公信力和影响力，给未来公共文化服务的发展奠定了重要的基石。

三、后疫情时代群众文化的发展方向

群众文化事业根本目的是满足广大人民群众的精神文化需求。在疫情期间，社会各界纷纷行动起来，用力所能及的方式鼓舞抗疫前线的英雄、与病魔斗争的人们和配合防疫的广大人民。群文人也在此时发声，用群众的声音慰藉需要的人们，以此在群众文化活动中宣传积极的思想和健康的精神，这是维护社会稳定发展的重要保障，是中国特色社会主义建设的基础。后疫情时代群众文化将加大力度宣传优良文化并发展社会主流文化，使人们在广泛共识中建立良好的社会秩序与和谐的人际关系，这是社会主义精神文明建设的重要内容，是建设文化自信的重要体现。

（一）提高应急反应能力

构建现代公共文化服务，文化馆应该具有应时之需提供各种文化服务的能力。疫情下人们的心灵需要更多慰藉，社会各方面都需要群众文化及时发声、传递正能量。作为群众文化的文化馆是从群众中来代表政府、群众发声，再回到群众中去，文化馆代表政府提供公共文化服务是具有国家公信力和社会影响力的。疫情影响了社会发展的进程，也改写了公共文化的社会地位。后疫情时代公共文化服务必须跟上公共时事变化节奏、应对社会文化需求，要有意识提升应对突发公共事件的应急宣传能力和疏导能力，要具有针对特殊时期及时调整服务预案的能力。要不断积累整合社会资源通过宣传和群众参与创作更多纪实性文艺作品，在第一时间向社会发声传递正能量，努力加速发展公共文化成为能够满足社会文化需求的主流文化，在关键时刻呈现全国人民一盘棋、一条心的中国力量。

（二）增量文化服务种类

通过此次疫情期间全社会对于精神文化需求陡增的情况，我们看到了文化馆提供的文化服务内容和种类远没能满足群众需求，群众文化服务的单一性体现出来，内容单一、服务模式单一。一方面由于文化馆本身现有的群众文化服务品类和内容单一，另一方面是目前文化馆在群众中的知晓度还是太低，这两方面因素加在一起共同削弱了公共文化服务的社会影响力。因此，在后疫情时代，我们要想让文化馆具备像图书馆、博物馆一样的代表性和吸

引力，群文人首先要进行文化服务增量来补充社会各阶层人民群众的文化需求，要像图书馆、博物馆那样具备丰富的艺术资源和服务供给，建立长期固定的培训服务机制，让更多人随时能够走进培训课堂，只有从量变到质变才能推进公共文化服务大发展；同时在内容上还要注重娱乐引导性，形式上注重全民参与性和参与便捷性，只有这样具备足够丰富多元的文化服务方式和服务内容，我们才能发挥好群众文化的社会效能，形成更广泛的社会影响力。

1. 娱乐引导性

群众文化内容的单一性主要体现在，目前广大文化馆还停留在唱歌、跳舞、音乐、美术等传统艺术领域的文化服务，虽然文化馆一直在探索专业艺术和群众文化艺术的特性和结合点，注重文化艺术培训普及工作，但就艺术形式和内容本身而言还是忽略了更多群众喜爱的自我娱乐性。疫情期间让我们发现人民群众对文化艺术需求量猛增的同时也凸显出对文化娱乐的需求量更多，现在的科技发展使大众传媒、自媒体迅速崛起，这其实都是群众娱乐需求的表现，所以，后疫情时代对公共文化服务的娱乐引导性提出了更高的要求。未来，我们要更多探索群众文化中专业艺术如何通过娱乐性更好地引导广大群众，要让群众文化在一定程度上具有流行文化的元素和特点，使群众文化更易于传播和推广，通过人们喜爱的文化娱乐形式把健康向上的文化理念思想转化成广泛的社会意识形态共识。

2. 全民参与性

疫情下那些直接参与防疫抗疫的医护人员、军队、政府、志愿者等工作人员，他们身体力行为国效力，激励着每一个中国人。更多人虽然不能直接参与抗疫任务，但是他们都希望通过各种方式发声来抒发和表达自己的心情与祈愿，这对公共文化服务的参与性提出了更多需求。虽然历史性的突发事件和特殊时期不会总有，但是后疫情时代文化馆应该扩增容量提供这样的反向服务平台，增强全民文化娱乐的同时提供各种展示自我、情绪表达的平台，建立群众情感沟通以提高群众的参与性。同时文化馆也可以通过服务平台的大数据整合群众资源，从而更好地提供文化服务，只有这样我们才能更加深入做好文化服务、团结人民群众、凝聚社会共识。

3. 参与便捷性

疫情大考下虽然一定程度上限制了文化馆开展传统服务，但另一方面也有积极影响，这其实对传统公共文化行业的新业态发展是有促进作用的。例如互联网培训，通过这次疫情我们的传统培训服务方式在改变，各文化馆相继开展了网络上的文化艺术培训学习，就连大、中、小学校也都增加了网络课程。从大的社会层面看，科技带来的新的生活方式对我们传统公共文化服务行业的改造、提升和利用都有着巨大的推动和促进作用。未来，文化馆要大力发展网络公共文化服务，提高群众参与的便捷性，只有这样才能不断地增强影响力。

结语

新冠肺炎疫情改写了我们的生活方式，也促使社会意识形态更加回关自我。表面上看是各行业开始通过开发网络服务于大众，用科技填补了人们的精神生活需求，但其背后的本质是人们对精神文化的根本需要和绝对需求，这股力量非但不会消解，还将持续下去成为后疫情时代公共文化的发展本源。未来，社会发展不免还将遇到历史大事件和特殊历史时期，文化馆人要与人民时刻在一起，见证历史的同时抓住机遇，将这股蓄势待发的力量有的放矢注入公共文化服务中，发展成为社会主流文化和新时代伟大的中国力量。

参考文献：

[1] 周爱宝主编：《群众文化基础知识》，高等教育出版社，2004。

[2] 贾乃鼎：《群众文化活动的策划与组织》，北京师范大学出版社，2013。

[3] 李宏、李国新主编：《文化馆蓝皮书：中国文化馆全民艺术普及发展报告2015—2016》，人民日报出版社，2018。

[4] 李宏、魏大威主编：《文化馆蓝皮书：新时代文化馆创新发展2017—2018》，国家图书馆出版社，2019。

（作者单位：西城区第二文化馆）

中华优秀传统文化创造性转化、创新性发展

——论京胡音乐的演变

陈婉明

　　文化是一个国家、一个民族的灵魂，是一个国家综合国力和国际竞争力的深层支撑。中国特色社会主义进入了新时代。在新时代，我们要推动中华优秀传统文化创造性转化、创新性发展，继承革命文化，发展社会主义先进文化，不忘本来、吸收外来、面向未来，更好构筑中国精神、中国价值、中国力量，为人民提供精神指引。任何一个民族现有的文化都不是凭空产生的，而是优秀传统文化的传承延续和丰厚积淀。

　　京剧就是我国优秀的传统文化，京胡作为京剧中首屈一指的主要乐器，延续至今，但已垂垂老矣。我们要让它焕发鲜活的生命力，就要通过创造性转化，按照时代特点和要求，对至今仍有借鉴价值的内涵和表现形式加以利用改造和创造，赋予其新的时代含义，激活其生命力。随着时代变迁，我国音乐事业的迅猛发展，京胡音乐的表现方式也随之今非昔比，渐渐地由单纯伴奏的角色，逐步发展成为音乐舞台上的主要角色之一，由原先只能在京剧演出中奏传统曲牌到如今可以在音乐舞台上独自表演京胡器乐曲。它蕴藏着巨大的艺术潜能和音乐魅力，从它发展的这条道路来看，有许多值得我们借鉴和研究的东西。先让我们粗略地了解一下传统的京胡曲牌：曲牌就是曲的调子的名称。京胡曲牌绝大部分是从昆曲中笛子或唢呐曲牌移植过来的，如"小开门""万年欢"等，另外也有一些是来自民间的丝竹乐曲，还有一些是从梆子戏过场音乐学来的。它通过多年在京剧舞台上的实践磨合，已经形成一种别具一格的韵味，具有古雅潇洒的旋法、明快铿锵的节奏。

　　京胡器乐曲是近些年来随着京胡演奏不断发展、民族音乐不断创新、社会文化不断前进而出现的一种新的称呼。"器乐曲"顾名思义就是由乐器演奏的音乐。它同"曲牌"的意思其实在本质上没有太大的不同，应该说只是称呼的名称不一样了。但我们如果将传统曲牌和当今的器乐曲同时做一下比较的话，不难看出从形式到一些细节有了很大的区别。这主要表现在

"传统"与"当今"两词上时代的变迁，时间的演变让两者之间有了不甚相同的地方。

一、结构形式的演变

（一）表现形式的多样化

传统的京胡曲牌在以往的使用中只处于附属地位，因而它的表现形式也相对于当今京胡器乐曲简陋许多。传统京胡曲牌的演奏只是由二胡、月琴、三弦、阮一些小型民族乐器便可以完成演奏，并且达到所要表现的效果。但当今的京胡器乐曲完全不同。它为充分表达所要表现的思想内容，借助了其他乐器并与之合作。为达到音乐立体化，当今京胡器乐曲大多采用大型或中型乐队衬托京胡这一主奏乐器，其中包括与交响乐队合作的京胡交响协奏曲，与现代电声乐队合作的京胡轻音乐、京胡爵士乐等。传统京胡曲牌和京胡器乐曲的表现方式上是不同的：传统的京胡曲牌是在侧幕旁的幕后表演；而当今的京胡器乐曲基本上是以"主角"的位置展示在台前，它以主角的姿态屹立在音乐舞台上，有了新的生命力，使传统的京胡乐器进一步展示了它独有的魅力。首先，京胡器乐曲作为一种艺术形式可以用音乐会的方式出现在各大舞台，可以作为戏曲晚会的开幕曲；其次，京胡乐曲还可以作为电视剧的背景音乐，如电视剧《大宅门》和电影《英雄郑成功》中的音乐；再次，在当今的流行歌曲中也出现了京胡的演奏，如《唱脸谱》《真美的诗》；最后，一些改编的小曲如《紫竹调》，整体效果非常好，当然这并不能称之为京胡器乐曲，但如果从广义上理解，这也算是京胡音乐的一点另类体现。

（二）传统曲牌结构变化

在传统京胡曲牌诞生的年代，它几乎只用于京剧中扫院、更衣、梳妆、设宴、祭奠、行路等一些情节。在剧中只起到衔接、赶场、附属的作用，或者说只是一种音效的作用，并没有任何过高的要求。随着时代的发展，对京剧曲牌的需求更高，结构上也有了很大的变化。

传统曲牌的篇幅基本上普遍较短，全曲演奏一遍时间不是很长，因此对它们的运用通常是无限反复的。传统曲牌收头很多，很灵活，通常都是根据剧情的需要，临时决定在什么地方结束。如果按曲式来分析，这也只能算是一段体的重复演奏，或叫作单一板式的重复，如《哭黄天》《八板》等；也有旋律稍长一些的曲牌，例如《夜深沉》《哪吒令》等，使用时只是从头到尾演奏一遍，整首曲牌结构的变化不是很大，只是通过速度的变化形成旋律上的起伏，并没有形成多板式、多段式的结构。当今京胡器乐曲在曲式结构方面有了很大的改进，尤其是大型协奏曲。音乐构思是整体的，结构划分也非常清晰。如《虞美人》组曲，它根据楚汉相争的历史故事，将整体组曲大体分为六个乐章，在每个乐章中按旋律的需要，严格划分了不同的乐段（或叫板式），结构十分严紧，第五乐章《夜深沉》曲式结构就非常明显，在这段音乐中作曲家大胆地把单一的板式发展成由行板、小快板、快板、垛板、急板等多种板式组成的大型乐曲，这种曲式结构的发展可以更加清晰地表现乐曲所要抒发的感情，丰富乐曲的可听性。

（三）演奏形式的变化

民乐中《夜深沉》的初次尝试——《剑舞》

《剑舞》是一支民族古典乐曲，由许讲德女士根据京剧曲牌《夜深沉》记录改编，体现了我国特有的京剧音乐，使《夜深沉》融入民族乐曲之中，并被选作全国二胡考级作品集的曲目。《剑舞》作为第一支京剧风格的民族乐曲，虽然篇幅不长，但足以看出京剧音乐的魅力，使人们更加了解京剧音乐。为了更加符合民乐的感觉，原曲被稍微加以改动。原有的京剧风格并没有改变，只是由于器乐的不同演奏出不同的效果：乐器材质的不同、制作的不同、音色的不同、弓法技巧运用的不同，会给人们不同的音乐感觉，《剑舞》的出现只是一次小小的尝试。随着时代发展的需要，京胡器乐曲的风格也更加多样化，如京胡协奏曲、京胡轻音乐，京胡与大提琴二重奏、京胡独奏曲，等等。京胡乐曲多种风格的出现，逐渐形成了演奏家们在概念理解上的不同，如《恋》是一首京胡轻音乐，这首乐曲中的京胡音色非常华丽，猛地一听有些像小提琴，但又不失京胡本身的特色。加上电子音乐的铺占和后期的混响制作，演奏出来的效果非常动听，声音不超前，音质不粗糙，但仍保留粗犷写意色彩。这些音色的变化更加符合现代音响拾音技术，更加适合与其他音乐相融合，从而体现出音乐整体的层次感。通过现代音响的处理，京胡的音色比以前更宽、更柔和，在与其他乐器的配合中也更多了一些"含蓄、高贵"的色彩。

二、交响乐民族乐的尝试

（一）交响乐的运用

京剧音乐的创新是适应时代的创新，有一段时间它采取了许多传统程序，既是历史文化的沉积又是艺术探索中的停顿。如何改革创新成为戏曲音乐发展的一把钥匙。因此，在那个时代样板戏出现了，这就是戏曲音乐与交响乐结合。交响乐介入戏曲音乐丰富和加强了音乐的表现力，是土洋结合的突破性尝试，可以说戏曲交响乐是戏曲音乐的一个品种，也是交响乐家族中的一个新成员。

随着一些现代戏的复演，戏曲交响乐再次出现，在一些剧目如《智取威虎山》《杜鹃山》等演出时，都有大型交响乐伴奏。这种伴奏形式给观众带来了欣喜，烘托了演出气氛。在某些场次和唱段上，有锦上添花的感觉，如《智取威虎山》中"打虎上山""滑雪"两场，《红灯记》中"刑场斗争"一场等，有无交响乐伴奏效果是不一样的。

京胡交响乐《三国志》的出现，使京胡器乐曲有了进一步的发展、创新，作曲家吴厚元先生在创作中，对调性转变的运用有新的突破，打破了京胡传统把位的概念，大胆运用西洋作曲法，在一乐段连续不停演奏的情况下，不间断地进行乐句乐节的移调转调，使乐曲异常具有立体感。由于旋律发展进行中不停地转调，致使演奏家也很难再以传统的京胡演奏概念去完成，取而代之的是概念转变——固定调演奏。随着京胡乐曲的发展，它更加音乐化、自我化。

（二）民族乐的运用

京胡组曲《虞美人》中的《夜深沉》，由最初在传统曲牌上稍加改动，发展为重新编著，从小小的尝试逐渐演变成真正的民乐器乐曲。以张素英演奏的《虞美人》中的第五乐章《夜深沉》为代表，进入了以传统曲牌结构为外形的纯创作领域。作曲家吴华先生为表现虞姬的飘逸舞姿、情深意切及舞剑时的英姿飒爽、无所畏惧的精神而创作。吴华先生在传统曲牌的基础上，运用现代作曲手法，旋律一气呵成，极其流畅。乐曲层层递进、声声入耳，似飞瀑之下，一泻千里，多种情感充分释放。

《夜深沉》开始由大鼓引奏采用4/4节拍，旋律变化不大，作曲家运用扩展手法，为配器留出空间，使管弦乐队更有用武之地，也更好地流露出情感，使听者更能体会乐曲的内在含义。行板曲调略带忧愁，中板极富舞蹈性，中板表现了虞姬外柔内刚的个性、心潮起伏的情态。通过变奏手法将中间部分演奏两遍，这两遍对比极为强烈。尤其第二遍速度较之快一些，再一遍反复速度更快，通过这一遍反复与快板部分很好地衔接。快板即"华彩"段，由京胡独自演奏，用极快的速度，将虞姬绝妙的剑法以音乐的方式展现给世人，达到了意到笔不到之境界。在乐曲即将结束之际，速度突慢而后经过二把的高音结束。整曲对演奏者的技巧弓法均有特别的要求。技巧上，一指的回滑基本要求用小回滑；指法上，中板内"3"的使用尽可能地用里弦三指，这使乐曲更具民族音乐风格；弓法上，快板开始几小节和中间几小节每板的第一个音要求推弓精准有力。在技巧、弓法、指法上，当今京剧演奏者的演奏要逐步精细，既要保有京剧的特色，又要吸收其他器乐技巧、弓法、指法的精华之处。在继承传统特色的同时进一步和国际接轨，这些现象正是概念理解不同所随之产生的，就好比传统京胡曲牌是"戏曲的音乐"，而当今京胡器乐则是"音乐的戏曲"。

总之，在 21 世纪的今天，京胡京剧音乐走向舞台，走到舞台的中央，全方位展示给观众，呈现出新颖、别致的音乐风貌：要更具时代感、突出乐曲的内容；要达到优美、动听，吸引观众的目的，充分吸收传统曲牌的优美之处，并加以全新的思维体现，发挥民族的特色，结合当今的需求；要更加音乐化，更富自我个性。伴随京胡京剧音乐新旧的结合创造性转化，要继承传统，吸收外来文化的优点，才能使京胡这个独特艺术形式创新性发展。为了中国民族音乐的腾飞，为了优秀传统文化的繁荣兴盛，我们应该坚定不移地走向充满希望的明天！

参考文献：

[1] 冯智：《戏曲音乐的时代性》，《剑南文学》2010 年第 3 期。

[2] 童桦：《谈黄梅戏音乐的创新与发展》，《黄梅戏艺术》2003 年第 3 期。

（作者单位：东城区第一文化馆）

以非遗文化特色旅游为例，浅谈传统文化的
创造性转化和创新性发展

任　畅

　　为坚持习近平总书记新时代中国特色社会主义指导思想，对标文化强国建设目标，全面贯彻党的十九大和十九届二中、三中、四中、五中全会精神，以推动高质量发展为主题，以改革创新为动力，以社会主义核心价值观为引领，以满足人民文化需求和增强人民精神力量为着力点，提供优秀文化产品和优质旅游产品，各地文化馆作为依托载体，要将文化建设摆在突出位置，主动承担起优秀传统文化的保护传承与公共文化服务社会化的责任。

　　中华优秀传统文化是中华文明成果根本的创造力，是中华民族的精神核心和精神纽带，是民族历史发展长河中文化思想、道德观念、精神文明的总和。党的十九大将"加强文物保护利用和文化遗产保护传承"作为坚定文化自信的一个部分写进报告中。

　　习近平在 2014 年 3 月 27 日联合国教科文组织总部的演讲中提到"没有文明的继承和发展，没有文化的弘扬和繁荣，就没有中国梦的实现"。只有保护和传承好文化遗产，才能让中华民族薪火相传。在当下，我们不仅应该认识到优秀传统文化有着深刻的历史性和民族性，更应该挖掘其蕴含的时代性，通过对优秀传统文化进行创造性转化和创新性发展，取其精华，为人民日益增长的美好文化生活需求服务。

　　实现中华优秀传统文化的创造性转化和创新性发展，需要进行不断深入的理论探究和实践创造，核心问题在如何利用已有资源并挖掘其时代性。基于一个地区优秀传统文化开发特色文化旅游，是建设文化强国、推动传统文化传播的重要途径。在提倡文化自信的新时代语境下，文化旅游成为人们的热门选择，旅游开发与传统文化的创造创新相结合，在对传统文化进行深入挖掘和开发的基础上，探索文化资源的保护新形式，为传统文化注入新鲜活力，同时带动地区经济发展，取得倍优的宣传效果。

一、打造非遗文化特色旅游的意义

习近平在 2014 年 9 月 24 日"纪念孔子诞辰 2565 周年"国际学术研讨会上的讲话中提到"优秀传统文化是一个国家、一个民族传承和发展的根本，如果丢掉了，就割断了精神命脉"。习近平常常在考察中点赞那些植根于人民群众朴素劳动、传承守护至今的非物质文化遗产项目。

众多优秀传统文化及其作为载体的文化旅游项目，在人民的生活中占据重要地位。文化积淀深厚的中华大地，为我们留下了众多历史文化遗产，申遗成功的文化遗产，更是瑰宝中的明珠，需要重点传承和保护。在这片我们热爱的厚土上，有着众多非物质文化遗产代表性项目，仅北京市西城区就有208 项之多，其类别涵盖了民间文学、传统音乐、传统舞蹈、传统戏剧、曲艺、传统体育、游艺与杂技、传统美术、传统技艺、传统医药、民俗等。所有的非遗文化都是劳动人民创造的智慧结晶，是世代传承下来的珍贵遗产，体现着中华优秀传统文化的特征。同时，非遗文化又以自己独特的方式在滋养着、反哺着世世代代在这片土地上繁衍生息的人民，非遗文化不仅提升了城市文化品位，提升了城市魅力，更促进了经济发展。非遗文化参与了一方水土从古至今的历史演变，目睹了自然万物的变化，见证了朝代的更迭，是地区历史文化研究中的丰富宝藏。把非遗文化元素融入旅游产业，以产业促文化，以文化兴产业，二产乃至多产融合，共兴共荣。

二、北京非遗文化旅游的开发基础

非遗文化产业与旅游、体育、健康等多产融合，有利于促进非物质文化遗产保护与旅游开发的互动趋势，通过对非物质文化遗产的保护和开发来推动旅游产业的发展，再通过旅游开发所获取的收入来实现对非物质文化遗产的有效保护，从而实现两种产业的良性互动。通过发展文化旅游产业，可以加强公众对非物质文化遗产重要地位及价值的认识，传承遗产文明，进而提高保护意识；发展非遗文化旅游、建设非遗文化展示厅等可以向广大游客展示优秀的非遗文化，同时能够丰富旅游活动内容，又加强了游客对于非物质文化遗产的认知和喜爱，并产生一定的经济社会效益，助推非物质文化遗产传承与保护工作在新时代拥有新模式、走向新辉煌。

（一）自然地理区位卓越

北京优越的自然地理区位有目共睹，是非遗文化旅游开发的基础条件。

北京历史悠久，文化灿烂，是首批国家历史文化名城、中国四大古都之一和世界上拥有世界文化遗产数最多的城市，3000 多年的建城史孕育了故宫、天坛、八达岭长城、颐和园等众多名胜古迹，是世界的旅游胜地。站在世界文明和中华文明发展的历史与现实的交汇点上，北京自然成为绵延不断中华优秀传统文化璀璨文明的顶峰。

（二）历史文化积淀丰富

北京丰富的历史文化积淀，是非遗文化生成的重要基础。早在 70 万年前，北京周口店地区就出现了原始人部落"北京人"。公元前 1045 年，北京成为蓟、燕等诸侯国的都城。公元 938 年以来，北京先后成为辽陪都、金中都、元大都、明清国都、中华民国北洋政府首都，1949 年 10 月 1 日成为中华人民共和国首都。2019 年 1 月 11 日，北京市级行政中心正式迁入北京城市副中心。北京无疑成为历史文化星空中最耀眼的那一颗。

（三）非物质文化遗产众多

"京城百花夺目开，风送天香入舞台。文艺东方光万丈，非遗传承聚英才。"得天独厚的优越地理位置和深厚的历史文化积淀是北京非物质文化遗产众多的自然和人文基础，爱国、创新、包容、厚德的首都非遗人，心怀家国，一代代以毕生的守候默默传承着祖先的文化血脉，在文化大繁荣、大发展的今天造就了非遗项目和传承人物的活跃。京彩瓷博物馆、戴月轩总店、三石斋风筝店、北京琴书非物质文化遗产传承基地、采砂工艺黄小群大师工作室、荣宝斋、六必居，个个都能抓牢游人的眼球，让人流连忘返。口技传承人张遂、北京雕漆代表性传承人马宁、曹氏风筝代表性传承人刘宾以及北京鬃人代表性项目传承人白霖，等等，人人都能展示一手中外游客瞠目结舌的绝活，道出一段鲜为人知的传承故事。每一个非遗人都是北京历史的参与者、创造者，每一个非遗项目都是北京精神的见证。这些非遗项目构筑成一幅中国历史、景观、风俗、民情的大型诗卷，在中华历史长河中迸发着耀眼的光芒。

三、非遗文化的保护与旅游开发路径

北京地理位置优越，旅游景观大气磅礴与精致典雅共存，人文资源底蕴深厚，吸引无数游人驻足于此。非遗文化作为炎黄子孙对于古老东方文化的思想凝练，是推介北京的又一重要线索和闪亮名片，也是阐释中国精神、讲好华夏文明故事的最佳切入点。

(一) 开发设想

要想把非物质文化资源真正转化为适应旅游市场的、具有强大吸引力的热销文化旅游产品，需要文化、旅游、体育、健康等多产融合，同时加大宣传力度，加快各类软硬件建设步伐，做好各景区、商店、社区、厂家配套协调工作，共同服务于北京非物质文化旅游发展的核心主题。

北京各类非物质文化遗产数量可观，点位分散，然而大多数游客由于旅行时间所限，很难全部游览；不同年龄、不同职业、不同受教育程度、不同社会阶层游客的游览兴趣点也有差别。为了最大限度、有针对性地覆盖各类游客，"北京非遗文化游"基于不同群体的需求，设计多元定位和宣传方式。在空间设计上，主要包括创建"非物质文化遗产展览中心""景区非物质文化展览厅"（各大景点）和"非物质文化遗产 DIY 体验吧"（商店、社区、学校、火车站、邮局等）。在时间分布上，针对学生寒暑假可以设计非遗体验 DIY 夏令营（冬令营），针对普通游客可以设计非遗展览中心普通游和针对某项感兴趣的非遗项目深度游，等等。

1. 非物质文化遗产展览中心

非物质文化遗产展览中心是集非物质文化遗产项目展览、DIY 体验、非遗文化网络直播平台、线上线下购物、便民服务于一体的综合性展览馆。该馆将打通以非物质文化遗产为主题开发出的系列文化产品的流通渠道，打造游、玩、吃、购新模式，满足人民日益增长的对美好文化生活需求。

该馆分为实体馆和网络直播厅两个部分。实体馆采取分区模式，可分阶段建设：第一阶段建设北京馆，馆内按东城、西城、朝阳、丰台、石景山、海淀等区分布，分别展示各区重点非遗项目；第二阶段建设各省展览馆，待时机成熟一并入住；如有可能，第三期建设世界馆，将世界各地申遗项目请进北京，以供游客体验世界多元文化。展示采取声光电、音像结合等现代手段，为游客介绍非遗项目的历史与今朝。展馆免费向大众开放，网上预约。DIY 体验项目售票，每次可以任选三个非遗项目进行现场体验，如内画、京剧脸谱绘画、漆雕、风筝制作、陶艺制作等。每一个展位中都带有专属二维码，扫码可以了解该非遗项目文化，连接后续深度游的地址，如陶艺展位后可连接京彩瓷博物馆，提供讲解、博物馆简介、地理位置、咨询电话等。网络直播厅拥有现代化的高端直播设备和专业网播员，每天定点邀请非遗传承人普及非遗文化，讲解非遗故事，介绍非遗产品。

2. 景区非物质文化遗产一条街

景区非物质文化遗产一条街是指利用景区游客众多的优势，结合非物质文化遗产宣传与体验项目，采用统一 LOGO 的非遗文化一条街、非遗文化售卖点等灵活多样形式设置的非遗文化体验站，使游客在参观及 DIY 体验中了解非遗项目，提升文化素养，满足精神需求。在自身参与制作的同时，还可以购买非遗文化伴手礼带给亲朋，可有效扩大景区的知名度、影响力。在设计体验项目时，要努力还原非遗情境，创造非遗场景原始体验形式，设立网红打卡点，实现古老的非遗文化和现场游客的情感共鸣，逐渐使体验非遗文化成为当今年轻人的时尚，生活的下午茶，进而实现当季赏美景、淡季品非遗，实现旅游时间的进一步延伸。在完善一般旅游产品的基础上，还要充分发掘非遗独特的优势，精耕细分市场与内容，打造属于每一个景点的特色产品。如陶艺上色时，可以把该景区的 LOGO 印画在作品上，使景点原有文化与非遗项目有机融合，以文化为景区赋能，以景区为文化添翼。

3. 非物质文化遗产 DIY 体验吧

非物质文化遗产 DIY 体验吧是非遗文化走进社区、走进百姓的一个项目。地点可设在商店、社区、学校、火车站、邮局等许多场所。DIY 体验吧采用无人岗亭的形式，岗亭可设在室内、室外。岗亭内有耳麦，有音像播放设备，可以用选择数字按钮的方式全程观看了解自己所喜爱的非遗项目的制作（演出）过程，任何位置可重复多次播放。对于相声、口技之类的可以一句一句跟着学，对于感兴趣的项目可以像饮料售卖机一样扫码后一点按钮，就可以花钱选购制作材料，跟着大师一步一步学习制作过程，这对于非遗爱好者，尤其是青少年传承中华瑰宝可起到积极的引导作用。

此项目还可以以政府购买服务的公益形式普及到农村留守儿童，使其免费学习、快乐体验。对于城市困难家庭等弱势群体，通过集中学习，引导建立扶贫微工厂（微车间），使广大困境群体制作的产品回流到旅游景点进行售卖，以解决困境家庭的生计问题。DIY 吧的设计延展了非遗文化体验的时间长度，广大群众可以感受 24 小时不间断的文化大餐。这一形式运作成功后可以普及到全国各地，届时，非遗文化与城市文化完美融合，非遗文化将成为人们文化生活的重要组成部分，非遗文化保护难题自然迎刃而解。

（二）开发准备

虽然北京拥有非遗文化得天独厚的多张王牌，但是打造非遗特色文化旅游绝不能止步于"有好牌"，而更要考虑如何"打好牌"，基于长远目标，形成科学战略，实现北京的非遗文旅产品的精准打造和推介。

1. 科学的顶层设计

要重视顶层设计，重视非遗文化文旅结合过程中的每一个环节、每个重要当量，包括各级领导的重视、国家政策的倾斜、项目资金的支持、知名企业的参与、县区政府的行动、非遗类别的选择、商业项目的开发、文旅产业的拉动、各级媒体的宣传，等等。凡此种种，单靠非遗人自身的努力是很难达到理想效果的。需要多方协作、各司其职，以政府之力促进多产融合，以市场之手推动一体发展，以非遗之名铸就华夏匠心。

2. 非遗的产品转化

非遗文化是否可以转化为非遗产品，关键在于人才梯队的构建、产业链条的形成。破解非遗人才紧缺的难题要从细节抓起，要有产业支撑。人才问题可采用"传承人+徒弟+志愿者+大学生+爱好者"模式逐步建立各梯队人才库。在顶层设计的基础上，确立可行性项目，以政府适当投入的商业运作模式尽快发展起来。商业模式的运用可以解放非遗传承人的手脑，让他们不用为生计发愁、不用在商场打拼，专心致志做好专业的事。对非遗传承人可以以技术入股的形式参与企业分红，传承人带领团队静心研发文创产品，同时，带徒弟、带队伍，搞培训，培训合格的学员，持证上岗，分派到各景点、各厂区工作。另外，鼓励全国各大高校相关专业（如美术专业）毕业生入职培训，以专业知识助力非遗项目可持续发展。在产品研发上，可分层次研发，一方面研发大众需要的可大批量生产的机器型产品，如伴手礼等；另一方面研发颇具匠心的手工制品（文艺作品、体育项目等），手手相传，接续非遗命脉，守护中华瑰宝。

3. 精准的媒体活动

要重视融媒体互动，实现多平台联动。主流媒体重点亮相，同时与知名网络合作进行数字内容开发，实时在线互动；借助微信平台准确定位到个人，实现精准投放；与抖音、快手等新媒体和受年轻人欢迎的各类网站在运营层面达成合作，依据不同媒体特质投放不同内容，精心设计和挖掘独具特色的、符合新媒体传播需要的、适应时代和百姓需求的、生动活泼的非遗宣传视频和内容；适时邀请网络达人推介非遗产品，扩大非遗在全国及世界的知名度和影响力。打造有轰动效应的文化活动也是扩大非遗知名度的有效手段，借助爆点活动与前期宣传推介形成联动效应，实现对非遗的直抵人心的推广。一方面，可以举办高端文化论坛，或者举办系列文化活动，吸引文化大家参与其中，增强非遗在文化界、学术界的影响力；另一方面，考虑突破次元壁，承办时代性和大众化的文化活动，让广大群众在活动体验中升华对非遗文化的情感、对文化自信的坚守、对华夏文明的敬仰。

四、结论

中华优秀传统文化源远流长，在创新中拥有了强大生命力，在开放包容中拥有了宏大气象。非物质文化遗产凝聚着中华民族深层次的文化基因，是人类生命的记忆，是人类创造力的精神源泉，是人类智慧的结晶，是人类永恒的精神家园。保护非物质化遗产，保持民族文化的传承，是连接民族情感纽带，增进民族团结和维护世界文化多样性和创造性，促进人类共同发展的前提。立足当下，非遗文化与旅游产业相结合，坚持新发展理念，满足人民文化需求和增强人民精神力量的同时，促进内需，推动文化和旅游工作开创新局面。通过发展非遗文化特色旅游，弘扬文化自信，挖掘传统文化的时代价值，二者相辅相成，为传统文化的创造性转化和创新性发展提供新思路。

参考文献：

[1] 习近平：《习近平谈治国理政》（第 2 卷），外文出版社，2017。

[2] 习近平：《决胜全面建成小康社会夺取新时代中国特色社会主义伟大胜利》，人民出版社，2017。

[3] 庞朴：《中国传统文化精神》，辽宁人民出版社，1995。

[4] 鞠忠美：《中华传统文化创造性转化创新性发展实现机制研究》，硕士学位论文，山东大学，2018。

[5] 李海晶：《习近平的传统文化观研究》，硕士学位论文，南昌大学，2016。

[6] 周密、吴忠军：《文化自信视域下传统文化旅游开发路径研究——以桂林"东漓古村"为例》，《武汉商学院学报》2020 年第 3 期。

[7] 徐光木、江畅：《习近平总书记对中华优秀传统文化的创造性转化和创新性发展》，《思想理论教育》2019 年第 2 期。

[8] 马琪：《基于中国传统文化视域下旅游业的发展探究》，《北京印刷学院学报》2019 年第 1 期。

（作者单位：西城区第二文化馆）

关于京韵大鼓（少白派）传承与保护的思考

王春梅

2020 年，石景山区非物质文化遗产保护项目京韵大鼓（少白派）成功入选北京市级非物质文化遗产保护名录。京韵大鼓是北京民间说唱艺术中的一个主要曲种，形成于清末民初，主要流行于北京、天津地区。京韵大鼓少白派是 20 世纪 20 年代，由鼓曲艺术家白凤岩编创，其胞弟白凤鸣演唱的京韵大鼓流派。

一、京韵大鼓（少白派）的历史渊源

京韵大鼓是从河北省河间府的木板大鼓演变而来的。木板大鼓在北京地区流传至少有 200 多年。木板大鼓用河北方音演唱，19 世纪后半叶，艺人们对木板大鼓的唱腔旋律、唱法、板式伴奏等进行了改革，把原用河北语音演唱改用北京语音演唱，并广泛吸收京剧唱腔及北京流行的民间曲调创制了新腔，在木板大鼓原有伴奏乐器三弦的基础上增加了四胡和琵琶，唱型也从长篇说唱大书变为短篇曲目。在改革演出中，进入了混称时期，在天津称"卫调"，其他有"小口"大鼓、"时派""文明""文武""京音""京调""改良"等不同称谓十余个，到民国三十五年（1946 年）北京成立曲艺公会后，正式统一名称为"京韵大鼓"。

民国以后，鼓书表演在北京的茶社异常红火。1917 年，18 岁的白凤岩为当年正在鼎盛时期的刘宝全演唱的京韵大鼓（时称文明大鼓）用三弦伴奏。二人合作了近 10 年，可谓珠联璧合，世称"双绝"。白凤岩在长期的伴奏中掌握了刘宝全的唱词、唱腔、唱法与表演精粹。1926 年，由于白凤岩与刘宝全在演出中发生分歧而不再合作，白凤岩利用 3 年时间，专心钻研、改革创新京韵大鼓，教会了胞弟白凤鸣演唱。1929 年，白氏兄弟到天津演出，以曲目新、音乐唱腔新、演员新"三新"一炮打响。白凤岩的伴奏，得到了"指震环球"的赞誉。当时有"刘"（刘宝全）、"白"（白云鹏）、"张"（张小轩）三大流派，为区别白（云鹏）派，而称"少白派"。

白奉霖，第二代传承人。是京韵大鼓（少白派）白凤岩、白凤鸣的五胞弟。其 7 岁随父兄学唱京韵大鼓，学弹三弦；13 岁登台演唱。1951 年，31 岁的白奉霖参加了中国人民解放军，后在北京军区战友文工团（位于北京市石景山区）任曲艺教员、弦师和创作员。他打破了京韵大鼓（少白派）家族式传承的规矩，在部队举办曲艺训练班，为部队培训了很多曲艺人才。1986 年退休后，白奉霖将少白派的艺术成果原貌、完整地以文论和曲谱形式编著出版了《单弦音乐欣赏漫谈》《京韵梅花大鼓词》《鼓曲四大派》等。他还担任过《中国曲艺音乐集成·北京卷》副主编和《中国曲艺志·北京卷》编委会顾问。这些专著的出版使京韵大鼓（少白派）这一宝贵的非物质文化遗产得以永久保存，实现了文献传承。

二、京韵大鼓（少白派）的艺术特点

京韵大鼓（少白派）的演唱形式与京韵大鼓相同，均为一人站唱，同时自击鼓打板掌握节奏。主要伴奏乐器为大三弦、四胡和琵琶，有时佐以低胡。京韵大鼓唱词的基本句式是 7 字句，有的加入了嵌字、衬字及垛句，每篇唱词约 145 句左右。用韵以北京十三辙为准，一个唱段大都一韵到底。少白派能够成为京韵大鼓的一个流派，主要具备以下四个方面的艺术特点：

一是具有自己的曲目。少白派除了承师亲传的全部刘派段子并对其进行了少白派风格的革新以外，还有白凤岩积累多年演出经验的改革成果，专门根据白凤鸣的嗓音和艺术风格改编创作的。少白派的《斩华雄》是由白凤岩整理唱词，设计唱腔，白凤鸣首演，其中说白段落大加删改，在念白的口风上吸取了京剧道白和评书说表的方法，"摘星换斗"的刀法、斩华雄时的表演均吸收了京剧的动作并加以融合。京津著名演员所唱《斩华雄》都学的是少白派。经过白凤岩改编创作的曲目还有《战岱州》《击鼓骂曹》《七星灯》《哭祖庙》等 10 多段，这些新曲目对于传统京韵大鼓的唱腔有新的发展。

二是具有新的音乐唱腔。白凤岩根据白凤鸣嗓音较宽、较低的特点，吸收借鉴了白云鹏的演唱艺术，创造了苍凉悲壮的新腔。新腔采用暂短"宫徵移调"的手法，旋律在上、下属音为中心的临时转调中交替运行，增强了唱腔的色彩对比。这种"宫徵移调"的新腔多用在每番结尾的甩腔处。此时的唱腔，在中低音区萦绕，婉转起伏，舒展流畅。少白派唱腔的另一个亮点，是对"楼上楼"格式鼓词的音乐处理。所谓楼上楼，是鼓词下句的同韵连叠的句式。此型句式，一般也用在每番之末的甩腔之前，其特色是对收束的重复式强调。听来如环环紧扣、步步推升和层层登高。

三是具有个人风格的伴奏。京韵大鼓的唱腔变化了，过门音乐也要变，除了在伴奏中采用暂短"宫徵移调"外，还能根据唱段内容，把新的音乐素材用到京韵大鼓中，而且运用得合情合理，没有生搬硬套的痕迹。他吸收的东西十分广泛，甚至包括外国音乐的旋律片段和节奏。

四是能够流传。少白派的创新，为京韵大鼓声腔拓宽了道路，给鼓坛留下了一批新风格的精品曲目。至今，仍有少白派传人在舞台上演出。少白派创编了《斩华雄》《击鼓骂曹》《马失前蹄》《七星灯》等 20 余首作品。少白派除了自己独有的 16 段曲目以外，白凤鸣作为刘宝全的入室弟子，承袭了刘派的全部曲目，但在演出时，将刘派的曲目有的改成了适合于自己发挥的少白派风格。

三、京韵大鼓（少白派）艺术价值和社会价值

（一）艺术价值

京韵大鼓（少白派）唱腔优美，色彩对比强，婉转起伏，舒展流畅，给人以美的享受。鼓曲的词文名目繁多，俗中致雅，颇受欣赏回味，具有较高的艺术性和深刻的思想性。对研究我国社会文明史、社会发展史、民俗文化史和音乐发展史都是较为珍贵的资料。

（二）社会价值

鼓曲艺术是中华民族优秀文化精粹。鼓曲艺术源于生活，植根于神州大地的沃土，和广大人民同呼吸共命运，京韵大鼓（少白派）作为鼓曲艺术中具有鲜明特色的品种之一，社会价值显著。旧时，由于没有过多的娱乐活动，艺人们的表演多为走街串巷、赶庙会、堂会等形式，京韵大鼓（少白派）在满足百姓精神生活的同时，传承了民间艺术。现在京韵大鼓（少白派）的演员仍活跃在舞台上，使这支民间艺术的奇葩绽放光芒，在满足人们文化艺术需求的同时，传承着民族艺术。

四、京韵大鼓（少白派）的存续状态及原因分析

白慧谦（白奉霖之子），第三代传承人，区级代表性传承人，现年 74 岁。他自幼随大伯父白凤岩学习弹三弦，13 岁考入中国广播说唱团之后又跟父亲学习三弦演奏方法。白慧谦从艺 40 年，掌握了京韵大鼓、梅花大鼓、西河大鼓等曲种形式的伴奏方法，特别对于京韵大鼓（少白派）的伴奏技

巧掌握纯熟。白慧谦表演的曲艺节目多次在全国比赛中获奖。20 世纪 80 年代，帮助父亲白奉霖完成了京韵大鼓（少白派）十几段音配像的录制任务，留下宝贵的艺术资料。几十年来，还培养了一些三弦演奏人员，如空政文工团的郭铁成、陈柏涛、许平等人。2016 年，正式收康祥为徒。

陈秀敏，第三代传承人，区级代表性传承人，现年 61 岁。1978 年，跟随白奉霖学习，1979 年入伍到北京军区战友文工团曲艺队后，开始学唱京韵大鼓（少白派）的曲目。她的嗓音明亮，吐字清晰，台风潇洒，经过多年学习，能够演唱很多少白派的传统曲目，如《七星灯》等。在部队期间演唱创作了新曲目并多次获奖，《曲坛盛会平顶山》荣获中国曲艺最高奖——牡丹奖。

自 2009 年开始，白慧谦（京韵大鼓三弦伴奏）、陈秀敏（京韵大鼓演唱），每年参加石景山区举办的文化遗产日宣传活动。如 2014 年参加石景山区文化馆举办的"鼓韵传情"京韵大鼓（少白派）传承人白奉霖收徒拜师两周年专场演出纪念活动；2018 年参加在石景山区五里坨民俗陈列馆举办的"鼓韵传情"京津冀非遗文化交流活动暨京韵大鼓（少白派）与天津、河北非遗曲艺类交流研讨、展演等，通过传承人参加石景山区举办的各类演出交流，对项目的传承起到积极的宣传、推广作用。

2017 年至 2019 年，传承人白慧谦和陈秀敏到北京戏曲艺术职业学院，石景山区鲁谷街道和昌平区天通苑小学、回龙观第二小学等地开展传承授艺和培训辅导活动。通过培训，学员对京韵大鼓这一艺术形式有了进一步了解，激发了他们学习传统文化的热情。

京韵大鼓（少白派）第三代传承人还有王玉兰、关键、志淑燕、李岩等，这些传承人在演唱的同时，均可根据主题进行京韵大鼓唱词创作和唱腔设计。他们在不同地点、不同时间，孜孜不倦地传承少白派的技艺，使更多爱好者了解、喜爱、学习京韵大鼓，弘扬了中国传统文化。

传承人通过演出、展演和培训等方式宣传、传承京韵大鼓（少白派），使更多社区群众了解喜爱这一传统艺术形式。但随着社会的发展，人们娱乐方式的改变，曲艺这一艺术形式的传承也存在很多困难。

一是说唱形式不景气。自 20 世纪 70 年代，在西方文化的冲击和文化市场的激烈竞争中，鼓曲逐渐衰退。不但呈现出断代危机，而且面临人亡艺消，已到了再不抢救和保护恐怕将失传的境地。现在，只有北京的老舍茶馆还有京韵大鼓演出，而且每场演唱也只有十几分钟。但演唱一个完整的京韵大鼓曲目一般要 20 分钟，所以只能演唱一些片段。

二是传承困难。没有专门的培训机构。学习京韵大鼓演唱和伴奏必须从小学起，学起来很苦又枯燥，所以学的人很少。

五、京韵大鼓（少白派）传承与保护的措施建议

为了让更多群众了解和喜爱京韵大鼓（少白派）这一传统艺术形式，使中华民族优秀文化精粹得到更好的保护和发展，石景山区文化馆作为项目的保护单位，在今后的工作中应采取的措施有：

（一）加大宣传力度，培养曲艺爱好者群体

恢复排演京韵大鼓（少白派）传统经典曲目，并加强文艺作品的创作，创作一些富有时代性、艺术性，传播中国传统文化的优秀文艺作品，走进社区、走进学校开展宣传推广活动。充分利用石景山区文化馆、石景山区非遗中心优越的硬件条件，继续凸显项目特色，打造如专场演出、艺术交流研讨等品牌活动。组织专门人员，收集整理少白派传承、发展史料，包括文字、影像、实物，建立档案，研究其发展历程，为后人留下珍贵资料，把少白派出版的代表性书籍和实物如百年老鼓等在石景山区非遗中心展厅中进行展示，培训志愿者随时为参观人员进行讲解，播放少白派经典曲目，让更多人了解京韵大鼓（少白派）这一优秀传统文化形式，培养曲艺爱好者群体。

（二）提供培训演出机会，加强传承人培养

加强传承人的培养，包括京韵大鼓演唱者和伴奏的弦师及其乐队、词作者及唱腔设计者等，为传承人提供更多的培训、演出和宣传机会，如参加遗产日的宣传活动，参加艺术节展演等。选派文化馆具有一定音乐基础的人员向传承人学习，学习京韵大鼓（少白派）的经典曲目，培养伴奏的弦师等，走捷径培养传承人。选派区级传承人白慧谦、陈秀敏定期到学校传承京韵大鼓（少白派）的经典唱段，遇到擅长学习京韵大鼓的好苗子重点培养，培养更多的京韵大鼓（少白派）传承人，使这一优秀传承文化项目发扬光大。

参考文献：

[1] 白奉霖：《京韵梅花大鼓词》，开明出版社，2003。

[2] 白奉霖：《鼓曲四大派》，新华出版社，2006。

（作者单位：石景山区文化馆）

三等奖

关于公共文化云资料库建设及宣传的几点思考

陈艳玲　吕萧良

一、提出资源库建设理由或想法

（一）文化馆肩负的责任和使命

文化馆肩负着宣传我们党的路线、方针、政策及其政治纪律法规的历史使命。文化馆定期组织全体工作人员辅导基层群众、团体，进行各类优秀的文艺创作，定期组织和举办各类优秀的文艺作品展览，并开展文艺培训和讲座活动，同时在群众活动中普及中国传统文化以及相关文艺知识。

文化馆是区域性群众文化活动中心，同样也有着环境面貌改善、社区氛围营造，以及逐渐提升社会精神文明水平的重要职责。随着社会发展，人们物质生活水平不断提高，在此基础上，群众还有高质量的精神需求。文化馆的工作，就应围绕着人民群众提升精神文明水平的需求来展开。

（二）中国的文化艺术源远流长，群众的精神文明于传承中得以提升

艺术是传承的，一代代民众继承优秀的文化，在继承中发扬，在此基础上再创新。艺术比其他任何媒体都更能产生社会影响。艺术总是试图用微妙的方式把人们聚集在一起，纵然每个人或许都秉持着不同的观点，但他们一如既往地会因为艺术相聚在一起。艺术是一种表达和暗示的形式，它能发出一种"召唤"，引导人意识到周围社会的美好。艺术对社会的进步起着巨大的作用。在历史上，不同时期的艺术运动改变了人们的观念；在空间上，不同区域的艺术形式也构成了人们交流的桥梁。当前，艺术如何联系群众，是存在一定困难的，尤其是缺少供群众共享的、完善的资料库。

由于资金缺乏以及对已有资源的浪费，目前几乎没有一个完善的且较为专业的中国艺术文化信息资料库。有些零碎的艺术网页也只是散落在各个角落，良莠不齐。很多时候根本找不到急需又完善的数字资源。

群众无法获取专业有效的相关知识，就会导致和艺术之间的纽带变得

薄弱。艺术对于群众的影响、对于社会的塑造，将会由于缺失有效的工具而难以维系；艺术对于时代的影响，区域之间的艺术交流，将会失去有效的方式。一旦艺术走向断代和孤立，它对于社会的教化功能，对于群众日常生活的补偿价值，也将丧失。等到这个时候再恢复，无异于亡羊补牢，需要耗费更多的时间和资本。

（三）国家建立公共文化云库基础设施的建议

为便于各个领域的需求者探索更多艺术文化，国家应该建立共享资源文化库。

在建立过程中，必然会存在以下的问题：第一，资金紧缺；第二，技术手段不足以支撑。针对这种情况：首先，可以分等级收取相关费用。例如，级别可以分为普通用户和高级用户，费用不同，也会有不同的画质与之对应。其次，公共文化云库最终是面向各个领域的不同需求的，那么在建设过程中，应提倡由各个领域的人才进行合作建设。这不仅可以确保人才资源得到充分利用，也可以在建设初期，帮助该云库得到更全面的建设，以应对不同领域的不同需求。

二、资料库的设计假想

（一）资料库的主页面设计

资料库是为各个年龄阶段、各行各业的人提供观赏或学习的资源。数据库的版块设计十分重要。以卢浮宫官网为例：卢浮宫的网络浏览可供四种语言的选择，也为不同的群体开设相应的版块。例如针对孩子们的版块，对艺术感兴趣的孩子们可以在庞大的数据库当中寻求到他们渴望的知识，那些晦涩难懂的文字介绍被制作成了一个个有趣的故事小视频，为孩子们准备了有关画作和艺术史的内容。极大程度上提升了孩子们对艺术的兴趣，发挥了极佳的教化作用。除此之外，对于特殊情况不能开馆参观，以及那些无法参观博物馆或无法扩展参观范围的人，卢浮宫官网也提供了丰富的内容：游客可以在网站上的虚拟导览进行观赏，虽然无法置身其中，但是展品都近在眼前。足不出户，就可以畅游在艺术的海洋之中。这些是值得我们借鉴、学习的，如果资料库版块设计清晰，群众不仅查找方便，而且会因欣赏到美丽的艺术而赏心悦目。

（二）在线的数字资源浏览

中国传统艺术源远流长，所涵盖的艺术种类众多。基于以上特点，在线的数字资源浏览可以有以下形式。

其一，按照时序进行展览。从原始社会开始，如陶器的展示、青铜器的展示。以陶器为例，不同研究者可以根据陶器造型、绘画等不同方面，完成"陶器"的一则"简介"。不仅如此，针对"陶器"这一工艺品的介绍，还可以同全国各区域开采出的不同陶器进行跨空间的链接。当用户在了解陶器时，同时能够了解不同区域的陶器开采和区域的历史背景。以此类推，每一个时期的代表作家及其作品的展示，都可以以这样的形式展开。打破时间和空间的束缚，给用户一种身临其境的体验。

其二，划分群体进行展览。群体的划分形式多种多样，可以按照年龄层进行划分，也可以按照需求进行划分，还可以进行二者之间的交叉检索。这样能够方便用户在检索的时候，快速、精准找到适合自己的版块，以获取相关信息。

其三，数字库的形式。其实我国已经有不少品质优良的数据库，如故宫博物院的线上展馆，可以在地图上随意点击自己所想要前往的区域，能够直观地看到该区域的外形，同时对于区域内的展馆也能有一个详细的了解，包括展馆的历史以及展馆内的收藏，等等。在此基础上，我们的资料库还可以有更为有创意并且紧跟热点的形式。比如近期的三星堆开采工作，可以以专题的形式实时更新，并且利用现有的科技，诸如直播平台，完成实时进展的速报。

总之，在线数据库浏览的形式多样，也会在数据媒体的发展中拥有更多的方式。

三、资料库建成后的普及宣传工作

（一）宣传工作的安排建议

资料库建成后，必将面临普及宣传的工作。如何确保民众了解到资料库，并学会使用资料库，是我们在工作中需要解决的问题。关于宣传工作的安排，笔者有以下几点建议。

第一，成立专门的普及宣传小组，负责资料库普及宣传工作的具体安排。小组需要制定具体的宣传方案，由小组成员共同提出，并在组内通过之后进行落实。宣传方案的设计必须按照以下标准评定：首先，要定时，即将普及宣传工作进行阶段性的划分，并确保每一个阶段的完成时间。其次，要定量，要保证每阶段的普及宣传工作有具体精准的数量，比如，第一阶段完成时间一个月，确保 500 人能够加入资料库的使用当中。之后，要完成检核，每一阶段工作完成后，需要对上一阶段的结果进行检核。最后，要随时调整。根据不同阶段的检核结果，随时完成对于原有计划的检核和完善。

第二，要针对不同人群制定不同的宣传方案。文化馆一向都承担了向群众、团体普及教育的工作和责任，将资料库的普及和推广融入文化馆日常的活动当中，可以确保文化馆的资料库有一个固定的使用群体。同时，也可以让文化馆走进校园，从小学到高中，再到各个高等院校，确保学校的学生能够成为使用资料库占比最多的人群。同时，也可以和全国各地的文化馆、文化中心进行合作，将资料库的使用以北京为核心，逐渐扩展到全国各地。

(二) 明确宣传工作的重点

在宣传普及工作中，要明确工作的重点。资料库的建设和推广，是为了给广大人民群众建立一个更好的学习平台。我们在宣传普及的时候，一定要围绕这一核心，避免本末倒置。

在宣传普及活动中，依然以现有的宣传普及工作为主体，在现有的工作中，引入资料库的使用作为可视化的工具，在宣传普及中强化群众对于资料库的印象，并时刻穿插资料库的使用教学。在这样的宣传过程中，群众不仅收获了他们所感兴趣的知识，同时也了解到了资料库这样的检索、学习工具。在进行自学和自我提升之时，良好的用户体验可以让他们成为资料库的忠实用户。

当然，在宣传普及的过程中，还需要围绕用户体验及时对资料库的运行进行调整。既要关注到群众对于知识获取的需求，又要确保用户体验，以上两点，应该被视为宣传普及工作的重点。

(三) 加强与媒体的沟通和衔接

大数据时代，要灵活运用各种各样的媒体。现在社会中的媒体大抵可以分为以下几类：第一，以报纸、电视等作为主体的传统媒体；第二，以各种社交平台作为主体的新媒体；第三，以个人内容为导向的自媒体。我们需要针对不同的媒体平台，给出不同的推广方案，确保宣传普及工作能有条不紊地完成。

对于以报纸、电视作为主体的传统媒体，考虑到其基本受众，应该以较为严肃的、科普的方式进行稿件的撰写和视频的拍摄，确保传统媒体的受众可以接收到资料库的信息，并且投入使用。

对于以各种社交平台作为主体的新媒体，应该采取相对灵活的方式进行沟通和合作。在这方面比较成功的案例有《博物》杂志的推广，其主编利用诙谐幽默的笔触解答网友们对于各种博物学范畴内的困惑，不仅完成了科普，也推广了杂志。目前各社交平台上虽然也有一些与艺术相关问题的科普，但不够专业，也缺乏一定的权威性，资料库的推广可以采取这样的形式。

对于以个人内容为导向的自媒体，合作的方式可以更为灵活。可以同时与多个自媒体博主合作，也可以和一位自媒体博主合作。确保这一部分的受众也能获得资料库的讯息。

总之，关于资料库的推广，和媒体合作是十分重要的，但是所有合作依然要基于前文所谈到的两个中心：用户对于知识获取的渠道和用户的使用体验。

（四）加强与文化部门的协调，并认识到宣传工作的重要性

资料库建成之后，宣传普及工作绝非凭一己之力可以完成，需要多方合作。首先确保的应该是和北京当地的文化部门进行合作，确保资料库在北京得以投入使用。其次应该加强与各地方文化部门的合作，确保资料库的使用可以辐射到更多地区的不同群体，以期达到真正的跨地区合作。

同时，在资料库发展普及较好的情况下，还可以与国外一些知名的博物馆进行合作。帮助国内外用户在一个更为多元的文化语境下，了解到世界的多样性。这样的举措，也能够从根本上树立文化自信，并达到反文化霸权主义的目的。

让我们中国的艺术走进世界，也让世界的艺术走进中国，这也应该是资料库建设的意义之一。

资料库的建成和普及绝非一日之功，但可以造万代之福。资料库对于艺术资料的保存价值是不可预估的，并且对于艺术资料的保存也不仅仅止于"保存"。资料库在保存中展示，在展示中学习，在学习中确保与群众生活紧密相连。这才是它可以最大限度发挥功能的地方。

（作者单位：西城区第一文化馆）

文化馆联合其他艺术单位开展全民艺术普及活动的探析

马海晶

全民艺术普及是最近几年文化馆行业工作中的高频词语。尤其是伴随着文化馆数字化服务进程，文化馆于互联网、手机客户端、微信公众号等线上平台开展的文化艺术知识讲座、培训，推出的文化艺术常识短视频等，更是推动全民艺术普及一词在公众视野中的高频亮相。

全民艺术普及第一次出现在与文化馆相关的国家文件中，是 2015 年中共中央办公厅、国务院办公厅印发的《关于加快构建现代化公共文化服务体系的意见》："四、加强公共文化产品和服务供给。（十五）活跃群众文化生活……积极开展全民艺术普及、全民健身、全民科普和群众性法治文化活动。"[①] 从此，全民艺术普及成为为国家文化事业中的专有名词，也成为现代公共文化服务体系建设的一项任务。就在前不久，2021 年 3 月 8 日，文化和旅游部、国家发改委、财政部出台《关于推动公共文化服务高质量发展的意见》[②]，其中不仅多次提到全民艺术普及，还将"做大做强全民艺术普及品牌"作为"主要任务"之一，单独列出。可见全民艺术普及已经成为当前及未来一段时间文化馆开展公共文化服务的重要方向。

如果要解释全民艺术普及，最直接的释义就是艺术在全体人民中的普遍推广。文化馆作为国家群众文化事业的主体单位，从诞生之日起就肩负了文化艺术在群众中普及推广的责任与使命。而今文化馆作为现代公共文化服务体系的重要建设者、重要构成，更要担当起与现代公共文化服务体系相适应，与新时代文化艺术发展格局相配套的全民艺术普及工作的责任与使命。无论是现代公共文化服务体系，还是新时代文化艺术发展格局，文化馆都是

---

① 《2015 年中共中央办公厅、国务院办公厅〈关于加快构建现代化公共文化服务体系的意见〉》，《首都公共文化》2015 年第 33 期。

② 《三部委联合印发〈关于推动公共文化服务高质量发展的意见〉》，http：//www.dengzhou.gov.cn/dzswhgdxj/xwdt/webinfo/2021/03/1611538287886855.htm，访问日期：2021 年 3 月 24 日。

其中一员。除文化馆以外，还有不同类型的文化艺术单位开展与全民艺术普及相关的工作。各类型文化艺术单位之间不是竞争关系，而是以全民艺术普及为共同社会责任、共同事业目标的"队友"关系。文化馆应开阔视野，提高站位，关注其他文化艺术单位的工作特色，以做大做强全民艺术普及为目标，创新思路，谋求合作，才能不负使命，有所作为。

一、文化馆开展全民艺术普及活动的情况分析

文化馆的常规工作主要有：组织开展群众性文艺演出、展览、交流等文化活动，对群众开展文化艺术培训辅导，组织、辅导、开展群众文艺创作，开展群众文化政策、理论研究，为政府购买的文化服务提供配送保障，组织开展文化志愿者工作，部分文化馆承担本地非物质文化遗产保护工作等。而这些日常工作的目的就是让全体人民有机会接触文艺，参与文艺活动，也就是为了实现艺术在全体人民中的普遍推广，即全民艺术普及。

江苏省文化馆馆长戴珩老师在《全民艺术普及：文化馆的责任与使命》一文中指出："文化馆开展全民艺术普及需要做好以下几个方面工作：一是开展全民艺术知识的普及。二是开展全民艺术欣赏的普及。三是开展全民艺术精品的普及。四是开展全民艺术技能的普及。五是开展全民艺术活动的普及。"这五大类是从艺术传播角度，归纳了全民艺术普及的方向。其中一个方面涵盖了一项或者几项文化馆的日常工作，如全民艺术知识的普及涵盖了文化馆辅导培训工作；全民艺术欣赏的普及涵盖了文化馆培训辅导、文艺演出、展览、交流等工作；全民艺术精品的普及涵盖了群众文化创作、演出、政府购买文化服务的配送等工作。总之，文化馆的日常工作基本可以覆盖这五方面全民艺术普及工作。

文化馆开展全民艺术普及的优势是：活动纯公益，贴近群众需求；不足是：受众年以老年人为主，受众数量有限。

二、其他艺术单位开展全民艺术普及活动的情况分析

（一）各类艺术院团、剧场剧院开展全民艺术普及的情况

各类艺术院团、剧场剧院主要通过文艺作品的创作、演出开展全民艺术普及。艺术院团的商业演出、政府订单式惠民演出、走基层惠民演出都具有艺术普及效力。艺术院团推出的艺术精品是满足人民群众对高水平艺术作品体验需求的主体。近年来，艺术院团、剧场剧院也通过线上平台举办公益讲

座、制作投放艺术知识视频，扩大艺术普及范围。艺术院团、剧场剧院全民艺术普及工作的优势是提供高水平的艺术作品，不足是普及范围有限。

（二）艺术类院校开展全民艺术普及的情况

艺术类院校承担着为社会培养艺术人才的责任。从事全民艺术普及活动的人员大部分都是通过艺术院校培养出来的。但培养艺术人才不是直接的全民艺术普及活动。目前艺术院校开展的全民艺术普及活动是校外艺术水平考级（简称考级）、社会艺术赛事及高校社会力量参与小学美育发展工作（简称高参小）。尤其是近年来开展的线上考级使得考级更为便捷、参与度更高，进一步提升了高校参与全民艺术普及的效力。但参与考级的人多为青少年，青少年的家长在陪考过程中也可以接触一定艺术知识，但老年人对考级的参与度较低。"高参小"工作对艺术普及影响力也是限于青少年及家长。因此艺术类院校全民艺术普及工作的优点是对青少年艺术普及的影响力大，更具规范性、标准性；不足是对老年群体的覆盖率低。

（三）社会艺术培训机构参与全民艺术普及的情况

社会艺术培训机构是艺术行业市场经济发展的必然产物，是社会艺术需求在经济生活领域的自然生成。近年来发展迅速，覆盖面广泛，线下从大城市到小城镇都有覆盖。在大城市里，艺术培训机构几乎已经能与居民社区共生，有社区的地方就有艺术培训机构。线上平台更是灵活便捷，不受时间、地点限制，随时随地可以实现开课学习。社会艺术培训机构对全民各年龄层次都有覆盖，针对青少年、中年、老年的培训项目都有，且实施个性化服务，小班教学、一对一教学、私人定制，颇受群众青睐。

尽管社会艺术培训机构具有经济属性，但它本质上推动了艺术在全民中的普及。尤其是青少年艺术培训对全民艺术普及的影响力不容低估。目前，青少年校外学习艺术的比例极高，尤其在城市、城镇地区。孩子是中国家庭文化的核心，孩子学习艺术，家长也能够通过陪伴、监督孩子学习接触到艺术。更有部分具有一定实力的艺术培训机构为了宣传推广，邀请艺术家、艺术教育家制作优质公益艺术讲座视频，供全民免费使用。也有部分培训机构热心公益，主动向社会提供免费艺术培训项目或是参加公益文化活动。社会艺术培训机构对全民艺术普及的积极作用主要体现在实现了普及的广泛性和个性化。其不足是从业人员艺术水平良莠不齐，普及成果的展示空间有限，质量难以评定。另外，对偏远地区、偏远乡村艺术普及覆盖不足。

三、开掘文化馆联合其他艺术单位开展全民艺术普及活动的思路

通过分析文化馆及其他艺术单位参与全民艺术普及的情况，可以看出不同单位有自己的工作特色，对全民艺术普及的贡献不同，各有各的优势，也各有各的不足。如果不同单位之间能够谋求合作，借助别人的优势补自己的短板，以自己的优势为别人搭平台，很可能增大增强全民艺术普及的成效。文化馆谋划与其他单位合作开展全民艺术普及项目，有时可以借助区域文化工作的大局顺势而为、水到渠成，有时则需要调整视角，开掘新思路。

比如，文化馆利用剧场承办政府向文艺院团购买的惠民文艺演出。这也是合作开展全民艺术普及的一种形式。文化馆借助区域文化的项目，达成与其他单位的合作。这种合作使文化馆为文艺院团文艺精品的全民艺术普及搭建向基层延伸的平台，文艺院团也为文化馆全民艺术普及提供了文艺精品。

文化馆创新全民艺术普及的活动，不妨可以考虑"锦上添花"的思路，即在其他单位全民艺术普及优势工作及突出成果的基础上，为其注入文化馆的优势资源，补其短板，强强联合、强强累加，形成覆盖人群广、普及成效大的全民艺术普及品牌。

在权衡其他单位工作机制和艺术普及成果后，笔者认为文化馆可考虑谋求与社会艺术培训机构的合作，在社会艺术培训机构全民艺术普及成果的基础上，注入文化馆的阵地资源、平台资源，使社会艺术培训机构全民艺术普及的效力进一步提升。原因是：现阶段社会艺术培训机构是全民艺术普及的主力，其数量、普及覆盖面、影响力都超过其他单位。社会艺术培训机构拥有大量的艺术人才。每年艺术专业的高校毕业生少量进入艺术院团、艺术院校、文化馆、中小学、少年宫等单位工作，大部分进入社会艺术培训领域从事艺术教育工作，且部分社会艺术培训机构还邀请到艺术院团、艺术院校等单位的艺术人才开展活动。文化馆已有与艺术院团的合作项目。而艺术院校的全民艺术普及项目专业性强、自成体系，与文化馆合作的空间有限。

近日文化和旅游部、国家发改委、财政部出台的《关于推动公共文化服务高质量发展的意见》中指出："鼓励各地以文化馆为主导，联合社会艺术培训机构，组建全民艺术普及联盟，搭建推广平台。"①可见国家文化管

---

① 《三部委联合印发〈关于推动公共文化服务高质量发展的意见〉》，http：//www. dengzhou. gov. cn/dzswhgdxj/xwdt/webinfo/2021/03/1611538287886855. htm，访问日期：2021 年 3 月 24 日。

理部门也关注到文化馆与社会艺术培训机构联合开展全民艺术普及的方向。笔者认为以文化馆为主导，联合社会艺术培训机构，开展全民艺术普及活动，可从以下几个方面入手。

（一） 以文化馆为阵地举办社会艺术培训机构艺术普及成果的展示活动

社会艺术培训机构全民艺术普及的覆盖面大、数量大，但普及的艺术水平缺乏检验，普及的成果缺少展示空间。目前，对社会艺术培训成果的检验途径主要有艺术院校、院团、文艺家协会开设的艺术考级和部分评奖、展演活动。考级在一定程度上能够检验受教育者的水平，但也不能完全反映实际情况。一部分艺术是舞台展示的艺术，一部分艺术是静态展示的艺术。考级的评定氛围，尤其是线上考级的评定氛围与舞台展示和静态展示存在区别。而部分评奖、展演、展览活动虽有一定的舞台或静态展示氛围，但只能覆盖到少数优秀的受教育者。且一部分社会评奖、展演活动属商业运营活动，需要收取一定费用，也将一部分社会艺术培训机构和受教育者挡在门外。因此，大部分受教育者的艺术普及成果缺乏艺术展示环节的锻炼与检验。

文化馆可结合自身群众文化活动特色，利用阵地优势，分级分层为社会艺术培训机构及受教育者提供艺术展示交流的平台，提升受教育者对艺术的理解和认知水平，同时也丰富了文化馆的群众文化活动，达到合力提升全民艺术普及水平的效果。

具体来说，在文化馆总分馆体系下，可由街乡镇、社区文化活动站联合社区范围内艺术培训机构开展定期性社区演出、展览等展示活动；由市、区、县文化馆组织区域艺术培训机构开展主题性艺术展示活动；由省级文化馆组织开展年度性汇演、汇展、评比赛事等活动。

（二） 文化馆吸纳社会艺术培训机构的优秀人才参与馆办群众文化活动

群众文化活动艺术人才不足，参与者年龄偏大是文化馆的老、大、难问题。而社会艺术培训机构汇集了大批青年艺术人才，恰好可以弥补文化馆的短板。同时，社会艺术培训机构的青年艺术人才又存在艺术教学经验丰富，艺术实践经验较少，即展示机会较少的短板。长期缺乏艺术实践，也会制约艺术教学水平的提升。而文化馆的演出、创作等群众文化活动恰好可以为社会艺术培训机构的教师提供提升自身艺术水平的机会。

文化馆与社会艺术培训机构建立合作机制，吸纳社会艺术培训机构的优秀人才参与馆办群众文化活动，既解决了群众文化活动青年人才不足的问题，又为社会艺术培训机构人才提供了提升业务能力的平台。双方互补短板，可以进一步提升全民艺术普及的水平。

笔者在文化志愿者管理工作中，曾经与社会艺术培训机构开展合作，吸纳机构教师加入文化志愿者队伍，就近为残疾人提供文化志愿服务，得到了艺术培训机构和教师的大力支持。通过工作实践，可以看出社会艺术培训机构对参与文化馆活动有一定热情，只要文化馆和社会艺术培训机构以全民艺术普及为担当，创新合作思路、创新合作方式，必将构建起全民艺术普及联盟。

结语

全民艺术普及已成为国家公共文化服务的重要任务。每一个具有全民艺术普及责任的文化单位都应该肩负起自己的使命，更应该开阔视野、打破体制界限，寻求相互合作，优势互补、强强联合。文化馆应该做出表率，也应该以此为契机，通过建立全民艺术普及合作机制、联盟形式，带动文化馆的创新发展，同时为提升全民艺术普及的广度、深度、强度，作出更大贡献。

参考文献：

［1］《2015 年中共中央办公厅、国务院办公厅〈关于加快构建现代化公共文化服务体系的意见〉》，《首都公共文化》2015 年第 33 期。

［2］《三部委联合印发〈关于推动公共文化服务高质量发展的意见〉》，http：// www. dengzhou. gov. cn/dzswhgdxj/xwdt/webinfo/2021/03/1611538287886855. htm，访问日期：2021 年 3 月 24 日。

［3］戴珩：《全民艺术普及：文化馆的责任与使命》，http：//www. jsswhg. com/whzx/ list－14/104. html，访问日期：2020 年 11 月 9 日。

（作者单位：丰台区文化馆）

浅析艺术与当下

贾珊花

　　我认为艺术并不只是生活的调剂、可有可无装饰性的东西，尤其是对群众影响广泛的大众艺术。"乐"在古代是一个集诗词歌舞于一体的综合艺术形式，《乐记》中，乐"可以善民心，其感人深，其移风易俗"。苏珊·朗格也认为："假如一代年轻人在情感的怯懦和混乱中成长起来，社会学家则会从经济状态和家庭关系中寻找这可悲可叹的'人性的弱点'之来由，而不是关注败坏的艺术那无孔不入的影响，败坏的艺术让平庸的心智浸泡在肤浅的感伤主义中，从而破坏了真实感受的萌芽的可能性。"[①] 从中可以看出，好的艺术对人有强大的教化作用，反之"败坏的艺术"对人有强大负面作用，正如人们经常说的靡靡之音可以消靡人的精神一样，群众生活在什么样的艺术环境中是一个严肃的命题。艺术不只是对年轻人，对所有人都有着重大而深刻的影响，情感是生命的本质属性，就像装东西需要口袋一样，情感的组织也需要特殊的口袋"形式"，没有形式的情感是支离破碎的。艺术的本质是承载情感的符号，也就是说艺术为情感赋予了形式。

　　在中华民族复兴的伟大时代，艺术创作首先必须有高度的时代责任感，要扣准时代的脉搏，其次是必须要遵循艺术的规律，口号式、标准化、套路化的东西是苍白的无力的，不能感染人，也不能打动人。一个伟大时代一定会有这个时代伟大的民族情感，也必然会有与它相应的、独特的艺术形式，如在汉赋汉隶、唐诗唐楷中可以分明感受到汉魂与唐魄，那犯我大汉虽远必诛的强汉，那豪迈奔放、雄浑大气的盛唐仿佛历历在目。艺术之所以能够深深穿透个体生命，正是它为人们赋予了情感形式——生命的形式、感受的形式、活动的形式、痛苦的形式、欢愉的形式、自我的形式——借此我们理解了这些实在，人们会从优秀的艺术作品中获得深度的理性满足感，因为它一次又一次澄清并构造着人们的直觉，从而给人以深刻的启示；而庸俗低下和

[①] 苏珊·朗格：《感受与形式》，高艳萍译，江苏人民出版社，2013，第418页。

不成功的艺术则给人以颓废和混乱。所以，为广大群众创作优秀的艺术作品有重大的现实意义。

伟大的艺术作品会被视为整个民族的精神成果和伟大宣言，是对这个民族"内在生命"的直观呈现。创作于 1939 年春的组曲《黄河大合唱》从陕北公学大礼堂很快唱响全国，成为抗日歌曲的主旋律和时代最强音。像话剧《白毛女》、芭蕾舞剧《红色娘子军》、歌曲《一条大河》等优秀作品都是时代的印记，尤其是周恩来总理亲自领导、指挥、导演、策划的著名音乐舞蹈史诗《东方红》堪称经典。这部音乐舞蹈史诗的政治性、历史性已毋庸置疑了，我认为给其政治性、历史性插上翅膀，影响几代人的正是它的艺术性，感人至深而又清晰有力的艺术性使得《东方红》中的大量词曲、大量舞蹈传承至今不衰，无数艺术家通过他们的作品滋养着广大群众的心灵。从《东方红》中也不得不佩服周恩来总理高超的艺术造诣，看到有些艺术家单从政治角度增添一些内容时，他果断进行了取舍，最后《东方红》以其隽永的艺术手法激情澎湃、恢宏壮美、大气磅礴地勾勒出了中国革命斗争的艰苦卓绝与辉煌伟大的历程，这部巨作感人至深，让人至今难以忘怀，是那个时代中国人民风貌的鲜明体现，极大地激励了全国人民的奋斗精神，如春风滋养着人们的心灵，如号角激励着人们前行，如灯塔指明着前进的方向。

当下，在一个网红搔首弄姿、轻色情弥漫的年代，出现《影》这一暴力"美学"影片也不足为怪，影片充满了冷血、杀戮、扭曲、阴暗、诡异、变态的气息，也只能通过各种电影特技的炫耀来掩饰其艺术的贫乏了。舞蹈《千手观音》是一部广受欢迎且影响很大的作品，但人们对其是否是原创有些许不同意见。我认为这一定不能算是抄袭，其实是一个继承性的创新。确实在《丝路花雨》等剧作中是有"千手"的基本样式，而新作更多是利用这个时代特有的条件放大与丰富了原作的表现手法，虽然对舞蹈的"基本幻象"没有大的创新，但对舞蹈的"次级幻象"有大量的原创，从而让人耳目一新，使原作得到极大的丰满和升华，变得美轮美奂，成为一个全新的舞蹈精品。"基本幻象总是决定'实质'，决定艺术品的真正性质，但是次级幻象的可能存在赋予其丰富性和弹性以及创造的广阔自由。"① 单纯的"手"舞是无法产生非凡的艺术效果的，技巧只是创作表现的手段而已，艺术创作最直接的效果就是有别于现实的"他性"——幻象的效果。观音又

---

① 苏珊·朗格：《感受与形式》，高艳萍译，江苏人民出版社，2013，第 126 页。

称观世音，在中国文化中横跨佛、道，是一个显赫的存在，尤其千手观音又以救苦救难法力无边而著称，《千手观音》之前的许多"观音"形象已很准确地找到承载千手观音文化情感的形式，所以丰富它才会激发出强大的艺术表达力，"'有生气'的形式是所有优秀艺术作品中最确定的产品"。[①]

艺术创作，首先是要找到需要表达的真情实感，其次更重要的是找到表达这种情感的形式。艺术不可能是一个虚假的、可以拼凑的"技术活儿"，"艺术虽然具有高度明晰的表现力，却是一个不可分割的符号；它不是合成物"[②]。艺术不是对现实的简单复写，也不是古希腊所谓对自然的模仿，它是对人类生活得出客观见解的重要路径，是人类直觉对客观实在的发现，是名副其实的发现，当我们发现音乐的形式、舞蹈的形式、戏剧的形式、诗词的形式……一直进入形式的王国，就会发现这些形式具有相当的普遍性，是一种不折不扣的客观性。"基本幻象是虚幻形式的基底；它包含在虚幻形式的萌生中。"[③] 比如音乐艺术的基本幻象是时间的幻象，雕塑艺术的基本幻象是空间的幻象，舞蹈艺术的基本幻象是力的幻象，诗的基本幻象是生活的幻象，戏剧的基本幻象是虚幻历史的幻象，等等。艺术幻象通过艺术符号而具体化，从而"被感受的生命"变得可以被理解了，所以优秀的艺术是优美而深刻的情感符号，不仅可以洗礼人的心灵，还可以激发人的精神、升华人的情感，反之则会污染人的精神。

在当下的群众艺术生活中，广场舞是一个很突出的现象，广场舞以它的方便、简单、健身、娱乐等特性一时风靡神州大地。这样一个很接地气、影响广泛的群众活动是否也需要一些艺术性呢？在许多广场舞比赛中都强调去舞台化，我想去舞台化并不等于去艺术化。闻一多在《说舞》中这样说："舞是生命情调最直接、最实质、最强烈、最尖锐、最单纯而又最充足的表现。"其实大量的广场舞是舞蹈化的健身操，舞的成分并不高，那么是否有可能让有一点舞蹈基础能力的群众在广场舞上跳出一些艺术性呢？我认为这好比速写与素描一样，不能说只有繁复的素描才可能成为艺术，虽然速写在基础训练和应用采集素材上主要起到工具性的作用，而在艺术层面上，速写完全可以作为一门独立的艺术表现形式。叶浅予先生寥寥几笔速写依然能让人感受到激情四射的舞蹈魅力，它的艺术性丝毫不逊于素描艺术，只是要求画家有更高、更抽象的艺术概括力。2020 年我创作了广场舞《大鱼》，在我

[①②③] 苏珊·朗格：《感受与形式》，高艳萍译，江苏人民出版社，2013，第 89、385、92 页。

构思初始，首先感受到的是这首歌曲中深沉、幽远、迷幻，如大梦一般但又不乏宏大的意境，《大鱼》已成为人们耳熟能详的流行歌曲，小到孩童大到耄耋老人都能哼唱，很适合做广场舞音乐。在我不断地反复倾听、咀嚼、体会其中情感意境时，蓦然发现原来我们每个人心中都有一条"大鱼"，那就是每个人心中的梦想，我们在生命中不断地为之吸引、为之追寻，也不断地随之起舞，也许这种感受就是苏珊·朗格所说创作中的"统御形式"，于是我根据阿姨们的能力，紧紧追随着那条"大鱼"进行创作。舞蹈通过波动的蓝色长纱营造出碧波万顷的大海意象，同时在这里也有隐约于其中奋力寻觅、不顾险阻、勇往直前的深情的大鱼，层层晕染、层层递进，当在舞蹈高潮时一株鲜艳的玫红喷薄而出时，人们瞬间为之动容、为之泪目，这是因为每个人"真的"有一条涌动的"大鱼"在心中，我认为这就是艺术的客观，这或许也是本次创作找到了情感的某种形式。正如恩斯特·卡西尔说："我们可能会一千次的遇见一个感觉经验对象，而都从未'看见'它的形式。如果要求我们描述的不是它的物理性质和效果而是它的纯粹形象化的形象与结构，我们就仍然会不知所措，正是艺术弥补了这个缺陷。"[①] 艺术创造要发现的形式正如"众里寻她千百度，蓦然回首，那人却在灯火阑珊处"的佳人一样，就是不论几经波折，苦思冥想，还是灵光乍现后蓦然出现的"统御形式"——不言自明却又清晰无比。《大鱼》获得了第十五届"舞动北京"团体金奖和最佳创作奖。群文领域的许多同仁感慨地说《大鱼》的动作其实并不复杂。但这正是我所追求的目标，就是用洗练的动作、简明的舞蹈语汇表达深刻的情感，去舞台化但尽量要有艺术性，虽然对群众演员来说高难度动作技巧是很难逾越的障碍，不过"小米加步枪"也要争取打胜仗。广场舞需要艺术、广场舞呼唤艺术，如果它能成为一种独特的艺术表达形式，会更多地引发群众对生活的激情和情感的涌现。除了群众直接参与的艺术活动，还有为群众创作的艺术作品，也包括群众生活的艺术环境，都在无时无刻地影响着置身其中的每个人。

人并不是计算机，可以百分之百地以纯理性的方式工作，艺术也有它独特的内在逻辑即直觉逻辑，"直觉是逻辑的开端和结局；没有它，一切推理

---

① 恩斯特·卡西尔：《符号形式的哲学》，赵海萍译，吉林出版集团股份有限公司，2018，第169 页。

都将以失败告终……一切推理的目的就是逐步建立越来越复杂的逻辑直觉"①，而艺术则是训练提升人的情感直觉能力最理想的方式。俗话说"人非草木孰能无情"，在情感直觉方面艺术有强大的话语权，正如托尔斯泰所说："感染不仅是艺术的标志，而且感染力的程度也是艺术优劣的唯一尺度。"苏珊·朗格认为，貌似严肃的德国人正是通过他们消遣严肃而艰难的艺术，可以知道他们个体非凡的精神力量和情感力量。旗亭画壁，有井水处便有柳词，唐诗宋词的流行可见一斑，那个时候也正是我们民族文化艺术和生产力发展的一个巅峰时期。艺术力是一种感悟力，与创新创作有密切关系，艺术的繁荣昌盛必然会大力促进我们国家从制造大国向创新大国的迈进。

艺术以它的独特魅力而历久不衰，深深地影响着人们。G. 阿波里奈尔曾说过："假如没有诗人，没有艺术家，我们在自然中发现的秩序将会消失于顷刻之间，因为这些秩序其实只是艺术激起的一种影响。"② 而且"创造这种典型的幻象"就是艺术的社会作用和特殊目的。这是一个伟大的时代，是一个风云际会的时代，昭示着中华民族的崛起。习近平总书记说："没有中华文化繁荣兴盛就没有中华民族的伟大复兴"，"文艺是时代的号角，最能代表一个时代的风貌，最能引领一个时代的风气"，让我们响应习总书记的号召创作无愧于时代的优秀作品，正如习近平总书记所说："人民需要文艺，文艺需要人民。"

（作者单位：大兴区文化馆）

---

① ② 苏珊·朗格：《感受与形式》，高艳萍译，江苏人民出版社，2013，第 395、415 页。

文化馆公益培训创新实践初探

——以北京市密云区文化馆为例

郭 强

2021 年，我们迎来中国共产党百年华诞，此时此刻，我们离实现中华民族伟大复兴更近了一步。在中国共产党的坚强领导下，中国共产党人不忘初心，牢记使命，坚持"道路自信、理论自信、制度自信、文化自信"，为繁荣中华民族文化，实现中华文化大发展大繁荣不断努力。文化馆是繁荣中国特色社会主义文化事业的重要枢纽，是提升基层艺术水平的重要阵地，而文化馆的公益培训又是文化馆的核心业务之一，这对提升全民文化素养，传承优秀传统文化都具有重要意义。

密云区在创新文化馆公益培训道路中不断前进，逐渐形成适应属地特征的艺术培训模式。密云区地处北京东北，是北京面积最大的区，其中农村面积远大于城市面积，镇与镇之间路途遥远，艺术课程传播受到阻碍。在总分馆制、数字文化馆等多种新型文化馆建设中，密云区文化馆着力打造多元化艺术培训课程，满足不同市民的个性化艺术需求，依据创建北京市公共文化服务体系示范区要求统筹资源，在艺术课程创造、创意、创新中狠下功夫，更好地满足了人民群众日益增长的文化需求，实现对未来美好生活的向往。

一、公益文化培训创新探索实践

（一）全年公益培训，夯实艺术基础

文化馆是公益性事业单位，旨在进行区域性的艺术普及，搜集、研究当地艺术遗存，发掘非物质文化遗产等，是最广泛的艺术普及基地。坚持免费、公益一直是密云区文化馆艺术培训的原则之一。我们希望更多的密云人能够通过文化馆，感受艺术、参与艺术，感受民间文化，传承民族精神，使文化馆成为艺术学习与交流的基地。

密云区文化馆扎实推进艺术培训课程。每周开放 80.5 小时，开办书、影、画、音乐、舞蹈、戏曲等多种艺术课程供市民选择，自 2021 年 3 月起，

在遵守疫情常态化防疫要求之下，我馆共新开办艺术培训课程 21 门，共录取学员 338 人，除此以外，京剧票房、评剧票房、河北梆子、舞蹈团、合唱团等长期艺术团共计学员 244 人也进入正常排练阶段。全馆自 3 月以来，共有 28 门艺术课程恢复开班，共招收学员 582 人。

其中的明星课程当属瑜伽与书法，单单这两门课程就收到 200 余人报名，但由于疫情管控与场地限制，当期课程只可允许部分学员先参加学习，未能参与学习的学员将在后期的课程中陆续走入课堂。2021 年文化馆开设的艺术培训课程突破 100 期。

(二) 总分馆制引领，共享艺术资源

文化和旅游部、国家发展改革委、财政部印发的《关于推动公共文化服务高质量发展的意见》中，为高质量公共文化服务发展的方向与发展路径指明了道路，这是新时期我国公共文化服务高质量发展的总体蓝图和行动指南。

坚持开放发展为高质量文化发展提供不竭动力，深化体制机制改革和扩大社会参与，是开放发展新理念在公共文化服务体系建设中的重要体现。总分馆制建设是文化馆一次从内到外的改革，截至 2020 年底，全国已有 2578 个县（市、区）建成文化馆总分馆制。明确总分馆制建设任务，就要巩固总分馆制三级网络建设：一是要以总分馆制为抓手优化基层设施布局；二是要做强市（区）级文化总馆；三是在乡镇（街道）文化活动中心建设"区域分中心"，强化总分馆制三级网络的中间环节；四是在村（社区）文化活动室建设基层服务点。在夯实总分馆制建设的同时，伴随着文化馆事业单位改革，也是希望在政府买单的基础上，吸纳更多社会资源进入，形成开放的社会公共文化服务模式。

密云区文化馆已经在 2019 年完成总分馆制部署，在文化和旅游局的引领下按照总分馆制建设要求，选派馆内艺术骨干下沉街镇，一对一进行帮扶。汇总街镇艺术文化活动建设需求并上报总馆，在总分馆制周会上统筹调拨资源，推进分馆有序运行，让每一个文化活动中心充分发挥街镇影响力，提升老百姓获得感、幸福感。

(三) 优化报名流程，便捷艺术学习

如今的培训课不再需要半夜搬着小马扎在文化馆门前通宵排队抢课，使用微信平台端报名为百姓提供了更多便利。培训部与志愿者部相互合作，在问卷星中开放报名端口，学员仅需输入姓名、身份证号、年龄、电话并选择学习课程即可快捷报名，节约了报名时间，使报名更加公平。为深刻落实北京市关于解决老年人使用智能手机障碍的要求，我馆推出"您教我用筷子我教您用手机"老年人智能手机使用辅导系列活动，一对一帮助老年人使用智能手机，解决老年人报名课程时遇到的实际问题，让他们在报名中不再因不会使用智能手机等问题影响学习。

问卷星系统收集学员报名情况，自动生成汇总信息，培训部坚持公平公正的原则，依据场地最大容载量与课程特征，合理安排每班人数，依据报名先后依次录取。并及时通过微信公众号进行公示，逐一电话通知学员录取成功，按时参加课程。

培训部将课程服务落在细处，细心解答每个报名学员的问题，耐心讲解录取原则。培训部常常会碰到一些学员电话咨询报名成功而未录取的情况，每名工作人员都会细心讲解本期录取原则，学员的报名并不会因此作废，而会顺延至下期课程学习。百姓的建议引导着我们不断改进工作方式、合理统筹教学资源，让更多市民有机会参与文化馆培训课程，成为我们服务的对象。

（四）老年儿童专门班，扫清艺术界线

依据密云区关于加强老年人养老体系及"儿童之家"建设等相关要求，加强对我区特殊人群的文化辐射，营造老有所依、老有所养的社会养老氛围，让更多乡村留守儿童感受来自社会的关爱。密云区文化馆根据前期调研结果，依据此类人群学习兴趣，调拨全馆艺术培训资源，开展书法老年班及快板儿童班，并与区妇联合作，录制专题艺术学习视频，免费为"儿童之家"的孩子们提供学习资源，弥补他们的艺术缺失。文化馆让老年人有专属的艺术培训，让孩子们有真正属于自己的课堂。

艺术不分年龄与国界，对特殊人群的艺术倾斜体现着全社会对他们的关怀。孩子们通过一期快板课程的学习，能基本掌握快板表演的方法，登台表演简单的艺术作品。老年人也有属于同龄人的艺术交流平台，这些课程是政府与社会对全民美育的积极探索，有助于培养全"能"人才，也是创新养老模式，实现老有所养、老有所乐的新举措。

（五）线上线下结合，缩短艺术距离

密云区地处北京东北部，燕山山脉与华北平原交界处，全区怀抱密云水库，重峦叠嶂，乡村面积广阔，偏远地区人群因空间距离鲜有机会参与文化馆艺术培训，他们的文化需求曾经成为文化馆艺术培训辐射的盲区。密云区文化馆不断扩宽艺术培训渠道，以"互联网＋文化馆"的方式，着力完善"数字文化馆"建设，延伸艺术培训覆盖广度，努力让每一位密云人有机会接触艺术培训课程。录制了"云艺微课堂"，在微信公众号得到市民青睐，让艺术学习不再受空间与时间的限制。目前已发布的快板、钢琴基础、书法、民族舞、声乐、剪纸等 8 门课程，共计 64 节，共获得 16 万余次点击，平均每三位密云居民就有一位学习过"云艺微课堂"，让密云人足不出户就能接收到文化馆优质的艺术课程。

（六）学习表演相结合，展示艺术成果

打破固有思维，"学与演"相结合，让学员满载收获感。经过几个月的学习，学员积攒了一大批优秀艺术成果，密云区文化馆为学员搭建了展示平台。分为展示与展演两个大类，开放剧场与展览馆，让学习成果看得到；开展手风琴表演、舞蹈表演、二胡表演、瑜伽展示等音乐舞蹈类活动培训班教学展示专场演出，学员可以邀请家人一同分享学习成果；开办书影画作品展览专场，为学员的学习成果点赞，让展览成为大家相互交流学习的平台。与此同时吸引更多人走入文化馆，了解文化馆工作，进而吸纳更多人参加培训课程，改善学员结构，形成良性循环。

二、公益艺术培训问题与建设思考

在笔者参与密云区文化馆培训相关工作的一段时间以来，感受到文化馆基层艺术普及者的默默耕耘，同时也在思考如何持续深化改革，让老百姓从培训中有更大的收获。"参加培训的学员总是固定那些人"成为我们总会提到的问题，如何在现有条件下让更多人走入课堂是我们一直研究的课题。但文化馆与社会艺术教育培训机构有很大区别，宣传有限、课程结构固定等成为百姓走入文化馆的阻碍。笔者根据以上问题，提出自己的一些建议，供参考。

（一）拓展宣传渠道，深化文化馆影响力

在随机采访的市民中，有些人并不了解文化馆，大多数人不了解文化馆的工作。与市场化的培训机构相比，我们可以借鉴他们的营销宣传模式，逐步扩大文化馆的影响。目前线上传播方式主要依靠微信公众号，但只有关注公众号后才可以接收相关推送。要吸引更多的青年人参加课程，就要从青年人的生活方式重新思考，建议可以在小红书、大众点评、抖音等平台进一步宣传，开设密云区文化馆的专题介绍，邀请学员撰写学习心得，分享学习感

悟，吸引更多年轻人关注，改善学员年龄层次。

（二）多时段平行课程，提供更多选择

线下培训依旧会受场地与时间的约束，统筹文化馆资源，开放多时段平行班，让学员依据自己的时间选择合适的课程，可以吸引更多人参与。同时也可将课程容纳量增加一倍，这就需要文化馆合理分配教育资源。笔者建议可以选择热门课程设置为工作日班与周末班，让学员不因时间问题影响学习。目前我馆在优化课程中已经进行了积极探索，开设周油画上午班与下午班，吸引更多学员学习，取得了积极反响。

（三）优化课程内容，引导活动从公园到馆内

在笔者的调研中发现，傍晚的密云公园中，有许多人自发开展群众文化活动。活动形式以广场舞、交际舞、滑步舞和歌唱为主。这些活动在城市管理中可能存在隐患：一方面，高分贝的音响存在噪音污染的风险；另一方面，户外活动场地光照不足、空间有限等会影响市民参与群众文化活动的体验感。作为群众文化的引领者，文化馆可以充当积极引导者，规范群众文化活动规则，打造和谐密云城。文化馆可以以此为契机不断开设新课程，引导广场舞中表演优秀者如有兴趣可以在文化馆开设培训课程，并邀请馆内优秀舞蹈老师从专业角度进行指导，不断打磨后的成品未来一定会成为密云群众文化活动一张亮丽的名片。

基层群众文化活动是最直接实现"文化自信"的基地，是最直接实现中华民族灿烂文化伟大复兴的平台，艺术培训工作是老百姓参与文化馆活动最直接的方式，让艺术资源不仅仅辐射到少数人，让老百姓能从公益培训中增强幸福感。密云文化馆在自我创新实践中不断夯实基层文化馆工作，2022年更是要以创建北京市公共文化服务体系示范区为契机，不断引领密云群众文化活动再上一个台阶。

参考文献：

[1] 高爽：《顺兴新时代发展潮流 创新开展文化馆培训工作》，新时代文化馆：改革融合 创新——2019 中国文化馆年会，山东，2019。

[2] 秦晨、赵国朋、杨海涛：《文化馆公益艺术培训模式创新的探索与研究》，新时代文化馆：改革 融合 创新——2019 中国文化馆年会，山东，2019。

[3] 贾敏：《文化馆艺术培训公益化道路探索》，《四川戏剧》2015 年第 4 期。

[4] 李芳：《文化馆如何开展公益性培训》，《大众文艺》2018 年第 12 期。

［5］孙全虎：《深入推进文化馆群众文化辅导工作的实践举措分析》，《北方文学》
2019 年第 9 期。

［6］蒋琴：《浅谈各地文化馆对基层群众文化的辅导培训》，《大众文艺》2015 年第
4 期。

［7］邵倩：《互联网＋环境下文化馆艺术培训模式的转变》，《中国地市报人》2020
年第 11 期。

（作者单位：密云区文化馆）

浅谈文学创作在群众文化活动中的作用

孙彦容

文学何以重要

人类的生存孕育了文化。文化属于精神文明范畴。文学是一种文化现象，从楚辞汉赋、唐诗宋词、明清小说到现代文学，中华文学发展一脉相承。纷繁复杂的物质世界随着时间的流逝，大部分灰飞烟灭，代表人类精神世界的文化产品超越物质，被以文物、典籍等形式留存下来。中华文化脉络清晰，通过文化可以透视我们曾经的物质文明，而对古代物质文明的了解又会加深我们对中国文化的理解。

没有文学的世界是黑暗的、没有未来的，越是高度发达的物质文明，作为精神文明要素之一的文学越是别具特色，与物质文明一致，达到相应的高度。作为唯一延续至今的四大文明古国之一的中华文明，文学作品是中华文明中一颗耀眼的明星。

文学创作的现状

经济在发展，文明在进步，广大人民群众对精神文化生活的要求越来越高。20 世纪，人们的精神文化生活形式相对单一，书籍阅读、文学创作曾成为主流。后来条件好了，唱歌、跳舞、绘画等群众文化活动兴盛起来，到现在群众文化活动往更高层级发展，学习、创作、演出、组织活动，呈系列发展的状态。事实证明群众参与到群众文化活动的程度越深，就越能更好地实现自我价值，就能更好地演绎自己的文化生活，群众的幸福指数就越高。

当下群众文艺作品层出不穷，舞台精致，服装道具讲究，高质量的灯光音效，炫灯酷影、美轮美奂的文艺作品，在欣赏过后真正给大家留下深刻印象的，却寥寥无几，质量上乘的作品很少。这种现象很普遍，几乎各级各类综艺节目、专题演出都会出现。

导致这种现象的原因是什么？可以说，经济的发展、精神文化生活水平的提高，使人们的欣赏水平提高了，即使很好的文艺作品，因为常见已经不再引起大家关注。也可以说，人们思想的多元、欣赏角度的多变导致对文艺作品提出更高的要求。还可以说随着高科技的进步，一些高科技产品分流了一部分人的眼球。

有一点是毋庸置疑的，现在的群众文艺作品的思想性、艺术性、文学性的体现不够充分。究其根源就是文学创作乏力，很少见到经典文学作品的问世。

透过群众文艺作品，我们可以看出群众文学的发展现状。本文以 2020 年春季怀柔区文化馆抗击疫情文艺作品征集活动展开讨论。在这次的文艺作品征集活动中，怀柔区文化馆共收到群众文学、文艺作品 1000 余件，遴选出 72 件作品刊登在《怀柔文艺》上，在怀柔文化馆微信公众号里也有抗击疫情文艺作品的展播。那时候，抗疫文艺作品像纸片一样飞来，《怀柔文艺》最后录用的稿件不到总稿件数量的十分之一，推荐给《首都公共文化》采用的作品也只有 47 件。一时间，"逆行背影""忠诚卫士""抗疫先锋""全民战疫""人间大爱"等字眼充斥在这些作品中，平铺直叙的大白话，人间大爱这一主题被反复提及。文章里很少见到独特的艺术构思，或者深度的见解、解决之道。在武汉封城、抗击疫情的紧急时刻，有关传染病科普知识的缺乏，没人提及，折射出我国人民在科普领域的欠缺没人关注；关于疾病历史方面研究的认识不足，没人提及；在灾难面前突发公共安全事件的应急管理需要我们走的路还很长，没人关注……透过抗击新冠肺炎疫情现象背后，更多的生命主题、环境问题、人类命运共同体等重大课题深入思考的文学、文艺作品却寥寥无几。这些文学、文艺作品一定不是个别现象，具有普遍性，想必大家通过微信平台、网络，新闻媒体等都会有所了解。

笔者在《怀柔文艺》的编辑整理过程中，也会发现同样的问题。好多群众文艺爱好者（年纪偏大的居多）的热情有加，文字功底也可以，就是看不到高质量的作品。有的曲艺作品以顺口溜的形式出现，国家政策、口号性文字在作品中出现，白话套话不时出现，只有简单的客观描述，真正的好作品却很少；质量上乘的，反映本地区经济、文化、风土人情的小说也很少见到。总之，怀柔地区文学领域的作品思想性、艺术性、文学性方面都需要提高。

通过对文化馆群众文艺作品进行分析，文学创作文字功底需要加强、文学理论修养需要提高等问题凸显出来。这就让我们联想到当下文化馆的工作，文化馆行业发展的瓶颈问题。制约文化馆群众文化工作的因素，抑或是文学创作没有源源不断地为群众文艺创作提供动力，导致文化馆群众文化工作发展后劲不足，群众文艺精品少，经典作品缺失。

娱乐是必要的，娱乐丰富人们的生活，但娱乐不能真正丰富人们的精神世界。我们这个时代文学和文艺发展的滞后，不能满足群众内心真正的精神渴望。这是个需要人们沉静下来进行深入思考的时代，应该靠深度阅读，认真写作，倾情投入的文学和文艺创作来提高人们的思想和创作水平。

文学创作即将迎来新的发展期

文艺应该百花齐放、百家争鸣，这种繁荣的背后真正的繁荣应该是文学，而文学真正的发展是经济的繁荣。在经济发展了的今天，在 14 亿人口摆脱贫困的时候，公共文化建设已经被提上议事日程。在重视文化建设的大背景下，可以说文学的重要性日益凸显出来。

文学是一种文化现象，文学创作工作的开展会给文艺创作提供源源不断的动力支撑。文学遇冷透视在群众文化工作领域，就是真正的群众文艺精品的减少。

在重视文化建设的大前提下，文化事业的繁荣一定会迎来文学创作的高质量发展。

当下群众文化事业发展过程中所遇到的问题——文化馆事业发展的瓶颈期，是社会文化现象在群众文化行业的折射。文学创作的发展，将为群众文化事业提供强劲的动力，促进群众文化事业的发展。

文学创作工作是群众文化活动的基础性工作，必须常抓不懈

怀柔区文化馆一直坚持着文学创作、文艺创作工作的展开，最突出的一项工作就是馆办刊物——内部资料性汇编《怀柔文艺》。《怀柔文艺》成立于 1998 年，在《怀柔文艺》周围有一大批群众文化支持者和爱好者，为当地群众文化事业的发展一直在努力着。《怀柔文艺》栏目设置有文化人物、群文论坛、美丽家乡建设、科学城旋律、长城文化带建设、民间文化、阅读心得、影视观察，等等。刊载一些群众的文学作品、文艺作品，题材涉及散文、诗歌、曲艺等多个方面，在团结群众、丰富群众文化生活方面做出了有益的尝试。《怀柔文艺》在当地有一定的受众和影响力，已经成为怀柔区文化馆的一个品牌服务项目，在引领群众文化生活方面一直走在前面。

在全民阅读带动下，近些年来群众当中悄然兴起读书热。文化馆敏锐地嗅到开展朗诵培训的必要性。2015 年起举办朗诵培训班，邀请中国传媒大学教授和当地朗诵届文化名人授课。来自朗诵时获得的诗意美感享受促进了全民阅读，阅读又为文学、文艺创作提供了滋养和灵感。全民阅读的开展、专业朗诵知识的浇灌，拉近了群众与文学作品、文艺作品的距离，体验文学、艺术的熏陶，是夯实群众在文学创作方面的基础性工作。举办语言类节目创作培训班，曲艺常识、语文基础常识培训班，文艺创作研讨会，文艺创作采风活动，通过这些活动的带动和影响，提高了当地群众文学、文艺创作的水平。

以全民艺术普及为己任的怀柔区文化馆，在阵地培训方面，这些年一直围绕着群众文学、文艺创作主题开展培训工作。群众在文学创作方面取得了可喜的成绩。2016 年至 2020 年，怀柔区文化馆遴选当地群众发表的作品参加"文荟北京"群众文学创作评比活动，小说获奖 3 次、剧本获奖 2 次、曲艺获奖 7 次、散文诗歌获奖 11 次、民间文学获奖 2 次，怀柔区文化馆在历次评比活动中都获得单位优秀组织奖，群众文化干部获得个人优秀组织奖。

另外，怀柔区文化馆文学干部担任《首都公共文化》通讯员，《文旅怀柔》编辑，负责怀柔区群众文化领域通讯报道工作，推送怀柔区群众文学、文艺作品。

在经济快速发展的今天，产品过度商业化，娱乐至上的大背景下，文化馆人秉持着初心和使命，坚守在自己的岗位上，无疑是群众文学、文艺领域里的一股清流。群众文学创作、文艺创作是怀柔区文化馆全民艺术普及工作当中重要的组成部分，属于基础性工作之一，常抓不懈，形成了以《怀柔文艺》为纽带，集文学、文艺创作培训、研讨、发表系列发展的良性循环与互动。

后现代文明的发展，工具理性充斥着生活的方方面面，表面上这是一个不需要文学的时代，拜金主义、娱乐至上等社会现象掩盖下的当下，仿佛人们不再需要文学。但事实恰恰相反，人类对文学的渴望已经达到了无以复加的程度。人类离不开文学，人类需要文学的滋养，那是人类诗意栖居之所。怀柔区群众文化活动取得了一定的可喜成绩，还存在着明显的不足。群众的文学发展事业任重道远，在文学创作方面还需要花大力气去做好。没有质量上乘的文学作品，一定会影响到文艺精品的问世。加强群众的文学创作基础性工作迫在眉睫。政府在这方面加大资金投入是开展这一工作的有力支撑。怀柔区文化馆要加强群众在文学方面的培养，形成以《怀柔文艺》为核心拉动，开展文学讲座、文学研讨、文艺采风、文学欣赏、诗歌朗诵、主题性征文评选活动，邀请外地文化名人来到怀柔讲座，推送作品走出怀柔，带动怀柔群众文学事业的发展，为群众文艺创作提供不竭的创造力，真正形成文学创作、文艺创作、文艺演出成系列化发展，向着更好的方向、更高的层级发展，在丰富群众文化生活方面更好地为群众服务。

（作者单位：怀柔区文化馆）

广场舞——时代流动的见证

王莹莹

舞蹈，自从人类有意识地展开活动以来，因和人体有着密不可分的关系，始终没有离开人类的视线。人类将这种有规律的肢体运动广泛地运用在生产劳作、情感共情、视觉观赏、宗教祭祀等行为之中。广场舞，或称广场舞蹈，其主要特点为在城市广场为活动区域的聚集性群众参与舞蹈。广场舞蹈作为一种社会舞蹈的具体表现形式，伴随着中国城市化的建设，使越来越多人观望或加入了这个隐藏的巨型团体。在任何城市的任何广场或者是一小块空旷的场地，都可以看见排列整齐的中老年人，跟随着音乐舞动着肢体。广场舞并不是凭空出现的，作为社会舞蹈的一种，它随着社会的变化而改变，当舞蹈成为一种社会的展现形式时，融合了当今社会变革的广场舞就慢慢出现在了公众的视野中。

一、城市化——"乡土"和"水泥"在舞蹈中的较量

人类的近现代史，就是一部城市化的进化史。城市化是人类进化下的必然产物，在中国近现代史中，特别是自改革开放以来，进入了 21 世纪 20 年代的中国，城市化的进程逐年加快。我们用 40 年的时间走过了欧、美、日老牌工业强国自第一次工业革命起走过的道路。如今的中国正处在转型之中。根据国家统计局公布的 2016 年多项宏观经济数据，2016 年中国常住人口城镇化率为 57.35%，比 2012 年末提高 4.78 个百分点，年均提高 1.2 个百分点。① 而更有预测表明到 2025 年，中国城镇化率将达到 65.5%，保守估计新增农村转移人口 8000 万人以上；农业就业人员比重将下降到 20% 左右；乡村 60岁以上人口比例将达到 25.3%，约为 1.24 亿人。② 城市人口的增加伴随着

---

① 《中国城市化率数据》，http：//www.chinabgao.com/k/chengshi/30042.html，访问日期：2020 年 11 月 13 日。
② 《〈中国农村发展报告 2020〉发布会暨"十四五"时期中国农村发展高层论坛在京举办》，http：//www.ce.cn/cysc/zljd/gzd/202008/17/t20200817_ 35538515.shtml，访问日期：2020 年 8 月 17 日。

的是自然村的减少和传统乡土社会的解体，而一直陪伴着中国乡土的传统民间舞蹈，随着人口的流失，同样也面临着消失的危险。

根据城市化的速度，在以农耕为传统的中国，平均每一天就有约二十个行政村正在消失。大量人口涌入城市，将民间的民俗带入城市的空地之中。大量的第一代"城市居民"在初入城市时，还保留了相当一部分乡村传统，这和原生"城市居民"在生活习惯上形成强烈反差。在前些年，关于广场舞有着大量非议和不好言论。例如音乐噪音扰民、占用公共场地等。在农村中，一般村中公共用地和居住用地都有一定距离，并不像城市里比较拥挤，所以并没有"扰民"的苦恼，而农村空旷的公共活动场所反而需要大功率的音响设备。相同的，在农村中公共活动场地划分并不像城市中那种细致整齐，加之农村地域空旷，场地压力较小，造成第一代"城市居民"对城市公共地域不能按规定使用。综上不难发现，表面上广场舞在城市间的种种问题，本质上是城市和乡村两种不同习惯间的博弈。而民俗艺术在进入城市的过程中，已经为融入城市做出了妥协。从广场舞的动作属性上看，广场舞可以说是和民间舞同宗同源的，它是一种将民间舞蹈的种种形式逐一打破，把动作进行拼贴，从而去适应城市空间的折中舞蹈。从广场舞的使用空间上看，大部分舞蹈因为城市空间的限制取消了队形的变化，用单一的矩形代替民间舞蹈中丰富的队形，用固定的排列取代了流动的队伍。

人类的发展不是由一个点到另一个点的飞跃前进，它是曲折、缓慢地向前挪动。中国的广场舞还在发展中，目前中国城乡二元结构并未完全解体，城市和乡村无论何种方面都还有着明显边界，要求广场舞立刻拥有像城市剧场舞蹈表演一样较高的观赏性，或者将广场舞重新带回其原有的农耕文化属性都是不现实的。和西方广场艺术已经能在城市中找到自己的容身之地并完善发展不同，中国广场艺术尤其是广场舞，正在和中国数千万进城的乡村居民一样，因和城市的习惯格格不入，始终无法真正融入相对应的艺术体系中，成为艺术系统中的"边缘人"。广场舞作为一种正在打破这种城乡二元的新兴事物，在发展过程中不断展现的冲突和矛盾是完全可以随着时间和城市化的深入而解决的。看似矛盾重重的广场舞，其实是"原生城市居民"和"流入城市居民"在生活习惯、思维意识上的矛盾。城市化远远不是在一块空地上规划城市这么简单，城市化最重要的一环是人思维的全面"城市化"，使普通的乡村居民可以无隔阂地融入城市之中。广场舞引发的矛盾关键是无法将广场舞的优势和城市的生活方式进行转化。马克思主义哲学曾指出：人的意识源于物质，所以这些所谓"陋习"正是人在生活环境下的思维限制。正如村镇城市化需要规划一样，人思维的"城市化"也需要专业人士的引导。当前参与广场舞的人员中部分对城市公共道德理解不深，这需要社区定期组织教育课，引导广场舞的组员参加。此外，关于广场舞本身，严重缺乏专业编导为其创作符合当地广场风格和限制的舞蹈。多数广场舞是自发形成的，"新城市居民"们将自己年轻时期在乡村学过的为数不多的几个舞蹈，通过拆解、拼贴，形式一种模式化的舞蹈，并不适合当下城市广场的用途和发展，目前广场舞也需要专业的编导为城市广场进行量身制作的编排。

广场舞的种种矛盾和现象，本质是城市生活思维和农村生活思维的博弈，随着中国城市化的进展，这些现象还将持续，但随着居民城市意识的提高，新的观点也会随着这种现象持续发展。广场舞现象可以说是当前时代发展的一个缩影，一个新生的事物正在寻找属于自己的位置，它跟随着城市化的建设也不断向前发展。

二、变异——广场舞"非广场"化

广场舞作为简单易学、参与性高的社会舞蹈，自出现以来就广受欢迎。它满足了人类最基本的社交需求。在乡村居民移居城市后，进入了一个陌生的环境，身体会发出强烈的需求信号，促使这些人寻求可以满足社交需求的空间，而广场舞早期正是满足了人们的社交需求。但通过时间的改变，新的城市居民逐步适应了城市环境，此时简单而带有社交目的的广场舞就不能满足人们的所需所求了。

和城市化的本质是人的城市化一样，推动广场舞发展改变的也是人本身的需求改变。在满足人们的社交需求后，广场舞也逐渐异化，分类也更加详细。其原因是人类在解决初期的生存所带来的焦虑后，对于情感的寄托会由他人逐渐转向个人内心，完成由社交到自娱的转化。通过和广场舞概念刚刚兴起时的广场舞相比，近些年的广场舞已经由 30 人以上的大型队伍型广场舞慢慢缩小至 10—15 人的群组型广场舞。从动作上，广场舞的舞蹈动作也越来越复杂，正在经历着由单一简单的机械动作到有一定设计的流动型动作的转变。从音乐上，最初的广场舞没有相对应的音乐，只有简单的节拍来规定相应的舞蹈动作，而当今广场舞音乐形式丰富、风格多样，可以满足不同广场舞爱好者的舞蹈需求。不同的针对广场舞的相应组织也逐步形成，可以说广场舞也在朝着专业化的方向发展。

在广场舞进一步专业化的过程中有一些非常有趣的现象，一是广场舞的广场，作为一个地域的概念逐渐消失了，现在广场舞不但出现在广场上，同时也出现在商场的商业表演里或者剧院和电视节目的演出中。广场舞地域空间的模糊，正是印证了上文中所阐述的观点，在满足社交需求后，人们会将中心转移到自我娱乐和价值实现上，所以甚至出现了专业的评委和观众以及服务团队。二是每个单一广场舞群组的规模正在缩小，参与广场舞的门槛也越来越高，单人自娱自乐的现象也越来越多，与之同步增长的是越来越多的培训机构、社会团体以及各种赛事展演，广场舞正在失去原有的属性。

最初命名广场舞，我们是通过对这类新兴出现的舞蹈现象的特征进行分类，但事物是发展变化的，目前广场舞的发展已经逐步脱离"广场"一词的限制。或许我们应该对这一现象抱有积极的态度。广场舞最原始的渊源同样是脱胎于中国传统舞蹈，它随着中国城市化的进展由乡村走向城市，同时也吸引了大量城市人口的加入。广场只是这种舞蹈这类形式中的一种，而这种舞蹈的本质可能是一种处于刚起步的新兴的城市舞蹈，它的形式的变化跟随着人们心理需求的变化而变化。

三、回流——农村广场舞的兴起

广场舞是因城市化的建设而把乡村的民间舞蹈解构带到城市形成一种新的舞蹈形式，随着乡村和城市间交往的不断加深和网络日益发达，又随着返乡人员的脚步，从城市回到农村，从而形成一种既不同于城市广场舞，也区别于传统乡村民间舞的农村广场舞。

根据相关调查，在人口与年龄、性别的分布特点上，农村虽然在各地域有着细微差异，但在总体上与城市广场舞相比，出现了年龄年轻化、性别女性占多数的趋势，而和城市广场舞人数多、队伍庞大等特点不同的是，农村广场舞可能因人口流动小、进城务工等因素的影响，人员构成也相对稳定，除传统节日时期，人数基本保持在 10 人左右并且很难再有突破。在舞蹈本身方面，乡村广场舞的特点表现在舞蹈动作单一，动作元素一般是带有明显地域性的民族民间舞为主，节奏简单，容易学习，而年轻人为主体的广场舞团体则以学习"快手"上热门舞蹈片段为主。这和城市广场舞风格众多、中西并举、具有一定学习门槛的特征形成了鲜明的对比。

从社会和传播角度来看，农村广场舞的出现不仅仅是由城市带回的

"舶来品"，其本质直指在互联网时代下农村社会网络化，和生产力提升带来的人意志的解放。互联网使农村更加快速地获得信息与传播信息，体现在农村广场舞上的是人们对外来文化的接受。生产力的提高以及生产模式的改变，让舞者们挣脱了传统农业社会的束缚，通过舞蹈建立了个人的群社组织，提高自身和群体的存在感。农村广场舞可以说是中国目前传统性和现代性交织的产物，一方面通过广场舞群体组织大众进行生产劳作，也通过广场舞庆祝生产劳作；另一方面，广场舞作为一种非生产性活动逐步得到人们的认可，舞技优良的人会被村里承认为"能人"或"明星"，这种良性的交互同时也提升了广场舞在农村事物中的地位，并在一定程度上推动了农村文化事业的发展。

总之，农村广场舞和城市广场舞之间既有共性也有差异，但本质都离不开中国城市化的进程和正处于转型期的社会，可能在很多年后，城乡之间又进一步融合，在那时，城市广场舞和农村广场舞又将统一在一个名称之下。

结语

广场舞作为世纪之交兴起并发展的新兴舞蹈，本文从其本质、现象和流变三个方面进行了一个简略而粗浅的探讨。广场舞现象的背后，融汇了整个社会经济、文化、政策的缩影，广场舞也是一个顺应时代而出现的产物。中国的城市还十分年轻，没有发展出完善的城市艺术文化，广场舞作为一种新兴的城市民俗娱乐，是否能发展成相应的城市艺术并形成完整体系，让我们拭目以待。

（作者单位：西城区第二文化馆）

如何构建群众音乐文化生活

沈 彤

音乐是一种情感的凝聚，可以直接作用于人的灵魂，有着其他任何一门艺术所无法比拟的特殊魅力。音乐艺术具有强大的感染力，能深深打动欣赏者的心灵，潜移默化地陶冶人们的情操。音乐也是一种文化现象，通过音乐我们可以感受一种文化。一个民族的音乐所内含的情感与精神，往往就是这个民族的灵魂和思想。

一、群众音乐文化生活的意义

人类的音乐有最共通的基础，我们可能无法达到对所有语言的理解，但是可以共同欣赏所有不同文化的音乐，进而去了解一种文化、了解一个民族。我国的群众文化以自娱自乐为主导，以满足自身精神生活需要为目的，通过开展丰富多彩的群众文化活动，可以提高全民的文化修养和精神文明水平，从而达到促进社会和谐的目的。多年来在我国开展全民文化娱乐活动中，喜爱音乐、经常参加音乐活动的人们，大多情感丰富、兴趣广泛、思维敏捷、语言表达能力强，具有活跃、乐观等性格特征，而这正是当下我国精神文明建设所需要人们达到的基本素质。因此，在群众文化中多开展积极有益的音乐活动，通过广泛的音乐培训，实施对群众的音乐再教育、提高人们的审美水平、塑造美好的心灵，是我们基层培训干部义不容辞的责任。如何将音乐欣赏全民普及，如何将美妙动人的音乐融入群众的日常生活中构建起全民的音乐生活，这对社会主义精神文明建设的稳定与和谐具有重要的意义，需要群众文化工作者不断努力探索去揭开音乐神秘的面纱，引领群众寻找进入音乐的途径。

二、通过音乐文化培训的方式，让群众逐渐走进音乐世界

音乐是各种姊妹艺术中最抽象、技能性最强的艺术门类，长期以来，音乐被人们视为最神圣的艺术殿堂，但是因为在它的四周由各种繁难的技法筑起了一道道似乎难以逾越的高墙，从而增加了它的神秘感，令人望而却步。

要进入音乐世界，似乎只有像职业音乐家那样日积月累地苦下功夫穿凿一道道技术的高墙，否则就只能在殿堂门外徘徊。难道舍此别无他途吗？如何让老百姓在似乎没有路的大墙外找出一条通往神圣音乐殿堂的路是不容易的，作为服务基层百姓的音乐工作者，必须关注到这一现象，努力提出新的设想，绕开音乐技术，直抵音乐本身，让音乐进入老百姓的日常生活。

（一）改变群众对欣赏音乐的旧观念

音乐作为听觉的艺术，最本质的特征就是听。无论是普通人还是音乐家，从听觉上接触具体音乐作品的机会都远胜于乐谱，那么欣赏音乐就应该从听音乐作品入手，牢牢抓住"聆听"音乐这个环节去体验和欣赏音乐。

在基层调研群众对音乐的感受，得到最多的反馈声音是：我喜欢听音乐，但是"我不懂音乐""我不识乐谱""我五音不全"等类似的声音，这是一种对音乐的误解。甚至还有的人用了马克思那句名言"对于非音乐的耳朵来说，再优美的音乐也毫无意义"。其实，当时马克思说这句话的时候，他强调了欣赏音乐必须具有音乐修养，这个观点是对的，音乐作为一种特殊的语言，没有一定的基础方法和体验积累，很难做到真正去倾听。就像学习英语，如果不会英语单词、语法和积累一定的语言使用习惯，就无法听懂英语。语言的基础是语义和逻辑，而听觉主要是一个理解的过程，如何进入音乐、理解音乐，最好的办法就是参与到音乐中，而不是因各种原因而拒绝参与。作为群众音乐的引导者，应该引导群众改变对欣赏音乐固有的旧思想、旧观念，通过一套从引导群众参与到教会群众如何欣赏的具体方案，让每个人都试着接触音乐，亲身体验音乐作品给人带来的愉悦。

（二）在群众生活中逐渐引入音乐欣赏

什么是音乐欣赏？一般来说大致可以分为由浅入深的三个层次，即官能的欣赏、感情的欣赏和理智的欣赏。官能的欣赏主要满足于悦耳，是比较肤浅的欣赏。要对音乐作品进行全面的领略，从而获得完美的艺术享受，除了官能的欣赏意外，还必须进入感情欣赏和理智欣赏的层次，必须具备以下几个方面的素质：一是不断丰富的音乐知识，了解音乐的构成要素及表现功能；二是熟悉作曲家的创作个性，作品的时代背景及其风格特征；三是不断加强历史、文学和其他诸方面的文化修养，因为音乐作品的灵感常常来自人类文明发展的最深底蕴之中。

随着人们生活水平提高，业余生活丰富起来，美妙的音乐时时围绕在我们的生活中，商场、广场、公园等场所都能听到音乐绕耳，令人心旷神怡。

但是，播放的是什么，古典音乐还是现代音乐、中国音乐还是西洋音乐？用什么乐器演奏？什么人所演唱？对于这些了解且能听懂的人却不太多。他们更不知怎样才算听懂，至于作品的具体名字以及作者风格流派等知识，了解者就更少了。在开展基层音乐欣赏培训课中，培训干部可以从群众的好奇点出发，对这些使人似曾相识、感觉一知半解又好听的音乐作品进行讲解，激发大家的学习兴趣和信心，这种接近群众生活的作品不会使大家觉得陌生和乏味，从而较轻松地打开音乐欣赏这扇大门。

（三）开展群众音乐欣赏课培训具体实施方案

成功敲开音乐大门后，如何使老百姓真正在音乐世界里享受生活，需要在音乐欣赏培训中细心地引导与计划。

1. 适应群众音乐文化需求的课程教材

近年来，出版了不少针对音乐类专业大学生、普通高校大学生，甚至是中小学生用的音乐欣赏课教材，这对于提高学生们的音乐水平无疑是很有益的。但是，在当前的群众文化辅导中，成年人、中老年人作为一个特殊且庞大的群体，很少有针对性的适用教材，这对于把广大群众带入音乐生活是一个重大的阻力。由于人们的社会成分、知识水平、志趣爱好有很大的差异，其自身对音乐的期望和鉴赏水平也都各不相同，决定了他们对音乐的感悟、认知、理解以及对音乐的把握和运用，与中小学生相比、与大学音乐专业学生相比有很大的不同，这就需要找到与之相适应的具有针对性强、饶有兴味、易学易会、灵活多变的教材来吸引他们。

在笔者的音乐欣赏课程中，天津人民出版社出版的一套《世界经典音乐宝库》丛书是一套实用性很强的教材，它包括：《走进圣殿——严肃音乐欣赏指南》《往事歌谣——岁月怀旧歌曲赏析》《乐林漫步——经典器乐名曲赏析》等八册。每册书里的每首经典名作欣赏由几部分组成：作品的简谱谱例、作品的介绍、作曲家的背景介绍、作品中涉及的相关音乐知识，其中包括：作品的曲式结构、作品创作发展的规律和特点等。这套教材分门别类地收录了古今中外大量的经典声乐作品与器乐作品，附有简谱和相应的文字记录，不仅可以满足音乐爱好者对作品求知的需求，更可以满足一些群众的自学要求。在基层开设音乐欣赏课选用这类型的教材，在专业老师的引导和讲解下，可以使学员更好、更全面细致地体会和理解音乐作品。

2. 适应群众音乐文化需求的课程内容

群众音乐欣赏课程倘若单调乏味，就吸引不了群众参与，就发挥不出自身价值。欣赏音乐并不仅仅是聆听，只有既介绍音乐作品又讲作曲家的故事以及作品所表达和体现的情绪，把聆听音乐与人文关怀结合起来，才能增强欣赏音乐、理解音乐的水平，做到全面地解读一部音乐作品是我们最终的学习目标。我们要通过学习来接触古今中外的各种题材、体裁、风格的经典作品，对作品进行详细的介绍。例如音乐作品产生的历史时代，作品的风格流派，作曲家的生活经历、艺术道路、创作个性以及具体音乐作品的创作意图等。这样做是因为音乐具有特定的固化美，对它的欣赏以及审美体验，总是建立在一定的理论基础上。

音乐的背景、风格、流派，我们可以通过老师的讲述获得了解，但是在此之外，还需要定期开设一些关于音乐本身的基础知识课程，如音高、节奏、旋律、作品创作的结构，等等，其目的是教授学员如何通过自己掌握的音乐知识去辅助学习欣赏音乐，学员可以在业余时间里自己欣赏更多的音乐作品，做到更广泛地、更有针对性地聆听作品，去体会作品的含义，从而达到陶冶性情、提高自身文化素养的作用。

此外，随着现代科技的迅速发展，我们在保留传统音乐欣赏内容的同时，大量网络信息带给我们的作用不可忽视。个人的音乐作品通过网络平台的传播可以一夜之间点击率过亿，最大限度地传播给广大人民群众。在此影响下，在音乐培训中可以选择一些代表当下的、正能量的、积极的网络优秀作品，加入群众音乐欣赏的课程中，跟上时代文化潮流的步伐，做到保留传统经典的同时，积极吸收现代新鲜的文化产物。

三、构建属于群众自己的音乐生活

在当下，人们的生活中时时刻刻都充满着音乐，只是我们大多数人都在被动、盲目、下意识地接受着不同的声音。那些会唱歌、会乐器的人，哪怕仅仅会弹奏一首《两只老虎》都可以从中得到满足感。但是对于一般老百姓来说，我们通过欣赏音乐的培训能够获得什么呢？试想，如果一旦我们改变了对音乐陈旧的观念，通过长时间系统的培训学习，可以主动地、有声有色地安排自己的音乐生活，体验音乐带给我们的各种美好享受，那是件多么美妙的事呢！

（一）学会享受欣赏音乐所带来的成就

在繁华且略带浮躁的社会中，人们被动地吸收着来自四面八方的各种声音。在我们的耳朵中存在着人声、车水马龙声，浮躁的、刺耳的、虐心的甚至近乎噪音的碎片声音，我们的情绪不知不觉中也随之狂躁起来。如果我们可以静下来想一想，安排自己的音乐生活，那么你可以在音乐中寻找到宁静与安逸，具有足够的精神力量去与社会繁杂抗衡。

清晨醒来安排一些什么情绪的音乐来听？上班的途中适合听什么样的音乐？遇到不开心的事后用什么样的音乐来安慰自己？不同的朋友聚会用什么音乐来营造不同的音乐氛围？一切都是由自己的音乐意识来主宰，自由地调遣世界上所有的音乐家、演奏家、演唱家的作品。从本民族的传统音乐到西方古典音乐，所有需要的声音都可以为自己服务，满足自己的精神需要，即使自己不会吹拉弹唱，但是有人愿意为你服务，这就是学会音乐欣赏后的成就感。

（二）组建自己的音乐生活

如果说享受音乐欣赏所带来的成就感属于观念、意识上的改变，那么下面必须考虑音乐生活的具体安排策略。

1. 组建自己的音乐档案

音乐具有人格力量，我们应该有意在我们的音乐生活中安排一些更能够使自己多做一些思考的音乐，音乐欣赏作为一种人格修养，它可以是一种自我精神的探索，也可以是一种对文化世界的探索。构建自己的音乐生活就从组建自己的音乐档案开始。将生活中那些你所喜爱的、曾经感动过你的所有声音作为欣赏音乐的组成部分，使你最真切地体会音乐所具有的强烈的情感力量，这种力量可以支持你，调整你的情绪。不同的情绪听不同的音乐，这些都是曾经打动过你的音乐，它会使你发现音乐与你是如此接近，带给你不尽的滋养。因此接下来就是针对自己的心情选择音乐。

音乐心理学家认为，针对不同的音乐选择有同质和异质两种，从心理能量疏导的理论来看，先同后异会更好一些。同质是与自己心理情绪一致的音乐，异质则反之。先听与自己心情一致的音乐，再听与情绪相反的音乐。例如心情不好时，伤感的音乐能够帮助你化解心中的忧郁，甚至听到号啕大哭。沉重的心情首先需要释放和疏导，相同情绪的音乐可以做到这点。当疏导的过程完成后，则需要转而听一些轻松愉快的音乐，避免一味地悲伤下去，以免造成消沉低落。

2. 培养与他人分享音乐的习惯

德国教育家马丁·路德说："音乐一半是纪律，一半是教育大师，它使人变得更柔和、更端庄和更智慧……"与人分享音乐是一种高境界的升华，将感动与他人分享，你将获得更多愉快的感受。我们与朋友分享文学作品的妙语佳言，迫不及待地想将自己内心的感受向朋友倾诉，音乐也同样如此。古人也曾说过："乐盛则流，礼盛则疏。"非常精辟地道出音乐利于交往的本质，说明人与人之间的沟通还是需要靠"乐"，音乐在人际交往中提供了亲近感和安全感。如何去创造这种有音乐生活的人际交往呢？首先，给自己创造一种音乐性的生活环境，使音乐融入生活，让自己有一种轻松、舒畅的心态，只有这样才能去健康地影响别人，身边人才能被你所制造的音乐氛围吸引、感染。其次，和朋友们一起感受自己喜欢的音乐，可以一边品着茶、享受着美食，一边介绍音乐作品、聆听美妙的声音，既欣赏了动听的音乐，又自由地享受了生活，这是在听音乐会中很难达到的。另外，有意识地组织私人音乐聚会，定期计划相约欣赏音乐会，培养欣赏音乐成为我们的生活习惯，让这一切的音乐活动成为我们美好生活中的一部分，也是对人们丰富的音乐生活的有益补充。

四、结语

音乐是整整一个世界，是一个特殊的世界，这个世界每天以特殊的方式与我们的生活交融在一起，音乐通过无数场合，为生活增添着绚丽多姿的色彩。对于构建群众音乐生活，是一种新的音乐欣赏的观念，是一种直接和音乐开始生活的方式。音乐对人的影响甚至在还没有意识的时候就发生了，在音乐中慢慢去发现自我、体验自我、提升自我，丰富情感世界，让我们成为真正具有音乐审美修养的人，在音乐中幸福地生活。

参考文献：

[1] 郑永富：《群众文化学》，中国国际广播出版社，2001。

[2] 谢嘉幸：《走进音乐》，四川人民出版社，1999。

[3] 陈建国等：《中外音乐欣赏概论》，天津人民出版社，1994。

[4] 张婕：《论群文创作的人民性》，载《2017 首都公共文化理论专集》，北京文化馆，2018。

（作者单位：石景山区文化馆）

公共文化服务示范区创建与文化馆建设和服务

——浅谈公共文化服务示范区的创建促进文化馆建设、服务的全面开展

耿艳丽

一、公共文化服务示范体系的建立

国家公共文化服务体系示范区建设是文化部与财政部在"十二五"期间共同实施的战略性文化效益工程。党的十八大以来，公共文化建设投入力度逐年加大。为形成公共文化服务覆盖体系，搭建了具有示范功能的公共文化服务示范区，树立起公共文化服务示范标杆，为群众文化生活带来公共文化服务便利，使得基层百姓对于文化服务获得的幸福感不断提升。在 2013年 9 月，我国完成了首批 31 个公共文化服务示范区的验收和评审，并予以颁发示范区称号。

(一) 公共文化服务示范区建设与发展的条件

公共文化服务示范区创建需要经过严格的验收、检验才得以审核通过。一般为五个方面：系统的设计研究、流程的管理评估、第三方的评估、现场检查与验收、会议集中评审。创建标准首先是网络平台的建设，其次是对文化的服务供给、对服务及活动的组织支撑能力、资金人才技术等保障措施的落实、文化服务的评估或者是群众的满意度调查，最后为其他方面的考评。

(二) 公共文化服务示范区建设对文化服务的标杆作用

为全面建设和落实国家公共文化发展服务示范体系，形成网络化服务机制，就要重实干，积极推进示范区建设，并做到稳中有序地发展，从而达到公共文化服务示范区建设中的"精神高地"，在形成民族文化自信的构建中夯实基础的"稳重底盘"，并在此基础之上，打造全国范围内有推广价值、示范意义的标杆或参照榜样。

(三) 公共文化服务示范区建设对文化惠民的切实要求

推进公共文化服务示范区体系建设，要加强社会公共文化服务信息资源

供给，要落实各个地方的文化惠民政策，加大资金力量的投入，全面改善文化服务基础设施，从而提升文化设施，文化活动服务于民的广泛性、普遍性、简洁性、健康性。做到丰富基层文化活动的种类、提升文化服务的质量、提高文化活动的水平，促进文化惠民效率，使公共文化设施能够真正落地做实，而不是停留在表面的"花拳绣腿"。构建公共文化服务网络，服务社会结构合理，区域经济文化均衡发展，完善现代公共文化服务和公共体系。创新基本公共文化服务项目，才能使公共文化服务得到越来越多的群众喜欢、认可。

二、公共文化服务示范区建设体现出的文化馆建设不足之处

（一）城乡建设分布不均，文化覆盖有待提升

公共文化示范区建设中，城区文化活动较多且较为丰富，而乡村地区由于环境、地理位置以及人员年龄结构等问题，文化服务设施较城区还有待提升和补充。每个城市的规划和定位都不一样，经济发展也存在差异，所以不同地区因独特的地理环境、人口特征及文化资源，使文化设施建设和文化服务、群众文化需求有自身的特点。整体而言，文化公共服务示范区发展不均衡，各个地区文化馆建设硬件与软件不同，使得文化服务不均衡，群众的受众面积和满意度也有待进一步完善。

（二）部分地区公共文化服务供给不足

随着城市建设发展进程，部分地区因配合城市规划，文化馆馆舍拆除或迁移别地，而新馆在规划建设中，文化阵地建设相对落后。因馆舍不同程度地为城市规划让步，导致本应参加评估定级的文化馆等公共服务设施不能进行参评，基层服务也因受到资金和人才的限制不断缩减。

（三）文化馆人才队伍建设需要进一步加强

文化馆中从事专业领域的人员年龄层划分明显，特别是从事专业文化领域的人才匮乏，文化馆的管理队伍整体发展素质也有待提高。乡镇基层的业务骨干和专业人员越来越少，年龄越来越大，呈现老龄化趋势。同时，基层文化服务人员中文化技能专业人员占比小，服务质量与水平存在参差不齐的现象，在不同程度上制约了服务质量的提升。

（四）文化馆的公共文化服务有待提升，存在高端配送内容少、配送时效长、精准度不足等问题

文化馆的公共文化服务能力有待提升、内容有待充实。受限于经费不足

和配送内容来源较窄，部分地区的文化馆可选择、可配送的知名院团、名人名家的内容较少。另外，数字化配送内容亦有不足。特别是开展山区文化服务和文化供给的时候受限于山区多、行政村分散的特殊情况，相对于城区，边远山区行政村的配送周期较长。文化传播的精准性要进一步增强，偏远山区主要是老人和儿童，在配送精度上尚有不足，需要进一步提高。在大数据智能分析群众需求、点单方式等信息化配送流程方面需要进一步强化。

（五）社会化配送比重有待进一步提高

山区公共文化服务很难实现个人点单。因山区群众居住分散，在山区无法实现单次配送的规模效应，相反还会产生极高的配送成本。与此同时，山区居民多以老年人和孩子为主，无法独立进行公共文化服务点单、下单。配送主体、配送内容提供等需进一步推进社会化。

三、公共文化服务示范区建设、服务体系创建推进文化馆服务的全面发展的建议

大到地区，小到县城，国家在各个城市和区域都投入了资金大力发展文化建设，越来越注重群众的文化需求和文化参与以及对文化的满意度。文化馆的服务内容、服务项目、可利用的文化资源也随之得到全面发展，有效地、有针对性地进行地方文化开展和文化扶持，做到了因地制宜。将公共文化服务有效利用在所在区域的公共文化示范区建设具有重要意义。

（一）要求文化馆开展的文化服务工作要做到以城带乡、以点带面

完善公共文化服务示范区和文化阵地体系中的群众文化活动建设，软件建设要加大对文化馆的资金投入，完善服务设施、设备的搭建和补给，才能有效地将区域内的公共文化服务设施通过文化馆开展的系列文化服务活动有效地结合和利用，如通过文化馆、乡镇基层文化中心、总分馆等构建公共文化服务网络结构，形成网络式服务。从实际情况出发，抓实干，稳中有序发展，层层落实。除此之外，还要倡导文化惠民根植基层，将文化"送基层"改为"种基层"，使其在基层生根发芽，而不是仅仅附着于表面，华而不实。公共文化示范区的建立可以保证基层群众享受更多的基本文化服务，具有推广价值和示范意义。

（二）促进文化馆文化服务内容和社会机构结合

通过政府购买服务，例如，在文化馆分馆，除了文化馆的专业骨干和业务人员定期深入分馆进行管理和文化活动的开展之外，分馆也由第三方机构

进行管理和运营，完善分馆的服务内容和机制，使文化服务内容达到精准化，全面开展各类基层群众所需的文化活动。对此，分馆或是其他基层文化机构可以实现有效运营。此外，文化馆还可以利用社会服务资源，通过组织文化志愿者、社会热心人士，共同开展基层社区、文化站、文化中心的基层文化类服务项目与文化活动，有效地综合基层社会文化活动类别，发挥文化服务中心、文化馆以及分馆这一平台作用，形成一体系的文化服务系统。

（三）促成文化馆的品牌活动，打响文化馆的品牌文化

通过公共文化示范区的建设，可以提高文化中心文化活动的社会性、品牌性和公众参与性。公共文化服务示范区的建设基于区域性文化馆品牌文化特色，促进文化服务品牌多元化，促进文化馆整体服务水平和文化品牌知名度的提升，而随之文化品牌的推广和建设也可以有效增加文化馆和公共文化服务、公共文化产品的符号价值，丰富基层群众文化生活。

（四）通过社会力量，激发公共文化服务活力

公共文化服务示范区的建设有效推动了文化馆的建设和服务。例如，文化馆推行理事会制度，吸纳了社会各界业务能力强的骨干力量参与文化馆的建设和文化服务项目开展，并对文化活动的全面性、文化服务的精准性进行交流、探讨，各抒己见。为社会文化与本地文化的融合发展，积极引进优秀文化资源和艺术元素，加以地方性品牌文化的特色，结合社会资源和社会文化，大力烘托文化发展服务社会的氛围，有效丰富了人民群众精神生活，为群众提供了更便捷、更有效、更实在的文化服务设施和建设体系，促进了公共文化服务创建和示范区建设与文化产业发展相结合，增强了公共文化服务示范区的示范、标杆作用，进一步发挥了文化凝聚力、向心力。

（五）整合文化旅游资源，文化和旅游结合，开启公共文化服务新模式、新阶段、新征程

夯实文化惠民基础，推进地方特色文化和人文历史的融合是文化服务开启的新探索之路。扎实推进公共文化示范区文化馆的创建工作，构建符合文化馆的文化产业发展，是公共文化服务的新项目，有效均衡公共文化设施建设、文化服务资源、文化活动内容等都是前所未有的挑战。新形势下，要强力推进文化乐民，从而推动文化服务提供者多元化，坚持政府主导的"文化＋"战略，并结合本地区文化资源的特点。以文化促旅游，以旅游带文化，促进文化、旅游、文化遗产保护、创意产业的深度融合。深入挖掘地方旅游和文化历史特色，全面展现文化示范区的生态环境和厚重的风情文化

底蕴，通过网络、媒介平台，积极推送文化旅游产品，形成以文化为灵魂、旅游为业态的文旅融合态势，为示范区创建和公共文化服务的创建提供一个强大的精神动力和文化支撑，切实地将文化馆服务项目在文旅结合的基础上做实、做稳、做长、做久。

四、结语

发展公共文化服务示范区促进了公共文化基础设施更加均衡，公共文化生活服务供给更加多元，文化事业更加充满活力。文化馆、文化馆分馆机构等文化设施能够不断满足人民群众的文化需求，从而有效提升中国城市的文化内涵，真正实现文化享民、文化惠民、文化育人的宗旨。激发基层群众文化活力，使得公共文化服务配送更加接地气，推动公共文化服务布局更加精准。从而能够精准掌握群众文化动态、多元、潜在的需求，引入社会力量参与文化传播，关注公共文化发展中的地区差异，数字化管理均衡发展，使公共文化服务更加完善、更加准确，全面提高群众的文化获得感和幸福感。

参考文献：

[1] 冯佳：《公共图书馆在国家公共文化服务体系示范区（项目）创建工作中的创新举措》，《图书馆》2018 年第 5 期。

[2] 钟伊君：《加快推进基层公共文化服务体系建设的思考》，《魅力中国》2014 年第 20 期。

（作者单位：门头沟区文化馆）

中国传统节日振兴工程离不开文化馆 对外开放工作的深度参与

——以北京市石景山区文化馆为例

任宇华

传统节日文化蕴含着丰富的文化内涵和深刻的寓意，承载着民族的精神追求，包含了独有的民风和习俗，是传承、探索和研究一个国家民族精神的重要文化载体之一。中华传统节日从漫长的历史发展而来，主要包括除夕、春节、元宵节、清明节、端午节、七夕、中秋节、重阳节等，是一幅幅绚丽多姿的社会风俗画，镌刻着中华五千年博大精深的民族史诗。

为了保护和传承中华优秀传统节日文化，进一步提振文化自信，增强中华文化软实力，2017年，中共中央办公厅、国务院办公厅印发了《关于实施中华优秀传统文化传承发展工程的意见》，提出要"深入开展'我们的节日'主题活动，实施中国传统节日振兴工程"。这一巨大工程，需要大量专业群体的思考、创新和重构。

一、文化馆对外开放工作在振兴工程中将起到的重要作用

重视和充分发挥文化馆对外开放工作，各级文化馆、站、室相结合，由点及面，必将成为振兴工程中的重要一环，发挥巨大的作用。

（一）有法可依，文化馆人大有可为

近年来，国家出台了一系列政策法规，其中《中华人民共和国公共文化服务保障法》明确指出，制定本法就是"为了加强公共文化服务体系建设，丰富人民群众精神文化生活，传承中华优秀传统文化，弘扬社会主义核心价值观，增强文化自信，促进中国特色社会主义文化繁荣发展，提高全民族文明素质"。并指明文化馆属于"本法所称公共文化设施"的范畴之一。所以，参与振兴工程，文化馆人大有可为。

（二）文化馆在振兴工程中所处的角色定位

《关于实施中华优秀传统文化传承发展工程的意见》提出振兴工程的总

体目标是"到 2025 年，中华优秀传统文化传承发展体系基本形成，研究阐发、教育普及、保护传承、创新发展、传播交流等方面协同推进并取得重要成果，具有中国特色、中国风格、中国气派的文化产品更加丰富，文化自觉和文化自信显著增强，国家文化软实力的根基更为坚实，中华文化的国际影响力明显提升"。为了达到这一目标，需要全社会的广泛参与和创新创造。作为我国公共服务体系的基础组成部分，文化馆是面对公众最重要的一个公益性公共文化窗口，面对国家的需要，文化馆人责无旁贷，必须深度参与，成为振兴工程的重要一员。

（三）文化馆对外开放工作惠及的人数之众，使其成为振兴工程的重要阵地之一

随着国家推行文化馆（站）实行全面免费对外开放，不仅拉近了公共文化资源与民众的距离，也使文化馆成为影响民众精神文化生活的重要场所。以北京市石景山区文化馆为例，2020 年 8 月 15 日限流开放以来，仅至12 月底，短短 4 个多月，文化馆已组织举办各类活动 558 场（次），现场群众达 3.5 万余人，线上点击量达 32.26 余万人次。其中，"周末剧场"演出共 93 场，2 万余名百姓在家门口看到了国家级专业院团的精彩演出。文化馆对外开放工作的开展，使文化馆成为振兴工程不可忽视的重要阵地之一。

（四）新时期，振兴工程必将成为文化馆的重要使命之一

2021 年是"十四五"规划的开局之年，习近平同志在 2020 年 9 月 22日于北京主持召开教育、文化、卫生、体育领域专家代表座谈会时强调："中国特色社会主义是全面发展、全面进步的伟大事业，没有社会主义文化繁荣发展，就没有社会主义现代化。"于是，振兴工程作为提振文化软实力的重要工程，成为新时期文化馆的重要职责之一。

同时，很多城市、区都在争创一流文化示范市（区）或文明示范市（区），在各项创建指标中，文化馆对外开放工作在传统节日期间的表现均是其一项重要指标参数。由此可见，无论是职责所在，还是社会期望，文化馆都将是振兴工程的重要参与者。

二、以北京市石景山区文化馆为例，谈一谈文化馆对外开放工作在振兴工程中应遵循的原则、方法和思路

北京市石景山区文化馆始终致力于弘扬传统文化，围绕中国人的信仰、习俗和节日文化内涵，结合中国人的情感因素、价值体系，综合考量，组

织、策划了大量节日文化活动。以下就文化馆对外开放工作在振兴工程中应遵循的原则、方法和思路分别进行阐述。

（一）文化馆对外开放工作参与振兴工程，必须遵循的几个原则，即中国人的核心精神

1. 尊重中国人的信仰和祭祀文化

中国人信仰自己的先人。《荀子·礼论》说："天地者，生之本也；先祖者，类之本也。"中国人认为天地自然是生命的本源，祖宗先人是自己的根本，祭祖是一种传承孝道的习俗。所以清明节祭祖成为中国人一个非常隆重的礼仪。此外，还有寒食节、中元节、下元节等，均表达了国人慎终追远、祗敬感德、礼乐文明的人文精神和思想内涵。

2. 尊重中国人的婚恋观

"但愿人长久，千里共婵娟。"中国人是长情和浪漫的民族，他们期待朝朝暮暮的相守，更愿鼓励男儿志在四方，外出闯荡，为了彼此共同的未来而奋斗；女方则留守家中，伺候公婆，照顾孩童。这是中国人独特的婚恋观。"七夕鹊桥会"的相聚，既是中国人的浪漫传说，也是一部分人的现实写照。留守儿童、留守老人、双城记等现状的存在，包含了中国人强烈的家庭责任感和自我牺牲精神。

3. 尊重中国人的"祈福文化"

中国人对待幸福的认知是广义的，不仅包括婚姻幸福，还包括子孙绵延、仕途得意、福禄双全，乃至整个家族的繁荣昌盛等诸多方面，所以中国人的节日很多是表达团圆和圆满的。比如过年，中国人用漫长的过年，来庆祝过去一年的收成和圆满。年后不久的元宵节，则以"花市灯如昼"，开启充满光明的新一年。

（二）文化馆对外开放工作参与振兴工程的几种方式

1. 开展各类节日培训和活动，提高民众对传统节日文化的认知

一是举办传统知识培训和讲座。随着时代的演变，很多人对传统节日内容和民俗习惯已渐渐生疏，开展相应的培训，变得尤为重要。比如在上巳节讲述"三月三，生轩辕"的传说，寒食节讲述介子推的忠义，"冬至"节讲述"冬至大如年"的各种习俗等，让大家乐在其中，寓教于乐。此类活动深受家长们的喜欢，线上抢票总是"秒光"。

二是举办各类节日主题的儿童剧，在观看的过程中，提醒家长关注孩子们的成长，从小培养孩子们的美学意识和浪漫情怀。

三是举办月饼盒、中秋宫灯等"国风类"创意手工和各种种植活动，让小朋友们了解节日的由来、节日的习俗，体会传统节日文化的魅力。

2. 举办各类主题活动，弘扬传统节日文化和中华美德

一是连续举办了十四届清明诗会，缅怀革命英雄，弘扬传统美德，营造精神家园，年度线上观看人数均高达数十万。

二是推出重阳节主题活动，鼓励年轻人关爱老人，陪同老人亲近自然，弘扬敬老、爱老的优秀传统美德。

三是举办大型互动活动，增进彼此感情。举办大型情境亲子音乐会和室外音乐会等，以音乐＋故事＋互动等多维方式呈现，鼓励全家总动员、齐赏析，促进形成健康的现代家庭观念。

四是到幼儿园、中小学、养老院、部队、社区等，开展慰问、拥军、送福等活动，给留守家中的儿童和老人、戍守一方的军人及其亲属送去节日的温暖和祝福。

五是在节日期间举办环保和勤俭节约主题活动，让大家以家庭为单位树立环保意识，培养勤俭节约美德，并在今后的实际生活中互相监督，共同成长。

3. 创新和丰富活动形式，满足不同年龄段需求，营造中国式浪漫

一是创新活动形式。例如在七夕举办以"浪漫"为主题的系列活动，鼓励情侣、夫妻共同参与，宣扬对爱忠贞、对家人负责的中式家庭文化。

二是兼顾不同年龄段人群的需求。举办多种形式的综艺晚会、相声专场晚会、戏曲晚会、儿童剧、杂技剧等，集声、器、乐、舞华丽呈现，愉悦百姓心灵，烘托节日气氛。

三是引进体验式实验剧、唯美音乐剧等，增加新鲜感和观剧体验，吸引年轻人走进剧场，了解更多剧种，与家人团聚在一起，共同感受舞台艺术的魅力。

四是举办各类创意集市。比如中秋节举办"国风表演及文创市集"，通过中国传统拜月仪式的表演和国风手作跳蚤市场等，还原传统中秋的节日氛围。

这些活动无论是线上、线下，点击率和抢票现象都很活跃，参与人数众多，很多课程名额和演出票常常秒光。可见，在振兴工程中，文化馆对外开放工作充分调动了百姓的积极性，发挥了显著的文化带动和引领作用，产生了良好的社会效益。

（三）文化馆对外开放工作参与振兴工程的下一步考虑

如何才能不断提高中华传统节日文化的民众知晓率和百姓参与率，进而提升国际影响力？笔者认为应从以下几方面入手，进行思考和创新。

1. 要有更加开放的态度

一是引进国外艺术团演出，增加国家和民族间交往，增进世界人民对中国传统节日的了解，产生过中国节的兴趣。

二是节日期间设置外语角，邀请外籍人士对中国节日进行体验，吸引更多外籍人士参与庆祝中国传统节日，营造国际影响力。

三是选择性过国际节日。如国际护士节、五一国际劳动节、六一国际儿童节等。但是要注意保留中国特色，比如儿童节强调祖孙游、亲子游，强调共同陪伴、合家团圆的家庭文化；劳动节全家人一起做一件有意义的事，强调共同协作等。

2. 要有更加包容的活动形式

一是兼容并蓄，打通民族间的壁垒，认识和了解少数民族的节日，鼓励大家了解彼此的节日文化、民俗习惯，增进民族间的了解和包容。

二是拓宽形式内容，除培训、讲座、演出、集市等，还可以组织关于节日的比赛，内容包括节日摄影、传统美食手作、讲民俗民间传说、逛博物馆等。

3. 要有更中国式的语言

一是挖掘节日文化符号。中国人有独特的节日文化和民俗习惯，要归纳和找到中国人独有的传统节日文化符号。比如关于传统节日的诗词歌赋、节日服装、民族习俗、节日美食等；传说故事的主角有"年"、灶王爷、门神等，历史人物有介子推、屈原等，这些都是振兴工程的文化符号，具有很高的辨识度，可以成为文化软实力的符号和象征。

二是营造更加中国化的环境。美化文化馆设施内外景致，增设小桥、流水、太湖石、梅花等；展示学员们的作品：手工、色彩画、摆件、挂图、宫灯、花环等，打造充满传统气息、古典韵味、让人流连忘返的环境。

三、结语

文化馆对外开放工作参与振兴工程，不能止于营造热闹的节日气氛，还要满足百姓对美和情感的进阶追求。文化馆对外开放工作不仅要精准对接百姓需求，还要不断思考和创新，从而引领百姓需求。通过打造充满中国传统节日文化内涵的活动，激发更多人对我国传统文化的喜爱和兴趣，进而喜欢中国风的一切，不断提升中国的国际影响力。

参考文献：

［1］《关于实施中华优秀传统文化传承发展工程的意见》，https：//www. cque. edu. cn/info/1306/13140. htm，访问日期：2020 年 12 月 22 日。

［2］智怀、王少农、萧野：《中国人的信仰》，团结出版社，2010。

［3］《全国"十四五"文旅发展思路与 2021 工作任务》，https：//new. qq. com/rain/a/20210125A0EHR400，访问日期：2021 年 1 月 25 日。

［4］《中华人民共和国公共文化服务保障法》，http：//www. bjq. gov. cn/zfbm/wtgdlyj/zcwj_ 5646452/202205/t20220505_73706601. html，访问日期：2022 年 5 月 5 日。

（作者单位：石景山区文化馆）

对群众文艺创作与全民艺术普及的几点思考

高向慧

引言

随着我国全民艺术普及工作的深入，群众文艺创作的热情高涨，更多群众参与到文艺创作的行列中来。群众文艺创作是民众精神世界丰富的表现，是我国经济与文化协调发展的表现。全民艺术创作的普及，对于我国经济的发展有一定的促进作用，有利于物质文明建设与精神文明建设的协调。因此，我们应该大力倡导群众进行文艺创作，促进全民艺术的普及。

一、群众文艺创作与全民艺术普及的重要性

随着我国经济发展到了一定阶段，文化建设的重要性就凸显出来，我国的现状也要求经济与文化发展平衡，以求达到经济发展与文化发展的共赢，提高全民族的文化素养。在文学艺术的发展过程中，一个重要的理论就是文学艺术来源于生活而高于生活，人民是文学艺术创作的重要力量。在这条文学理论的指导下，可见群众文艺创作和全民艺术普及在我国精神文明建设和文化事业发展中的重要性。推进群众文艺创作和全民艺术普及，不仅有利于提高人民的文化素养，还有利于促进整个社会的文明发展。近几年来，我国文化馆建设力度加大，这不仅是群众文艺创作与全民艺术普及的要求，也是落实习近平总书记《十三五时期繁荣群众文艺发展规划》的重要举措。文化基础设施建设对于全民艺术普及具有重要的作用。

二、群众文艺创作与全民艺术普及的现状

近几年来，我国群众文艺创作与全民艺术普及工作在不断地深入，但是与我国人民不断增长的文化需求相比，还存在着一定的差距，使得文化发展出现发展不平衡、发展水平低等情况，故而对文化发展产生一定的阻碍，这对文化馆的建设也十分不利，经分析得出问题如下。

(一) 区域经济、文化发展不平衡

我国全民艺术普及工作发展面临着巨大的挑战，主要受到区域经济发展不平衡的影响。就我国而言，现在经济发展水平较高的一、二线城市，群众文艺创作和文艺普及工作进展较为顺利，呈现出普及人群广泛、普及文艺多样的局面。例如上海、北京等城市，群众文艺创作热情高涨，人民文化修养较高，文艺普及率较高。但是就我国的三、四线城市群众文艺创作和艺术普及工作的现状来看，并不十分理想，群众文艺创作的参与率不高，并且普及的文艺呈现单一化。群众文艺创作和全民艺术普及呈现出的不平衡状态，一定程度上是由我国全民艺术普及工作发展起步较晚导致的，在一些工作的实施实践方面缺乏经验，导致一些问题的出现。因此我们应该关注国际动态，向一些有经验的发达国家学习，再结合我国发展的实际情况，创造出具有中国特色的艺术普及方式。

(二) 群众文艺创作和艺术普及工作方式单一

在全民艺术普及工作深入之前，应该明确当前的世界是多元化的，单一的文艺普及并不算是真正的全民艺术普及。要想促进群众进行文艺创作和提高全民艺术的普及率，必须要实现创作内容和普及形式的多样化。就当前的国内现状而言，全民艺术普及更广的项目是广场舞，文艺形式相对单一，受众以老年群体为主，许多青少年并不能加入这项全民艺术普及中。不能够满足各个年龄段的文化需求，没有全面展现群众创作的热情，这也在一定程度上阻碍了文化馆的发展。故而，促进群众文艺创作和全民文艺创作普及的多样化具有重要的意义。

(三) 群众文艺创作人员断层

就目前我国的现状而言，我国群众文艺创作者数量较少，而且专业性不强，并且受到多方面的限制，接触的文艺体裁较为狭窄，这就容易造成创作人员的断层。就像现在的中老年人，喜欢国画的较多，青少年人喜欢油画的较多，但是这两种文学艺术又不能够完全融合，这就影响了文艺创作全民普及的普及率和群众创作的热情。因此，应该增强群众文艺创作者的专业性，扩展群众文艺创作者的眼界，扩展群文工作者的专业、广度，解决群众文艺创作人员的断层问题。

三、群众文艺创作与全民艺术普及的优化建议

(一) 加大全民艺术普及力度

在群众文艺创作和全民艺术普及的工作中，我们要在保证文艺知识和文

艺技能普及的科学性、合理性的基础上，提高全民艺术普及工作的强度，加大全民艺术普及的力度，促进全民艺术普及工作早日完成。文化馆的建设在推进全民艺术普及工作中具有重要的作用，文化馆场馆也应该采用多样化的方式进行文艺宣传，不仅可以进行文艺作品的展览，还可以利用多媒体技术进行文艺汇演、文艺讲座，为群众文艺创作答疑解惑，提高群众的文艺素养。在全民艺术普及过程中，为群众普及艺术知识是全民普及工作中的基础，提高群众的艺术创作技能是全民普及工作的保障。文化馆馆应该设立专门的培训部门，切实满足群众文艺创作的知识需求和创作技能需求，切实加大全民艺术普及的力度。

（二）完善基础设施，优化科学技术

在科技强国行动纲要下，我国对于科学技术发展的重视也在不断提高，对于科学技术的研发投入巨大，使得科学技术广泛应用于我们日常生活的各个领域中，使我们的生活更加便利多彩，促进了经济、文化等多方面的发展。在群众文艺创作和全民艺术普及方面的创新发展，也要运用科学技术，完善基础设施的基础上顺应科技变革，拓宽服务平台，创新服务载体。一方面，文化馆可以利用当前先进的信息技术，建设完善的互联网服务体系，让群众能够随时随地进行文艺欣赏和文学艺术知识和技能的学习，拉近群众与文化馆之间的距离，满足群众文艺创作的各种需求。另一方面，文化馆应该引进先进的硬件和软件设备，更好地进行群众文艺创作和全民普及工作，让群众有更多机会接触文艺创作，能够利用多种基础设施进行文艺创作，从而为全民艺术普及奠定坚实的基础。例如早期创立的各文化馆专属微信公众号，随着用户增加，已逐渐成为重要的发布订阅方式。而目前广泛流行的抖音、快手等短视频平台已成为全民文艺创作的舞台，更能够吸引各个年龄、各个领域的受众，文化馆可以结合此类短视频的创作推广，为全民艺术普及开拓新的视角及方向。例如在疫情期间，通过短视频直播方式进行线上文艺创作展示与辅导培训，创造移动的文化服务平台，实现群众文化信息精准推送。

（三）加强对文艺创作者的培养，提高文艺创作者的专业性

由上文可知，文艺创作者普遍的专业性不强，接触社会不广泛，造成文艺作品单一化，文艺创作普及率不高。在认识到此类问题之后，我国应该对文艺创作者给予物质和精神方面的鼓励，加大对文艺创作者的培养，投入更多的人力、物力进行此项工作。文艺创作者是基层文化建设的主体，是我国文化一代代传承的传承者、传播者，是我国文化竞争力的重要体现者，因此加大对文艺创作者的培养对整个社会具有重要的意义。首先，文化馆应该建设完备的人才培养机制，能够切实培养出专业性强的文艺创作者，促进全民艺术普及工作的顺利完成。其次，文化馆应该多进行社会调查，在群众中发现发掘人才，对其进行及时的指导，让其为文艺创作的普及和文化的传承作出贡献。

（四）大力发展文化志愿活动

就群众文艺创作和全民普及工作的现状来看，基层的群众文化工作者和文化馆的工作人员是现在文化产业建设的中坚力量，是促进全民艺术普及的主力军，要想真正提高全民文化素养和切实提高全民艺术普及率，必须要有更多的基层群众文化工作者加入文艺创作的队伍中，因此，大力发展文化志愿服务工作是势在必行的。在当今的文化多样化和大发展的背景下，文化馆的工作人员应当从当前文艺发展的现状入手，制定志愿者服务计划，建立志愿者服务机制，有计划地去组建志愿者团队，并且让有专业经验的文艺工作者对志愿者团队进行培训，用专业的眼光进行工作评估，以保证志愿者服务的长远发展。

（五）建设数字化文化馆

信息技术在近几年已经深入到了我们生活的方方面面，我们也因为信息技术提高了生活效率，让生活变得更加便利。信息技术能够改变我们的生活，也能够改变文艺创作，能够应用到全民艺术普及的工作中。在文化馆的建设过程中，应当建设一个现代化的、信息化的文化馆，提高文化馆的智能化和数字化水平，保障全民艺术普及工作顺利进行。就当前的文化馆建设而言，很多文化馆信息化水平不高，无法满足群众文艺创作的要求，不利于全民艺术普及工作的开展。文化馆应当善于发现传统文化馆存在的问题，改变其发展落后的情况，加快文化馆信息化、数字化建设，真正让文化馆实现信息共享，提高文化馆的开放性，拉近人民群众与文化馆的距离，让文艺传播得更远，加快全民艺术普及的效率。

（六）大力开展多样化的文化活动

随着群众精神文化生活的多元化，如何开展百姓喜闻乐见的文化活动，已经成了文化馆面临的一项重大课题。群众文艺创作和全民艺术普及工作，不仅依靠专业的文化部门来实践，还需要社会多方面的力量，如借力优质社会组织、优质媒体等资源，将各类文化资源充分优化整合，在其中发挥文化引领作用，不断增强文化自觉与文化自信。此外，文化馆的全民艺术普及工作不能仅仅停留在场馆内，还要走到群众中去，切实地进行实地考察，了解百姓的真实需求，针对存在的问题以及群众的切实文化需求，开展多样化的文艺创作普及活动，提高群众的参与度。例如，文化馆可以根据其周边群众的文艺偏好、地域风俗，开展对应类型的广场艺术节、特色主题的书画展览等活动，充实当地群众的精神文化生活。

（七）建立健全相关的规章管理制度

要想有序地开展全民艺术普及工作，最重要的就是要先建立完善的规章管理制度，有计划、有方向、有序地去开展文艺普及工作，切实提高全民艺术普及工作的质量和效率。建立完善的规章管理制度，要根据习近平总书记的重要讲话精神和《十三五时期繁荣群众文艺发展规划》的要求及《中华人民共和国文化保障法》的内容，制定科学合理的规章管理制度。在建立完善的规章管理制度之后，相关工作人员还要根据群众的文艺创作和全民普及工作的发展变化，及时更新规章管理制度，以期合理的规章管理制度能够促进全民艺术普及工作的开展。

（八）鼓励群众文艺创作者下基层

习近平总书记在文艺工作座谈会指出，要把满足人民精神文化需求作为文艺工作的出发点。要想全民艺术普及工作顺利开展，还要让更多的群众文艺工作者深入到人民群众中，虽然今日网络发达、科技进步，但群众文化工作的开展一定不能脱离群众，送文化下基层仍然是百姓热切期盼的。群文工作者深入基层去了解新时代人民的文化需求，去感受不同地域的文化气息，创造出具有地方特色的文艺作品，促进各地区的文学艺术融合发展，才能真正实现文学艺术从群众中来，到群众中去。更有利于在实践中锻炼队伍，打造高水平的文艺精品。

结语

综上所述，本文详细介绍了如何促进群众创作和全民文艺创作的普及，以期能够为全民艺术普及作出一定的贡献。在当前文化大繁荣的时代背景下，群众创作和全民艺术普及成为当前文化工作的重点，但是我们无法否认当前的发展和我们的目标还存在着一定的距离，所以，我们要发展多方面的力量来保障群众文艺创作和全民艺术普及工作的开展。

参考文献：

［1］曾素艳：《新时期做好基层群众文化艺术创作的几点思考》，《现代企业文化》2010 年第 4 期。

［2］徐丽：《加强群众文艺创作的认知与体会》，《大众文艺》2016 年第 12 期。

［3］韩志国、侯媛媛、刘元霞：《浅谈群众文艺创作的组织工作》，《北京新文化传媒》2013 年第 15 期。

［4］徐涛涛、张本欣、陈金国：《浅谈群众文艺创作与全民艺术普及》，《文化传媒》2013 年第 16 期。

［5］王瑞华、周海洋、徐洋洋：《浅谈群众文艺创作发展与策略》，《中华曲艺》2015 年第 22 期。

［6］李薇薇、徐海燕、张华东：《谈如何以精品带普及以普及促精品繁荣群众文艺创作》，《社会时刊》2015 年第 23 期。

（作者单位：西城区第二文化馆）

新时代数字化文化馆建设发展与思考

刘 畅

2019 年底新冠肺炎疫情暴发，对经济发展造成严重冲击，互联网经济和线上服务，越来越受到人们重视和关注。当前文化馆的数字平台已经是信息化条件下密切联系群众的重要桥梁，也是疫情时代文化馆履职尽责的重要平台。因此，全国各文化服务机构将提升数字化公共服务效能放到极其突出的位置来抓。2021 年是中国国产党成立 100 周年，也是我国"十四五"规划开局之年，是决胜全面建成小康社会、开启社会主义现代化国家建设新征程的重要时间节点。文化馆如何在新的历史时期完成数字公共文化服务提质增效，实现全民文化艺术普及，让人民群众获得感成色更足、幸福感更可持续，是每一名公共文化服务从业人员的职责和使命。

一、数字文化馆的定义

数字文化馆通俗来讲就是将所有文化活动变成数据流，输出给公众。将"文化馆搬回家"，搬到我们的计算机、手机和平板电脑。它打造的是全民参与的平台，数字化本身的特性就是取消门槛、缩短距离。包括演出、创作、展览、非遗、志愿服务等，都可以以数字化服务的形式，输出本馆特色的公共文化数据资源，拓展服务空间，是基本公共文化服务的重要补充。数字化文化馆有鲜明的公益性，由文化管理机构主办主导定位，保障公民的基本文化权益，尤其是运用新的互联网观念、互联网技术、互联网服务的方式，来满足人民群众在数字时代，对数字文化、数字文化权益和数字文化产品等多方面的需求。

二、数字文化馆类型

文化馆的数字化，近年来各方有很多理解，通过各地区文化馆的探索和实践，概括起来有两大类。

一类是注重硬件技术上的改造，在场馆内搭设较大空间的新型体验区，以各种类型的体验设备为主，以此凸显技术对于文化培训和文化服务的注入。如以重庆北碚和安徽马鞍山文化馆为代表，打造了一种新型、纯粹、较多运用硬件技术承载和包装的文化馆形态，构成公众理解数字化文化馆的概念。

另一类是运用互联网手段，进行数字化平台搭设，融入服务形态和服务模式，如上海嘉定云为代表的数字服务平台，能够同移动互联网相结合，用手机 App 可以下载，这样的一站式平台更加普遍。前者在文化馆整体功能性改造和技术手段运用上，存在诸多不确定性。如当前成像技术和展示技术，两三年以后这些声、光、电、网络等资源设备产品就不再时尚，面临更新、升级改造维护的费用非常高，而且是持续性的，给各地区财政带来很大压力。因此更多地方采用后者一站式云平台的数字服务方式。

三、特色和服务

坚持以文塑旅、以旅彰文，推动文化和旅游深度融合，这包括业态融合、产品融合、市场融合、服务融合、交流融合，促进优势互补，形成发展合力。围绕庆祝中国共产党成立 100 周年开展线上平台的展览展示活动，结合"一带一路"建设和乡村振兴，以及"三个文化带"为工作主线，深度挖掘适合本地区特点的文化和旅游融合服务项目和文创产品，通过数字文化馆的三端平台（微信端、App 端、网站）持续性地向公众输出文化旅游产品和文化旅游服务。让科技创新和数字化变革催生文化馆业态新的发展动能。

以创新服务为先的理念，开辟线上公共文化服务空间的同时，必要的硬件投入必不可少。我们可以在文化馆和镇街文化中心部分空间添置文化体验设备，如"音、舞、美、编"和非遗的各种互动交互设备，吸引群众积极参与，同时学习和了解公共文化知识，达到文化艺术普及的目的。

服务的关键是参与的人和机构数量，形成供侧和给侧双方良性互动，有越来越多的供给方入驻平台；同时注重需求侧管理，让越来越多的需求方来点单。这样才能让公共数字文化"云"蓬勃发展，形成公共文化体系大数据分析，有了数据支撑，可以为文化管理部门科学决策提供理论依据。以城市中街道社区最受欢迎的文化活动为例，据数字统计：老百姓需求第一位的是演出；第二位是以赛事为主体的活动；第三位是培训，而亲子类培训是新型项目，例如茶道、花艺、跆拳道等，而不是传统摄影、美术和书法；第四位是展览。同时直录播是突破口，是数字文化馆的拳头产品，要着力进行打造。尽管这样会牺牲临场感和体验感，但是能获得更多参与性和便利性。

四、问题和建议

（一）问题

在信息数字化和区块链技术蓬勃发展的当代，文化馆服务内容的创新和服务对象的变革发展步伐较慢。文化馆文化活动的"三板斧"依旧是合唱、戏曲和广场舞大赛，年轻人互动参与不高。没有更多中青年人参与文化活动，数字文化馆的创新发展将成为无水之源、无本之木。

数字化人员配置较少，从现有人员分出三到四个人做数字化困难。数字馆不是简单地采录视频、播发消息。数字馆后面跟随着数字化活动的创新，数字化的文化人员是主力部室。除音、舞、美、编外还有数字，数字馆人员不能仅仅满足于业务部室服务，否则服务到最后数字化在文化馆里也得不到实现。

工作效率不高，大多数文化馆在数字化发展建设上更多依靠的是与社会公司合作运营的模式，这些公司并不直接参与文化活动，对群众文化艺术活动的知识缺乏了解，与文化馆数字化建设在思路上同频共振有一定难度。

数字化服务的内容不够丰富、不够专业，缺乏与群众互动参与和点赞点评以及投票内容，输出多而反馈少，单打独斗唱独角戏。

（二）建议

有放眼未来的胸怀，转移文化馆服务对象。将目光聚焦到年轻人群，多要小少要老，宁可要少儿也少要老人，将未来工作中心和重点适当偏离和转移，宁可放在更遥远的未来，也不要把目光仅仅局限于即将消失的过去。一个孩子可以带动六个家长，但是老人参加活动能不能吸引孩子参与是个问号。不过，这不代表中老年人群的文化活动不应该关注或者忽视。

找到自身地缘特点和文化特色着重发力，形成拳头产品。例如文化活动、直录播、培训讲座、展览展示、非遗体验和乡村旅游，等等。

迈开公共文化服务社会化的步伐，欢迎社会力量介入和参与，提高文化馆业态活力，丰富数字资源内容和形式，做到同行扫描、跨行扫描，向同行学习、向产业学习，单打独斗是没有希望的。

有自己的新媒体运营队伍，着重微博的建设与管理。当前社交媒体用得最多的是微博和微信，微博是开放式共享平台，每个人都可以在这个平台和其他人发生联系。微信是强社交关系，是封闭的内部沟通工具。而微博有更高的传播效率，成几何式扩散效应，能引起大众的广泛关注。作为数字文化工作人员，要用好微博这个新媒体工具，同时掌握一定的视频编辑与图像处理技能，提高工作成效。

五、经验和方法

昌平区文化馆的数字文化馆建设是以"上下左右"的工作思路开展的，正如文化和旅游部全国公共文化发展中心副主任罗云川关于公共数字化平台建设方案评审会上讲到的，"明确边界、加强对接、突出特色、重在服务"。向上与北京群众文化云合作对接，及时上传发布本馆以及本地区特色品牌群众文化活动；向下与 22 个社区镇街文化中心和文化馆分馆保持接口，各社区镇街分馆的基层文化管理干部（文化中心主任）提供本区域群众文化活动和文艺作品资源，总馆（文化馆）审核通过后，再向线上三端平台展览展示；向左向右是与兄弟馆和同行保持信息和技术交流，互换文化资源内容，实现区域间、市区间、区街间、市区街镇村间的统一联动。平台的宣传和推广主要通过文化活动引流，以及优质的文化慕课和文艺作品展览，引导市民群众了解和关注平台，在平台学习。

"十四五"时期昌平区数字文化馆建设与发展方向以建党 100 周年展演展播活动、文艺演出和乡村振兴为牵引，以长城文化带、运河文化带、西山文化带丰富文化资源禀赋为载体，以文化和旅游产业、理念、管理、服务深度融合为载体，加快建设数字文化馆线上群众艺术普及平台、大数据展示管理平台、特色资源库平台，成为支撑首都公共数字文化建设的强劲动力源和硬核增长极。

数字文化馆是个新生事物，各地方都在积极尝试，把自己的想法、经验、未来的思考和存在的问题进行梳理和总结。但文化馆的劣势是天然的，很难从根上抹掉，需要我们公共文化从业者以咬定青山不放松的精神，乘势而上、再接再厉、接续努力奋斗。

（作者单位：昌平区文化馆）

从《北京人家》谈音乐剧中展现的群众文化现象

何晓丹

音乐剧《北京人家》是北京西城区文化馆推出的系列原创剧，推出后获得了非常好的社会反响。用音乐剧这种表现形式结合群众文化的特点在舞台上展现，形成了一道群众喜闻乐见的新风景。音乐剧这种呈现形式落地扎根群文工作并获得了巨大成功，给群众文化工作打开了一扇新窗口。笔者从四个方面展开，论述原创音乐剧《北京人家》如何在群众文化工作中扎根，如何提高群众文化工作者的综合素质，如何给群文事业的呈现形式带来新思考，以及如何使群文工作的题材呈现多元化。

一、音乐剧《北京人家》的组建和构成

《北京人家》体现北京胡同文化特色，以及邻里之间的相互关心和友爱，其中最主要的是所有参与的演员都是基层群众文化工作者，他们大部分都没有受过专业的训练，是由一群对生活和艺术的热爱者组建而成的队伍。其中包括创作团队、舞蹈团队、合唱团队、表演团队、后勤保障等，参加人数达100多人。除部分创作团队外，都是群众文化基层工作者。

剧目从立意创作到搬上舞台，历时一年整。首先完成的是从剧目立意提取拓展的剧本创作，作为一剧之本，在保证可观赏性的同时，更要考虑到参演人员的构成情况，从剧本开始就要为舞台呈现做好合理化安排。导演拿到剧本后，开始根据剧本细分演出呈现的结构，确定哪一个剧情用哪一种表演形式，是要用舞蹈还是演唱，等等。导演确定了表演形式大纲后，接下来要完成的是音乐创作，音乐创作团队会根据演出结构和表演形式来设计合理的音乐语言，好听而又恰如其分的音乐创作是一部剧成功的关键因素。如果一部音乐剧的音乐部分不好听，音乐设计不合理，那么无论在舞台上演什么故事，都得不到良好的衬托和观众回应。从这个角度讲，音乐是音乐剧的灵魂。音乐创作完成以后，可以开始分工种排练。歌唱演员、舞蹈演员、群众演员开始分组排练，导演继续设计灯光、舞台舞美制作等后台工作。等各工

种自我排练基本完成，就可以进行整部音乐剧的合成工作，合成后整剧目呈现后逐步修改，直至舞台演出。《北京人家》这部剧由于大部分人员都是首次参演的群文工作者，需要导演从分工种排练就单一指导完成，导演团队的工作量不容小觑。一部音乐剧从无到有，是需要很强的团队协作精神来支撑的，各工种、各部门缺一不可，只有每个部门、每个环节都在日常中做到100 分，才具备了在舞台演出时的精彩。

二、音乐剧《北京人家》的排演群众化

（一）群众文化工作者与基层群众协同排演

首先，给业余团队排演音乐剧，这是一项艰巨而近乎不可能完成的任务。音乐剧对演员的综合素质以及专业水准要求极高，基本要求每个演员要一专多能，唱跳演结合，普通群众如果不经过强化而又刻苦的训练，很难达到这些要求。从《北京人家》这部音乐剧的排练来看，虽然广大群众爱好者们没有受过这方面的专业训练，之前也从未接触过音乐剧，可是他们有很高的热情和积极性，作为文艺爱好者，他们有自己独特的专长，经过长时间有针对性的专业训练，经过在表演形式上巧妙地设计，将剧情呈现与个人特点巧妙结合，反而在最后的演出中获得了奇效。因为他们的表演更加接地气、更加返璞归真。当然，剧情与个人特点的结合呈现，特别考验编、创、导团队的综合水平。

其次，众多群众演员对音乐剧这种表演形式的接受度令人担心。毕竟要求大家协同作战，要把个人特点融入剧目排演，把单一特长发展成综合表演，没有相当的毅力确实很难做到。但从实际排练效果来看，这个担心是多余的。参演群众不但对这样的表演形式非常感兴趣，而且接受能力也相当强。虽然他们之前并没有接触过音乐剧，也不了解什么是音乐剧。但是，经过编排和磨合，他们发现只是把他们日常最擅长的表演方式从广场上搬到了绚丽的舞台上，不但可以尽情发挥自己，又有大量的专业后台人员配合演出，反而更能使自己的演出发挥得淋漓尽致。有些人甚至为此着迷，主动参与角色扮演，在日常生活中也反复琢磨分析角色，最终达成了舞台上酣畅淋漓的自我展现。可以说，业余爱好者有着更多的生活经历和对未能从事专业表演道路的遗憾，这些都化作了热情洋溢的汗水来保障排演的成功。

（二）群众文化工作者参演音乐剧的针对性训练

1. 声音的训练

音乐剧唱段演唱中声音的表现形式很多，但大多数都是我们通常所说的

通俗唱法。通俗唱法相对美声唱法和民族唱法较容易学一些，稍微有点特长的人都可以很快入门。只要训练方法得当，角色定位清晰，通过在排练中的取长补短，是可以较好地完成唱段演唱的。

音乐剧演唱在平时的声音训练大体分为两种：一种是独唱声音的训练，另一种是合唱声音的训练。音乐剧里的演唱方法与独唱演员平时的训练方法是有些不同的，独唱演员声音的训练方法和所面对的演出方式相对比较单一，经常在演出舞台上，演员是相对静止不动地跟着钢琴或者乐队伴奏演唱；而音乐剧在舞台呈现形式上就大为不同，在音乐剧中大部分都是要求演员要边跳、边唱、边演，这就要求音乐剧的演员要在平时的训练方法上不能单一，要有针对性的声音训练。在这里也给大家推荐几种快速入门的练唱方法：（1）大声朗读音乐剧中的所有歌词，自然清晰地发音吐字，无旋律地唱出来（如唱弥撒的感觉）。（2）有感情地朗读，保持气息的顺畅，运用气声唱法，带旋律地小声哼唱出来，感觉用气息拖底，让自己的气息包着声音缓缓而出。（3）唱跳结合的练，在熟悉旋律的基础上，边唱边跳地练。我们把每一个唱段都和肢体动作融合，带着动作练唱，尽量保持呼吸平稳，让自己的声音和气息沉下去，保持身体放松，用最自然的声音完美地演唱出来。

合唱团队的训练，对于基层群众文化合唱团除了要具备以上声音训练技能以外，还要有针对性的声音音质训练，使声音年轻化、通俗化。在基层群众文化合唱团中，大多数合唱团参与的人多以中老年为主，声音老龄化比较严重，要想让他们很快融入，必须要有一些针对性的办法。首先，要调整他们的发声状态，让声音多以直音唱法为主，减少颤音，这样能使声音年轻化。其次，结合音乐剧里的眼神和肢体上的交流综合训练，让合唱团队在舞台上声音表演更加自然。更要在平时的训练里多加强团队合作意识，无论是合乐队还是联排，都要使团队明白曲目风格，这样才能更快地融入。

2. 呼吸的训练

呼吸是情感表现的特定方式，在音乐剧表演中不只唱歌要有呼吸，舞蹈和表演同样也要有呼吸，呼吸训练是重中之重。音乐剧表演中不管是声乐演员还是舞蹈和戏剧演员，都要有针对性的呼吸训练。演员要多运用唱动结合的训练方法，让呼吸随着情绪和动作进行屏气、吸气、吐气，让气息流淌贯穿，达到舒张通达。要通过运动来增强呼吸能力，这样才能保持体力的最佳状态。我们可以通过练习气息的小窍门来提高肺活量：每天早上起床 20 个蹲起，蹲起同时吐气吸气结合，慢吸慢吐、慢吸快吐、快吸快吐、快吸慢吐，把呼吸训练带到生活的每一处。每天都要坚持做有氧运动（游泳、走路）。

3. 舞蹈的训练

群文工作者在舞台上实践的机会较少，没有丰富的舞台经验，难免会在舞台上有些紧张，而紧张了身体就容易僵硬，动作就容易不协调。没有接受过专业舞蹈训练，该如何克服这些困难呢？笔者和大家分享一些自己的学习经验，音乐剧里大部分舞蹈都是以爵士舞和踢踏舞、现代舞等舞蹈形式体现的，我们可以到专业的舞蹈训练机构报个爵士舞和踢踏舞班，这样不仅能够锻炼身体的协调性，还能更好地训练节奏感，以便于在排练中能够很快进入状态。要想舞蹈表演时肢体放松，对于群众演员最快的办法就是要让自己真正投入每个角色当中，把舞蹈动作生活化、自我化。每天坚持反复练习唱、跳、演结合，拉伸、蹲起、小跳，保持呼吸顺畅的同时让声音和舞蹈动作受控，才能让肢体达到自然放松。

4. 表演的训练

表演也是音乐剧中重要的组成部分，音乐剧最重要的元素是"剧"。对于基层群众来说，生活是最好的老师，而《北京人家》又为群众文化量身定制，讲的都是生活在北京的人们和身边发生的故事，大家在舞台上相当于自己演自己的日常生活，所以相对而言戏剧表演上更容易掌握一些。但是舞台表演需要夸张，我们需要一些刺激的训练方法来激发演员的表演天性和解放天性。首先，台词方面的训练，一起熟读剧本，分析每一段台词，把唱词当成台词一样分析理解，找到歌词的行动性，分析唱词的潜台词，组织唱词中的行动。之后在排练过程中找一个阶段把唱段中的音乐拿掉，按照说台词的方式来排练，在这个过程中重点放在行动的执行是否有效、行动是否准确、人物关系是否明确、潜台词是否清晰、内心独白是否鲜活。当这些工作完成了，再重新将唱段音乐加上，在与音乐的配合中再一次检验行动的执行是否有效，这样做的目的是避免演员在演出中出现脱节的现象。其次，是激发情感的训练：体会不同的夸张表演，不断地变换表演形式，激发对方潜能，让对方充分发挥自己的真实情感。再次，相互切磋：表演时要给足对方气口，让双方都没有不舒服的感觉。最后，培养自己的表演风格：要仔细揣摩人物形象，深度剖析故事情节，转换成自己的表演风格。

（三）综合能力的训练

音乐剧是门综合艺术，综合的前提是每一种艺术形式必须放弃自身的某些特征、某些原则，才能进入整合的音乐戏剧。也就是说唱歌、跳舞和表演不能突出某一方面特点，它们是一个整合体，三者是相互制约和统一的，是相辅相成的。所以综合能力的训练在排练中占有非常重要的地位。与乐队的配合也好，与舞蹈团队的配合也好，都要做针对性的综合能力训练。以《北京人家》里的一首唱段为例，其中有一片段是边哭边唱边宣泄感情的，要求演员要在舞蹈动作中，与乐队合作，边哭、边演、边独白地演唱出来。这就要求演员要在平时气息的训练上多结合唱段里的舞蹈动作来练习，同时也要控制好自己的情绪，有时太投入会影响声音的质量，舞蹈动作幅度大会让气息上浮，所以要在平时的训练中，多做整部剧串联训练，反复合乐，才能顺利完成演出。

三、音乐剧《北京人家》排练导演的重要性

导演是一部剧的领导者，在基层群众文化活动中，导演除了要有深厚的文化底蕴、具备专业素养以外，还要有很强的应变能力。排练中经常会遇到演员某方面能力较差，而导致整场戏的减分甚至失败，这就要求导演的二度创作能力要非常强，随时调整思路，改变方向，取长补短。

导演不仅要有很强的综合能力，而且还要有很强的耐心。在平时的训练中，有些导演只会给大家排戏不会教，而对于群众文化基层演员来说，恰恰需要一个不仅会排戏更要会教戏的导演，需要能从每一名群众演员中发现他自身的特点，整合他的特点并融入剧目中，通过巧妙的设计，把不同特长的演员的属性改变成为舞台上接地气的剧目特色。

四、音乐剧《北京人家》的选材特色化

（一）剧本立意和表达角度选择新颖

《北京人家》立剧之初就选定了以展现西城特有的非物质文化遗产为切入点，用百姓日常生活为基石，用艺术的手法创作剧情的矛盾冲突。在提炼讲述百姓日常的同时，宣扬了保护非遗的重要性，也体现了新时代邻里价值观的正确导向。《北京人家》让老百姓看到自己身边真实存在的现象通过艺术呈现在绚烂的舞台上，引发了大家对剧本表达思想的共鸣和认可，让群众通过这样的表达方式，体会到了非遗传承的重要性，真正做到了寓教于乐，宣教于无形。

（二）《北京人家》音乐和舞蹈选材特点

《北京人家》音乐选材尤其丰富，在音乐剧中加入地方戏曲特点应尚属首次。摇滚乐与京韵大鼓的轮番出场，使观众在听觉上耳目一新，社会热点歌曲

《江南 STYLE》重新编演的展现方式令观众捧腹不已，广场舞的四维角度的舞台重现令人拍案叫绝。整部剧的音乐以北京特色为主题，社会热点为主线，充分体现了传统与时尚的结合，既充分体现了音乐包罗万象的多元化，又把握了不会成为落入俗套的大杂烩。只有精准角度的拿捏和细致入微的采风体验，才能使音乐剧的音乐创作选材在呈现地域化特点的同时，仍然保持音乐剧属性不变。

五、群众文化工作者参演音乐剧的重要意义

音乐剧的排演有利于提高基层群众文化工作者的综合素质。音乐剧本身就有娱乐性和大众性特点，《北京人家》的排演在群众文化活动中扎根，在音乐剧排演过程中无形地提升了演员们的综合能力和舞台实战能力，有利于提高群众文化工作者的综合业务能力；有利于提升群众文化活动的多样性；有利于提高群众文化工作者的积极性；有利于提升广大群众的欣赏水平。本土音乐剧的发展使音乐剧不再是专业演员才能参与的剧种，让音乐剧本身自带的娱乐性和通俗性发挥到极致。

结语

作为一名群众文化工作者，通过《北京人家》的排演，让我们学到了很多平时学不到的东西，无论是舞台上的实战经验，还是业务水平的提升，都有了很大的帮助。它不仅促进了群众文化多样性的发展，更提升了群众文化工作者的综合能力。音乐剧的排演，给西城群众文化增添了新的生机，促进了群众文化的发展，丰富了群众文化活动的种类。特别是非遗文化的切入，为西城宣传非遗文化传承提供了助力，也让老百姓更深入了解什么是音乐剧，百姓通过对音乐剧的关注也了解了很多西城的人和事，了解了非物质文化遗产的由来和传承，并且提高了群众文化工作者和基层群众的凝聚力，调动了工作的积极性，为群众文化的宣传发挥了重要作用。

参考文献：

[1] 慕羽：《音乐剧与舞蹈》，上海音乐出版社，2012。

[2] 慕羽：《音乐剧艺术与产业》，上海音乐出版社，2012。

（作者单位：西城区第一文化馆）

文化馆总分馆服务体系建设

刘维薇

在 2015 年，中共中央办公厅及国务院办公厅共同印发的《关于加快构建现代公共文化服务体系的意见》中，确切说明了要以县级的文化馆及图书馆作为中心，进行总分馆制度建设的推动，努力实现农村和城市之间社区公共文化服务资源的整合和互通。这也是目前在我国进行文化馆总分馆制度，创建现代化的公共文化体系的主要措施之一。

2021 年 3 月，文化和旅游部、国家发展改革委、财政部三部委联合印发《关于推动公共文化服务高质量发展的意见》中提到：积极推动将公共文化设施建设纳入县城城镇化补短板强弱项项目。根据实际，加大对城镇化过程中新出现的居民聚集区、农民新村的公共文化设施配套建设力度。以县级公共图书馆、文化馆总分馆制为抓手，优化布局基层公共文化服务网络。强化县级总馆建设，实现总分馆图书资源的通借通还、数字服务的共享、文化活动的联动和人员的统一培训。

总分馆的意义：总分馆制的建设，是转变政府职能，创新公共文化管理和服务方式的有效手段，破解基层公共文化服务的体制机制障碍，建设文化馆总分馆制是目前创建现代公共文化体系的一大重要措施。是实现艺术资源共享、共建，区域统筹，提高文化活动的开展质量，提高服务效能、推动城乡公共文化均衡发展的迫切需要。

如何使总馆分馆更好地发展、融合，而不是仅仅停留在挂牌行为上那么简单？首先，要打破固有的单线运行模式，要确定好总分馆的履行区级馆职能，建立文化馆总分馆运行机制，承担总馆的统筹、配置、协调、管理的功能。真正实现"资源共享、人才共建、品牌共创、精品共抓"，实现以"统一服务标识、统一服务目录、统一服务规范、统一服务平台、统一资源调配"为特点的总分馆服务体系。

下面，对我区总分馆的建设，谈一些笔者的观点。

一、建立一套完整的总分馆管理模式

第一,总馆要对分馆建立联络机制、实施分级管理、统筹制定年计划方案,对工作进行研究及策划,对总分馆的文化资源整合以及城乡平衡的问题进行分析解决。要对分馆开展的活动,实施信息采集、汇总工作。

第二,总馆要对分馆工作开展过程当中,遇到的问题进行重点分析,采取可行的措施给予支持,研究制定具体的改进方式。对于分馆所提出的存在的困难和诉求尽量满足。定期抽派总馆的业务干部对分馆进行扶持和帮助,将总分馆制度当中存在的优越性充分体现。

第三,分馆要有活动参与意识,确保文化活动有序、统一地开展。每一个分馆,要有分管联络员,每年年初,每个分馆上报工作计划以及需求。中心馆与分馆,要加强沟通,要贯彻落实具体措施和相关工作进展情况,以及工作中的新思路、新举措,发展中的经验、问题及其对策、建议、总结,等等,加强总馆和分馆的纽带作用。

第四,总馆要结合平谷区 18 个分馆所属乡镇街道的经济、人口和社会发展状况,统筹协调分馆的演出、展览、培训、数字文化服务等。协调各分馆的资源配送服务工作。制定总馆和分馆服务标准、服务目录。为分馆提供资源、服务、技术、资金等支持,开展对分馆的绩效评估。

二、以"问题导向、需求导向"为原则,实现精准服务

总分馆的模式,使得我们更加贴近基层老百姓,更懂得他们的需求。这就要求我们解放传统单一管理的思想,改进服务模式,增强分馆的活力,从而提高群众的满意度和获得感。要适应形势变化,更新思想观念,积极探索规范有效的总分结合的运营方式,为百姓提供高品质的群众文化服务。在服务领域上实现从城市到乡镇、农村的全覆盖。

为什么要实现精准服务?因为平谷区每个乡镇、街道,受地理位置、经济水平、参与文化活动主体人群等因素的影响,都各不相同。根据平谷区 2020 年国民经济统计,全区常住人口 46.2 万人,常住外来人口 4.7 万人。常住人口中,城镇人口 27.1 万人,占比为 58.7%。在地理位置上,平谷镇、兴谷街道、滨河街道在城区,主要以上班人群、中小学校及年轻群体为多,对这 3 个分馆所开展的活动、服务内容就应该偏向时尚化、休闲化、互动式为主的文化活动,可以开展文艺沙龙(文学等)、亲子时光(创意画、

泥塑、剪纸等）、周末讲座（摄影书画赏析、室内乐赏析等）为主。偏远山区如镇罗营、刘家店镇的百姓多以务农为主，开展活动以评剧、传统文化为主。

总之，要改进文化服务方式、升级文化服务手段，在公共服务上统筹培训、辅导、展览、创作等内容，为百姓提供更加便捷、普惠、精准、专业的高质量文化服务，增强百姓的满意度。

三、"订单"式的文化服务菜单，让文化资源流动得更高效

让群众从"被动式"接受文化服务，改为"主动式"需要文化服务，自主选择感兴趣的文化产品和培训，让广大群众可以按需索取，满足群众多样化的文化需求。通过推出"菜单式、订单式"公共文化服务，不仅满足了广大人民群众不断增长的文化需求，同时真正做到了服务于基层。

资源流动，就是让文化资源的社会属性和共享功能得到充分体现，实现上下联通、服务优质、有效覆盖。增强对各分管的文化活动、文艺创作、文艺辅导、送戏下乡、队伍培训以及演出器材设备调配等方面的统筹能力，对于在城区资源优势丰富的分馆，可以与偏远地区的分馆资源共享，全力深化我区文化馆总分馆 "1 + 18 + N" 制度改革，构建起"纵向联动、横向合作"机制。总馆加强全区公共文化产品供给的行业统筹指导和资源共建共享，实现艺术人才的共建，吸纳优秀文化资源，在此基础上搭建共享平台，协作多元供给模式。实现农村、城区公共文化服务资源整合和互联互通，提升服务效能，提高服务质量。

四、根据分馆特色，非遗与文旅结合，创新品牌活动

在文旅结合的新背景下，各分馆还要与旅游文化产业相结合，比如每年举办的平谷区丫髻山庙会，就把非物质文化遗产平谷峨眉山道教习俗相结合；金海湖镇作为我区旅游乡镇，可以结合当地红石坎村的刺绣展示。平谷区有丰富的非物质文化遗产：驴皮影雕刻技艺、灯彩制作技艺、面塑、金属錾刻技艺、核桃壳工艺、烙画葫芦、风筝、剪纸毛猴、秸秆扎刻等，对这些资源要传承创新，通过线上线下的方式同步展示平谷区各个旅游景点以及特色活动，如桃花节、大兴庄菊花节为主线的旅行路线以及沿途每个村的非遗作品，录制非遗作品的制作过程进行抖音视频的传播。把这些优秀传统文化艺术项目作为文化馆分馆建设的内容，分布于各乡镇各景区，发展"非遗

分馆""特色活动节日分馆",打造特色文化品牌的分馆,提升乡镇旅游的文化内涵。

五、充分利用社会资源、社会参与丰富分馆的建设

让文创园区、影院、民营书店、民宿、茶座、咖啡吧等社会力量参与进来,为分馆增添场地,将这些社会场所充分利用起来,形成完整的活动组织、宣传发动、安全管理、志愿服务体系,使分馆融合社会力量共同建设,以参与长效管理的运行方式,通过连锁化运作,一体化管理,以及配套的志愿者服务,实现体系化和规范化的运营管理。既分担了分馆场馆老旧,人员不足的问题,又丰富了文化资源的供给。

我们可以借鉴温州市文化驿站的做法:首先有政府支持,2017 年开始,文化驿站被纳入市政府为民办实事工程,建设呈现出成规模、成批次、高规格发展的态势,每年市政府给予文化驿站 280 万左右的财政支持,用于每个站点一定的长效运维补助和活动配送的资金扶持。并出台了相关文件,纳入了市政府为民办实事工程,拟定了发展规划,制定了运行规范与工作标准。由文旅局负责选址、制订方案、验收督察等工作;企事业单位、社会团体等社会力量作为文化驿站业主单位,负责提供场地、水电、网络等设施设备,以及日常活动组织、管理和维护。责权利清晰后,社会力量加盟后也纳入文化系统的管理体系,有"文化驿站" LOGO 标牌或灯箱。并要求每个站点在服务功能配置上力求个性化,探索出一条全方位覆盖、高效能运行、可持续发展的文化驿站建设新路子。

温州将文化驿站打造成微型文化馆,作为总分馆的模式推行,具备文化馆的功能,让文化驿站在提供公共文化分享空间的同时,具备文化馆应有的培训辅导、讲座导赏、展览展示、场所预约等功能,还能够培育社会团队、培育文化分享人,成为地方文化建设孵化器。

六、建立统一的数字化信息服务平台

数字信息化建设需要政府部门投入资金扶持。需要从硬件设施、软件服务、资源建设和科学管理四个方面着手。

总分馆建立统一的服务平台,就可以通过网络直播、艺术欣赏、网上培训、在线辅导、信息发布、预约、咨询、资源检索、慕课学习等内容,来整合总分馆的资源。

　　比较实用的可以是云课堂线上公益培训，以总馆为主培训场馆，可以邀请知名各个艺术门类的专家，开展讲座和培训，主馆安装摄像设备，通过网络向分馆进行同步传送学习，让全区偏远乡镇的文艺爱好者不用车马周折，在离家近的分馆就能上课，共享优质文化资源。

　　数字化服务，如场馆预约、艺术普及、志愿服务、点单服务等多个版块，可以增强与群众的沟通互动功能。张家港市 2014 年推行总分馆制，其中"总分联动"的"助理清单"版块亮出了每个月分馆长助理的服务时间，各基层分馆的群众团队可按需求"点单"。

　　文化馆在数字文化服务上要有新作为，要吸引公众的广泛参与、互动。可以在节日以及文化赛事中，策划组织网络文化活动，以及线上线下相结合的群众文化活动。每年，我区举办戏曲大赛、青年歌手大赛、农民工艺术节、广场舞大赛，在线上做直播、投票，设置小礼品，来增加群众的参与互动性。

　　总分馆的数字化建设，要激发区域内文化创造活力，要强化数字文化服务平台建设，激活文化馆数字服务平台，使文化馆网站、新媒体（抖音、快手等）平台成为公众喜爱的数字文化平台，成为活跃度较高的数字文化服务阵地。让数字文化资源在总分馆间流动互补，提升全区公共文化服务水平和服务能力。

　　总之，为推进公共文化服务体系的建设，总分馆的建设，需要凝聚力，需要上联互通、高效服务、覆盖率高、运行规范。总馆要统筹全区的文化资源，各分馆要立足区域特色，共下一盘棋，不断探索出一条适应新时期、新时代公共文化服务的新路子。

参考文献：

［1］《中共中央办公厅、国务院办公厅印发〈关于加快构建现代公共文化服务体系的意见〉》，http：//www. gov. cn/xinwen/2015 – 01/14/content_ 2804250. htm，访问日期：2022 年 1 月 14 日。

［2］《三部委联合印发〈关于推动公共文化服务高质量发展的意见〉》，http：//www. dengzhou. gov. cn/dzswhgdxj/xwdt/webinfo/2021/03/1611538287886855. htm，访问日期：2022 年 1 月 24 日。

（作者单位：平谷区文化馆）